职业心理理论与实践

Theory and Practice of Occupation Psychology

胡维芳　顾卫东　方翰青　著

科学出版社
北京

图书在版编目(CIP)数据

职业心理理论与实践/胡维芳，顾卫东，方翰青著.—北京：科学出版社，2014.8
ISBN 978-7-03-041669-8

Ⅰ.①职… Ⅱ.①胡…②顾…③方… Ⅲ.①职业-应用心理学 Ⅳ.①C913.2

中国版本图书馆CIP数据核字（2014）第190917号

责任编辑：朱丽娜 苏利德 高丽丽/责任校对：赵桂芬
责任印制：赵 博/整体设计：楠竹文化
编辑部电话：010-64033934
E-mail：fuyan@mail.sciencep.com

科学出版社出版
北京东黄城根北街16号
邮政编码：100717
http://www.sciencep.com
北京凌奇印刷有限责任公司 印刷
科学出版社发行 各地新华书店经销
*
2014年8月第 一 版 开本：720×1000 1/16
2024年3月第七次印刷 印张：22
字数：420 000
定价：60.00元
（如有印装质量问题，我社负责调换）

序言

职业对于绝大多数人来说具有无可取代的意义。美国社会学家怀兹（Weitz）曾经做过这样一项调查：当你拥有一笔不必工作也能维持生计的遗产时，你会不会脱离职业人的行列？结果发现，竟然有80%的人认为，即使生活富裕，仍然愿意继续工作。其理由是：工作是一种乐趣；希望自己的内心经常保持充实感；以此维持自己的健康；通过工作可以促进人际交往；证明自己是活生生的人；证明自己有他人需要的价值；等等。由此可见，职业对个体来说，除了谋生的功能外，还具有更为重要的意义，那就是证明自己的社会存在、实现自我价值。从个体入职后，每天有将近1/3的时间都在职场度过，直至退休，约有35年时间。以平均寿命70岁计算，工作时间几乎占到了每个人整个生命的一半。

有人说，人生有三大追求：求学、求偶和求职。求学是为求知而选择更好的学校和专业；求偶是为寻求情投意合的伴侣；求职则是为求得一份理想的职业。

大学生这一群体，正处于从学生向职业人转换的过渡期和人生探索期，是人生角色转变的重要时期。其在这个时期的根本任务是明确人生价值和相应的发展方向，改变不适应职场的习惯，培养适应社会、适应职场的能力，培养今后作为职业人应该具备的职业素养，提升自己的职业适应力。

大学生通过学习和掌握职业心理的理论，以及相应的实践活动，可以帮助其在学习期间尽早地了解自己、了解职业、了解社会，能够根据社会需求和个人特长，正确、客观地树立职业理想、职业价值观；在心理、学习、能力上确定职业方向，从而正确地进行职业选择，合理地规划职业生涯，把握最佳的职业前途，学会应对职场心理危机，处理职场中的人际关系，为自己的人生之路奠定良好的基础；选择适合自己的就业岗位，实现个人的人生价值。

由胡维芳教授等撰写的《职业心理理论与实践》这本书，是为了满足大学生人生的职业追求，这对大学生来讲既是至为重要的，又是恰逢其时的。我相信大学生通过对此书的学习，对职业的追求会减少一些盲目性，会减少一些刚入职场的不知所措。因此，我非常高兴地看到此书出版。特别值得一提的是，此书不是枯燥地介绍相关领域内的知识，而是将理论概念和研究结果与实际运用有机地结合起来。此书能够充分吸收本学科国内外的前沿研究成果，反映了学科的特点，又体现了学科知识在职业领域中的实际运用。具体来说，体现出如下特点。

1）内容丰富，体例合理。此书以职业心理导论、职业心理理论、职业心理发展、职业心理管理为主线，系统描述了职业心理学的历史，全面阐述了职业发展的理论、职业指导的理论，以及职业选择、职业生涯、职业心理测评、职业指导、职业心理咨询、职业绩效、员工帮助计划（EAP）、职业心理健康、职场中的人际关系等。第一编探讨了职业心理学的科学性问题，第二编论述了职业心理的理论，第三编探讨了职业心理的发展，第四编讨论了个体和组织的职业心理管理问题。

2）深入浅出，通俗易懂。每章通过资料链接中的典型案例，增加了教材的亲和力，适度地淡化了深奥的理论，突出了应用性。

3）结构新颖，形式多样，启迪思维。每章前面以提问的形式呈现本章要点，后面附有本章小结。为了拓宽学生的视野，每章最后附有拓展性阅读文献。这种安排有助于学生的进一步学习与思考。

此书可作为全日制普通院校心理学、应用心理学、职业教育学、管理学、经济学、社会学、人力资源开发与管理、劳动与社会保障等专业的教学用书，也可作为管理心理学选修课的教材，还可以供各级各类组织的管理者阅读和参考，以及广大对职业心理学感兴趣的读者阅读使用。

中国心理学会理事
中国教育心理学专业委员会副会长
全国课程专业委员会常务委员
江苏省心理学会副理事长
苏州市心理学会理事长
苏州大学教授、博士生导师

刘电芝

2014年5月于苏州大学

前言

个体在职业活动中一般要经历选择职业、谋求职业、获得职业的过程。而不同兴趣、气质、性格、能力的人，适合不同的社会职业。个体处于不同的职业阶段有不同的职业心理，依据职业活动经历的过程，职业心理可分为择业心理、求职心理、就业心理等。职业心理对大学生的职业选择起着很重要的作用。“知己知彼，百战不殆”，这句话正道出了在职业选择过程中一个很重要的原则，即认识自己，了解自己，熟知自己的个性心理特征，将个人的职业意愿和自身素质相联系，根据社会的需要和社会职业岗位需求的可能性，评价出个人职业意向的可行性，以积极的态度去选择职业。

本书由四编、12 章组成。在第一编“职业心理导论”中，主要梳理了职业心理学的发展概况，职业的内涵及其特征。在第二编“职业心理理论”中，系统地介绍了职业发展的六种理论和职业指导的七种理论。在第三编“职业心理发展”中，具体地介绍了求职者职业选择的重要性、影响因素、过程与策略；个性心理与职业如何匹配的问题；职业决策与就业的问题；职业生涯的发展模式，以及个体的职业生涯规划和组织的生涯管理。在第四编“职业心理管理”中，详细地解读了如何对求职者进行职业指导、职业心理咨询、职业心理测评，如何提高职业绩效，如何实施员工帮助计划（EAP），如何促进个体的职业心理健康。

本书结构完整、逻辑严密、内容新颖、例证丰富、体例活泼。在内容上，能够反映本学科的最新研究成果。在结构上，进行了模块化的处理，分为四编：职业心理导论编，职业心理理论编，职业心理发展编，职业心理管理编。在形式上，每章开头以提问的形式呈现本章要点，中间有资料链接，后附本章小结、思考和练习题，以及拓展性阅读文献，书后还附录了常用的职业心理测评量表。

胡维芳

2014 年 5 月

前言

[illegible]

[illegible]

[illegible]

目录

第三编　职业心理发展

第四编　职业心理管理

第一编　职业心理导论

第一章 绪论

本章要点

- 什么是职业心理学？
- 职业心理学有着怎样的发展历程？
- 如何理解职业的内涵？职业的特征有哪些？
- 职业心理学的研究对象是什么？如何把握？
- 职业心理学有哪些研究方法？

职业对于绝大多数人来说具有无可取代的意义。美国社会学家怀兹曾经做过这样一项调查：当你拥有一笔不必工作也能维持生计的遗产时，你会不会脱离职业人的行列？结果发现，竟然有80%的人认为，即使生活富裕，仍然愿意继续工作。其理由是：工作是一种乐趣，希望自己的内心经常保持充实感；以此维持自己的健康；通过工作可以促进人际交往；证明自己是活生生的人；保持自尊心，等等。由此可见，职业对个体来说，除了谋生的功能外，还具有更为重要的意义，那就是证明自己的社会存在、实现自我价值。

第一节 职业心理学发展概况

一、国内外对职业心理学的理解

在国内，“职业心理学”的英文通常为vocational psychology，主要研究人们对不同职业的看法、就业前的准备、从业后的变化、不同职业对从业人员的影响、职业适应等方面的问题。在国外，“职业心理学”可以有多种表示，英国心理学界一般倾向于用occupational psychology，其含义基本与工业心理学相同，指个体在某一特定时间所从事的职业，即具体的工作，它可能是连续的(如正常的升迁和在本行业范围内的调动)，也可能是间断的（如因劳资双方彼此不满意而造成的辞职或辞退）。它主要研究各种职业的特征而非从事该职业的人的特征，包括各种职业的责任和任务分析、不同职业的特殊能力要求，以及从业人员的兴趣和价值观等。其研究领域包括人事心理学、人-机系统心理学、工业关系心理学、职业社会心理学和组织管理心理学 5 个方面。在某种情况下，career psychology 也可以译作“职业心理学”，即以动态的观点研究人们在职业生涯中不同阶段（包括就职前、从事职业过程中及退休后）的连续的变化特征。近年来兴起的“职业生涯规划”、“职业管理”等研究，进一步丰富了职业心理学的研究领域。徐大真（2011）主编的《职业心理学》一书中，对职业心理学是这样定义的：职业心理学是研究人在职业领域活动中的心理现象的科学，即研究人与职业活动相结合时，人与人、人与环境相互作用的个体心理差异和各种群体心理现象发生、发展的规律，它是一门旨在提升人类行为效能的科学，是应用心理学的一个分支学科。孟慧（2009）在其主编的《职业心理学》一书中指出，职业心理学是工业与组织心理学的一个重要分支，它关注人们一生发展中的职业问题。对于个人来说，它的主要目的是用心理学的基本理论和方法帮助人们解决职业发展过程中的困惑和问题，促进个人的职业发展和职业成熟，使其适应环境变化，并获得幸福的人生。而对于组织来说，它的主要目的是运用心理学的原理、方法和技术帮助组织维护员工健康，促进员工的职业成熟和发展，形成健康和谐的组织环境，使组织保持持久的生命力。

从职业心理学的名称变化，我们可以很好地理解职业心理学的含义。通过 Google 学术搜索（http：//scholar. google. com）可以发现，2000 年以后的研究中更多地使用 career psychology，occupational psychology 在 2000 年以前的研究中出现的频率更高。

目前，职业心理学的研究领域主要包括 5 个方面：①职业研究。职业研究是通过工作和职业分析，研究构成职业的各种成分的性质、特点，以及所需要的专业知识、技能等。②职业活动的研究。职业活动的研究是以职业适应为中心，探讨职业活动中的心理适应性及其与职业活动的相互影响。③职业性向研究。职业性向研究主要探讨职业能力、技能、兴趣、人格等与职业活动有关的个性心理特征方面的问题。④职业指导与咨询。职业指导与咨询则是根据职业的要求和个人的条件，对求职者进行职业指导。⑤职业培训研究。职业培训研究关注用心理学原理进行职工培训的理论、原则和方法。其中，职业指导是指有组织地帮助求职者选择职业，进行职业准备，使其能够作出合乎自己条件的职业选择过程。它包括以下几个方面：①帮助求职者制订未来的计划，使其了解自己的能力、性向、兴趣、性格等，同时，也帮助他们了解社会条件和各种职业的条件。②帮助求职者进行有关的就职准备。③帮助求职者选择就职单位。④对求职者就职后如何实现自己的理想，在工作中作出成就等给予建议。

目前，职业心理学关注的范围从入职适应、生涯发展、群体心理、人力资源管理、领导心理等向积极心理、健康心理领域不断扩大。

职业心理学与工业心理学（industrial psychology）相关，在发达国家中已经形成了一门很重要的庞大学科。职业心理学形成于20世纪初，因时间和地域的变迁，概念渐有扩展。在美国，职业心理学是工业与组织心理学（industrial/organizational psychology，I/O Psychology），即美国心理学会的第14分支——工业与组织心理学会（Society for Industrial and Organizational Psychology，SIOP）的研究领域之一。苏联曾在20世纪50年代使用职业心理学这一概念，其前身为技术心理学（technical psychology），其后发展为工程心理学（psychology of engineering）。英国心理学会的《职业心理学杂志》，其副标题为“工业和组织心理学国际性杂志”，明确了该领域所包括的广阔范围。美国于1945年成立了工业与组织心理学分会。在包罗万象的心理学权威工具书美国《心理学文摘》（*Psychology Abstracts*）中，与此学科相关的专题有：工业与组织心理学（industrial and organizational psychology）、职业心理学与卫生人员问题（professional psychology and health personnel issues）、工程与环境心理学（engineering and environmental psychology）。日本的职业心理学也被称为产业心理学或产业组织心理学。1985年，日本产业组织心理学会成立，包括人事、组织行为、操作和市场4个研究部门。其研究课题涉及个体、职场小集团、职场组织与结构、人-机系统和社会文化环境5个层面，如在个体层面包括职务满意度、职业动机、职业能力、职业适应性、职业生涯、职业压力、勤劳观、生活方式等。

在欧洲的许多国家，职业心理学被称为工作与组织心理学。

尽管世界各国使用的名称略有不同，但是职业心理学的研究兴趣、研究内容、基本理论和体系基本是相同的。

我国早在民国初年就开始了这方面的研究，并由商务印书馆等机构出版了相关的译著，由王国维译介的《心理学概论》中也论及了相关的内容。

20世纪50年代，我国曾对该领域进行了广泛的研究，之后再度复兴。从20世纪90年代开始，职业心理学的研究开始引人注目。近20年来涉及职业心理学的研究逐渐增多，这表明随着工业化和现代化进程的加快，相关研究受到人们的进一步重视，目前该学科日益发展壮大。

职业心理学是在现代心理学发展起来以后，为适应现代工业发展所带来的劳动分工精细化、对“人-职”匹配越来越高的要求而产生与发展起来的。美国是现代职业心理学的发源地，美国的职业心理学是从职业指导开始的。中国与西方古代也曾经有过比较丰富的职业心理学思想，但是都没有形成一定的理论体系。

资料链接 1-1

美国对职业心理学的重视

美国心理学会（American Psychology Association，APA）为表彰对心理学作出贡献的心理学家，设立各种心理科学奖，每年评选一次。其中，第三种奖项是“职业心理学杰出贡献奖”，奖励在知识、理论和专业实践领域中作出贡献的会员。

（资料来源：http：//www. apa. org/about/governance/bylaws/index. aspx. ）

二、古代的职业心理学思想

在中国古代文献中，孔子较早提出了“上智”、“下愚”的基本个性分类，并将这两种基本个性类型与当时的社会阶层相匹配。孔子还进一步提出了“狂”、“狷”、“中行”的个性类型三分法，并用这 3 个类型发现他 72 位弟子的个性，进一步对他们的职业、人生发展进行了预测与匹配。中国古代一直把职业分为官、士及农、工、商两个层次、5 个类别，并与一定的德才标准匹配，制定“士”与“官”的选拔标准。

在古希腊，柏拉图较早提出了“理智型”、“意志型”、“情绪型”的个性三分法，并将这 3 种性格类型与社会地位及社会职业进行匹配。在柏拉图看来，“理智型”的人适合做统治者和哲学家，高居于民众之上；“意志型”的人适合做战士和公职人员，为国家服务；而“情感型”的人则只可做平民，接受被统治与管理。

由于古代生产力发展缓慢，职业心理学思想的进展也十分缓慢。直到 1879 年，德国生理学家、心理学家冯特在德国莱比锡大学创建世界上第一个心理实验室，心理学才从哲学中脱胎出来成为一门独立的学科，职业心理现象才正式成为科学研究对象，并在第一次世界大战前的美国得以发展。

三、现代职业心理学的发展

（一）国外现代职业心理学的发展

现代职业心理学的发展线索可以归纳为一个源头、两条支流。一个源头是心理学的基础理论学科中所涉及的与职业心理学有关的理论研究，比如，生理心理学中的反射理论，普通心理学中的个性理论，社会心理学中的社会化理论、态度理论及群体理论，以及发展心理学中的终生发展理论等，为职业心理学的发展提供了理论背景。两条支流是指帕森斯（F. Parsons）所开创的、从个体出发的职业心理学发展路线，以及闵斯特伯格（H. Münsterberg）所开创的、从职业组织出发的职业心理学发展路线。

当前，这两条支流开始汇集在一起，在职业世界中发挥着越来越显著的作用。

（二）我国职业心理学的发展和现状

中国职业心理学起源于1916年清华大学校长周诒春的职业辅导工作和黄炎培等创立的中华职业教育社（1917）。中华职业教育社的社刊《教育与职业》杂志上发行了《职业指导》，配合其向全社会推行职业教育的活动，开始将心理测试的手段应用在学生选择职业中，对学生进行职业测验和技能测验。1934年肖嵘曾在国立中央大学《心理》半年刊中论述了心理学在工业方面的应用，并将其称为实业心理学。同期，他还设计和发表了多种相关心理测试。

1920年，中华职业教育社成立了职业指导部。

1921年，中华职业教育社研究编制职业心理测验。

1926年，邹韬奋根据美国古力菲兹（C. H. Griffits）等的几本原著，编写了《职业心理学》。

1927年，中华职业教育社创办我国第一个为社会服务的组织——上海职业指导所，并于1929年成立了海外职业指导部。

1934年，国立中央大学教授潘菽撰写的《心理学的应用》出版，介绍了应用心理学的几个门类：①工业心理学；②教育心理学；③职业心理学；④商业心理学；⑤法律心理学；⑥医学心理学。这样的划分在当时来说是考虑得比较周详的。同年，从德国留学回来的陈立先生自编了我国第一部工业心理学教科书《工业心理学概观》。

1950～1977年，工业心理学被劳动心理学之名取代。

1978年，徐联仓等开展了关于工作满意感的大范围调查研究。

1980年，中国心理学会成立工业心理学专业委员会，职业心理学包含在工业心理学中。

从20世纪90年代开始，职业心理学的研究开始引人注目，在中国学术期刊网上，以关键词“职业心理”可以检索到1979～2011年发表的学术论文17 841篇。目前，有中国科学院心理研究所等30余个教学、科研和职业病防治机构开展这一领域的研究，学科涵盖心理学、职业卫生学、人类工效学、管理学、社会学、护理学和临床医学等。

中人力资源管理效能出发的职业心理学实践两条支流向前发展。

改革开放以来，高校毕业生就业体制从国家计划与劳动部门的“统包统分”变为“双向选择”、“自主择业”。20世纪80年代末，国家教委①把原来的高校“毕业生分配工作”改为“毕业生就业工作”，出版了《大学生求职择业指导》。20世纪90年代初，国家教委成立了全国高校毕业生就业指导中心，各高校相继成立了毕业生就业指导的机构。1995年，国家教委发出了《在高等学校开设就业指导选修课通知》。从此，我国内地高校毕业生的就业指导工作逐渐步入规范化、系统化。与此同时，社会上的职业中介机构和人才市场从20世纪80年代末也应运而生。

1986年，劳动人事部②培训就业局编写了就业训练统编教材《就业指导》，供各地对求职人员开展职业培训时使用，并通过职业介绍机构开展了初步的职业指导工作。

1994年，劳动部颁发《职业指导办法》，同年，国家教委正式颁发《普通中学职业指导纲要》。

1999年，劳动和社会保障部又推出了职业指导人员国家职业标准，组织编写了全国统一培训教材，在组织培训的基础上，实行统一的鉴定考核，并按《职业指导办法》的精神，逐步做到职业指导员持证上岗。

我国香港地区开展的职业心理学的实践是通过外联内引，宣传和推广工作，以及辅助范围拓展为事业、心理和学术三者相结合等形式展开的。例如以心理测验和职业咨询的方式进行自我认识辅导；以提高应聘技巧，增强职业竞争力为目的的求职工作坊和培训课程；以了解职业特点和职业要求为目的的小组训练和讲座；以增强职业适应性为目的的各种工作体验和计划等。

第二节　职业内涵的界定及其特征

一、职业内涵的界定

职业是人类社会分工的结果，随着社会历史的发展，生产力水平在科学技术的推动下越来越高，社会分工越来越精细，职业的类别和内部构成、外部关系也越来越丰富，对职业这个概念的界定角度、所涉及的内涵也越来越多、越来越丰富。

---

① 即原国家教育委员会，现为中华人民共和国教育部。

② 1988年改为中华人民共和国劳动部，1998年改为中华人民共和国劳动和社会保障部，现为中华人民共和国人力资源和社会保障部。

职业是个比较复杂的概念，它是指人们从事的相对稳定的、有收入的、专门类别的工作。它是对人们的生活方式、经济状况、文化水平、行为模式、思想情操的综合反映，也是一个人权利、义务、权力、职责和社会地位的一般性表征，也可以说，职业是一个人社会角色的极为重要的方面。在国外，表达职业及与之相关概念的词有多个，即 career、occupation、vocation、profession、work 和 job，这些词大都可译成“职业”或“工作”。

在英文中，work 和 job 表示“工作”，profession 表示“专业”，occupation 表示“职位或职业”，career 表示“职业、生涯、事业”，vocation 表示“使命”。从字源来看，career 这个词，原意是“两轮马车”。在希腊语义中，是指疯狂竞赛的精神，如驾驭赛马，因此，该词可以引申为“道路”，即人生职业发展的道路或经历的途径，或个人一生的发展过程或一生中所扮演的系列角色与职位。

从辞源学的角度解释，构成“职业”这个词的“职”字，有“社会责任”、“天职”、“权利与义务”的含义。而“业”这个字，有以某些特殊的技能“从事某种业务”、“完成某种事业”的含义。

中国自古以来就有“职业”这个术语，它的 4 个基本含义与现代的解释比较一致：①官事与士、农、工、商四民之常业；②职分，应做之事；③职务，职掌；④事业。

美国社会学家舒尔兹（Schulze）认为，职业是一个人为了不断取得个人收入而连续从事的、具有市场价值的特殊活动，这种活动决定着从业者的社会地位。他认为，“职业”范畴的三要素是技术性、经济性和社会性。

美国心理学家萨帕（D. E. Super）认为，职业是一个人终生经历的所有职位的整个历程，是生活中各种事件的演进方向的历程，它综合了人一生中的各种工作和生活角色，由此表现出个体独特的自我发展形态；也是个体自青春期到退休后一连串有酬和无酬职位的综合。除我们所知的工作之外，还包括任何与工作有关的角色如学生、退休者，甚至包括家庭和公民角色。

Shartle（1952）认为，职业是指一个人在工作生活中所经历的职业或职位的总称。

Hood 和 Banathy（1972）认为，职业包括个人对工作世界职业的选择与发展，对非职业性或休闲活动的选择与追求，以及在社交活动中参与的满足感。

Hall（1976）认为，职业是指人终其一生，伴随工作或职业的有关经验与活动。

McDaniels（1978）认为，职业是指一个人终其一生所从事工作与休闲活动的整体生活形态。

Webster（1986）认为，职业是指一个人一生职业、社会与人际关系的总称，即个人终身发展的历程。

在麦克尔兰德（Meclelland）看来，职业是一个人依据个体心中的长期目标所形成的一系列工作选择，以及相关的教育或训练活动，它是有计划的职业发展历程。

日本劳动问题专家保谷六郎认为，职业是有劳动能力的人为生活所得而发挥个人能力，向社会做贡献的连续活动。他认为职业具有5个特性：①经济性，即职业是个人收入的来源；②技术性，即职业需要个人才能与特长，并提供舞台，发挥个人才能与特长；③社会性，即职业要求个人承担社会分工、履行公民义务；④伦理性，即职业要求个人从业行为符合社会需要，为社会提供有用的服务；⑤连续性，即职业人员所从事的劳动是相对稳定的，而非中断性的。保谷六郎关于“连续性”特性的界定，实际上区分了作为人类生活实践所必需的劳动与职业活动之间的联系和区别。

美国心理学家杜威（J. Dewey）从实用主义哲学观点出发，认为职业是人们从中可以得到利益的一种“生活活动”。

社会学则提出，职业是人的一种“资源”，是社会关系。

职业（career）不同于工作（job），它更多指的是一种事业，至少包括两层含义：其一，职业体现专业的分工，没有高度的专业分工，也就不会有现代意义上的职业观念，职业化意味着专门从事某项事务；其二，职业体现一种精神追求、一种自我感知，职业发展的过程也是个人价值不断实现的过程，职业要求个人对它有忠诚度。

总之，职业是指与个人终生所从事的工作或职业等有关活动的过程。我国一些学者认为，职业是指人们为了谋生和发展而从事相对稳定的、有经济收入的、专门类别的工作或社会劳动。它是对人们生活方式、经济状况、文化水平行为模式、思想情操的综合性反映，也是一个人的权利、义务、权力、职责，进而是一个人社会地位的一般性特征。也就是说，职业是人的社会角色的一个极为重要的方面。

二、职业的特征

行业是一种普遍存在于社会之中的亚文化现象。作为行业亚文化现象中的职业，具有以下特征。

1. 同一性

某一类别的职业内部，劳动条件、工作对象、生产工具、操作内容、人际关系等方面相似或相同，形成共同的行为模式、共同的语言，容易认同。

2. 差异性

不同职业，其劳动条件、工作对象、生产工具、操作内容的差异很大。

3. 层次性

职业没有高低贵贱之分，但是不同的职业对于从业人员的素质要求及人们对职业的看法或舆论的评价不同，于是职业便有了层次之分。体力、脑力劳动的付出、收入水平、工作任务的轻重、社会声望的高低、权力地位的大小决定了职业的层次。这种差别不以人的意志为转移。

4. 基础性

职业是个人与社会存在和发展的基础。

5. 广泛性

职业问题牵涉所有社会成员和社会的各个领域。

6. 时代性

随着社会的发展和变化，不同时代有不同的热门职业，如“当兵热”、“公务员热”、“外企热”等。这说明职业随时代的发展而变化，每一个社会都有自己的时尚职业。

除此之外，职业还有专业性、多样性、独特性和终身性等特点。

资料链接 1-2

职业、行业、专业的关系

职业不同于行业，在不同的行业可以有相同的职业，如教育、商业为行业，而其中都有会计职业。与职业有关的另一个概念是专业（profession），它是指专业化程度比较高的职业。职业与工作（work 或 job）的联系很大。工作是指为进行某种活动或达成某项任务，个人所需扮演的某些角色及被分配到若干职位。职业是特定的社会分工任务的这些角色及职位的总和。一个职业有时包括好几项工作，例如，从事律师职业，除了打官司外，有时还兼任其他的行政工作。因此，最为具体的概念是工作 。

在英语中，occupation 或 vocation 一般作“职业”来理解，是个静态的分类型的概念。朱启臻认为，“所谓职业，是指人们为了谋生和发展而从事相对稳定、有收入的、专门类别的社会劳动；这种劳动决定于社会分工”。值得注意的是，career 在英文中除了上述两个含义外，还可作“工作中心”、“事业”来理解。职业与事业是两个不同的概念，它们既有着本质的区别，但也有一定的联系。事业不仅仅是一种职业，它是人们对自身的社会地位、人生目的和意义，以及个人与工作群体之间关系等进行认识和评价时所持的基本观念，它体现的是个人满足精神需求的一种手段。

美国施恩（E. H. Schein）教授提出了职业锚（career anchor）的概念，他认为职业锚是一种从早期工作经验中逐渐发展形成的自我观。它是自我意向的一个习得部分，个人进入早期工作情境后，由习得的实际工作经验所决定，与在经验中自省的动机、需要、价值观、才干相符合，达到自我满足和补偿的一种稳定的职业定位。因此，个人从进入工作岗位认识职业锚的那个时刻起，自己的职业就变成了事业。由此可见，职业与事业虽有区别，但是如果将二者统一起来反映一个人的人生态度，便可达到职业生涯的最高境界。尽管上述概念的含义存在区别，但在具体的研究中，由于被试会处于职业生涯的某一特定时期，故职业生涯、职业和专业的含义往往是一致的。因此，career、occupation、vocation 相互替代使用得比较多，都取“职业”的含义。career 指在人的一生中，包括就职前、从事职业过程中及退休后，人的职业生涯的全过程，这一过程是连续的；而 occupation 则仅指人在某一特定时间所从事的职业及具体的工作，它可能是连续的（如正常的升迁和在本行业范围内的调动），也可能是间断的（如因劳资双方彼此不满意而造成的辞职或辞退）。

（资料来源：龙立荣，方俐洛，凌文辁等．2000．职业承诺的理论与测量．心理学动态，8（4）：39～45.）

三、个体的职业心理结构

个体的职业心理结构中包含着以下 3 个相辅相成的系统。

1. 职业导向系统——职业价值观、世界观、职业伦理

该系统中的各种成分引导个体去选择特定的职业，追求特定的职业目标，接受和内化职业价值，建立正确的职业角色期望，评价自己和他人的职业行为，以及努力争取获得职业成功。

2. 职业动力系统——需要、动机、兴趣、信念、理想

该系统中各种成分推动和维持个体朝向职业目标的努力，推动个体积极地树立职业目标，去克服各种各样的困难，去坚持不懈地争取职业和人生的完善。

3. 职业功能系统——气质、性格、能力

该系统中的各种成分保证个体在特定职业活动中的胜任，同时，在努力胜任挑战性工作任务的过程中，个体的心理功能也得到发展和加强。

从一定意义上讲，人生与职业紧密相随。例如，从胎儿期开始，个体就生活在父母职业所带来的整个家庭生活风格之中；在儿时的游戏活动中，儿童模仿着成人的行为，获得最初对职业角色的印象；然后，个体开始进入为一定的社会职业做准备的学业历程；接下来，个体开始带着自己的职业理想正式了解

职业、选择职业、进入职业社会，获得经济、社会上的独立地位，争取职业的成功；最后，在争取职业保障的前提下离开职业，进入晚年退休生活。职业成功对个人来说，意味着一定的社会地位、经济地位，以及满意的生活风格、生活质量；对职业组织来说，意味着企业、事业的效率和发展；对社会来说，意味着文化的进步和发展。因此，有人认为，职业就是人生，职业就是生活，职业就是社会。

第三节 职业心理学对象的规定性

职业过程是人与职业组织、社会文化相互作用的过程，在这 3 个相互关联的系统中，各种因素构成复杂的相互作用网络，使职业现象充满不确定性和挑战性。根据俞文钊等（2007）的观点，从关注职业组织的发展与其中员工发展的角度出发，职业心理学研究者一般重视以下 4 个方面的问题。

一、个体差异、个体职业选择与职业（就业）指导

个体身心特征上的差异既是社会分工的结果，又是社会分工的依据。不同生理素质、心理素质的人，适合从事不同的职业和工作。个体职业选择的过程实质上是在社会文化所提供的可能性的条件下，个体所进行的重大人生决策。任何有效决策都需要充分可靠的信息。在职业决策中，个体决策的成功与否，取决于对自己、对职业的充分了解，以及二者之间的合理匹配程度。在职业分工越来越复杂、内容越来越丰富、对素质要求越来越高的当今社会中，了解自己和了解职业成为越来越不容易的事情，于是，职业（就业）指导作为一种帮助人们认识职业、认识自己的社会实践就发展起来了。职业指导运用心理学原理和技术，帮助职业选择和职业发展中的个体提高决策适应的心理能力。

二、组织的人员选拔

个体职业选择就是基于职业组织提供的实际就业机会。从职业组织的现实生产和发展目标出发，职业组织通过工作分析确定人员选拔计划，再通过计划实施，从来自组织内部或组织外的申请人员中选拔出合乎要求的人员，将他们安置在相应的岗位上，并根据岗位支付给其报酬。职业组织对人员的选择，实际上是建立在对申请人员职业潜能的预测基础之上的一种工作决策。我们应运用心理学的原理和技术对申请人员的心理素质和心理潜能进行相对可靠的评估，使选拔决策更科学、有效。

三、职业生涯、职业适应、职业培训和职业咨询

职业选拔中的一系列程序和技术，都是建立在工作岗位要求和申请人身心特征静止不变的基本假设之上的。实际上，新员工进入职业岗位后，岗位环境由于新人员的介入而必定发生变化，新员工进入职业岗位这个新的环境，心理上也要发生变化。实际的工作岗位与原来想象中的岗位总是有一定差距的，需要新员工对职业及自己所作出的选择作进一步了解、评定，探测自己的职业发展方向、途径，以争取自己在职业中的成功。在职业道路中，个人还会碰到职业中的种种变动、职业与家庭生活的协调等许多问题。要解决好这些问题，保证个人积极成长，最终保证自己在职业组织中的发展。从个人方面来说，其涉及职业中的心理适应问题；从职业组织方面来说，其涉及为员工提供充分的培训，以帮助员工适应和成长的问题。

在职业生涯发展决策、职业适应与职业培训中，职业组织除采取一般管理措施外，有时借助职业咨询的理念、方法和技术也是重要途径。

四、职业环境优化与职业满意感、个人职业成长与职业成就

员工追求职业成功的动机与职业组织的基本发展动机是一致的。职业组织提供适合的岗位工作环境（物质的、技术的、社会的），以及职业文化环境，以激励员工为达到职业组织的发展目标进行高投入、发挥高潜能，涉及职业环境优化与职业满意感、个人职业成长与职业成就等方面的问题。从这个意义上讲，不管是员工个人还是职业组织，了解组织文化、组织变革、激励性工作设计的原理，以创造良好的组织文化、推动有效的组织变革、参与激励性工作再设计，是确保职业岗位成为提供职业满意感、成就感，以及促进职业成长的重要认识前提之一。凡此种种，就构成了现代职业心理学的实践出发点。

为了反映上述情况，在传统职业心理学定义的基础上，可以把职业心理学界定为：研究在不断变迁的社会、经济、文化条件下，个体职业发展和职业组织发展中的心理现象，揭示个体与职业组织、社会经济文化之间在职业领域内相互作用的心理规律，并通过临床应用，来促进个体职业发展、职业适应及潜能开发，进而提高组织效能的应用心理学分支。

第四节　职业心理学的研究方法

一、职业心理学研究的原则

研究原则是方法论思想的具体延伸，是职业心理学研究应直接遵循的准则。

结合职业心理学科的基本特点，在进行研究时应遵循以下几条原则。

（一）客观性原则

所谓客观性原则，就是实事求是的原则。“实事”就是客观存在的一切事物，“是”就是客观事物的内部联系，即规律性，“求”就是去研究由外部刺激所引起的，并通过一系列生理变化来实现的人的心理变化。对任何心理现象都应按其本来的面目加以考察，而不附加任何外来成分。必须如实反映或记录被试的客观反映，不能把主观体验和客观观察到的事实混淆，也不能用研究者的主观感受替代客观观察到的事实，或者将其附加到客观观察到的事实上去。人的心理活动无论如何复杂，都必然会在内部的神经生理过程和外部的行为中表现出来，这是揭示心理发生、发展和变化规律的基础和依据。研究人的心理行为，包括研究设计、资料的搜集整理、结论的得出，在这些过程之中都必须贯彻客观性原则。

在遵循客观性原则时，要求研究者要做到，既不排斥依据客观现象作出科学的猜测、假设，又不片面、机械、孤立地理解客观现实。具体应体现在具有客观的态度、选择客观的研究方法、确定客观的标志，并进行客观的检验。客观的态度即从实际出发，实事求是，对个体职业心理活动及其行为表现都要作出如实的分析，不可主观、武断地臆想或弄虚作假。客观的研究方法是保证获取真实、客观的资料与数据的关键环节，通过科学的研究设计与统计处理手段，可以准确地反映各种变量之间的关系，为揭示其内在的客观规律提供科学依据。客观的标志即个体职业心理活动的各种外部表现，如行为、活动、言语、各种作品等，通过观察和测量，研究者可以获取各种客观的指标。为了保证研究结果的可靠性与真实性，还应对有关的研究结果进行科学、客观的检验。

（二）联系性原则

个体处于复杂的自然和社会环境中，心理活动必然受到自然与社会诸多因素的影响和制约，并与外部刺激（如机械的、生化的、社会的），机体状况（如身心因素）和反应活动（如行为、言语和不明显的生理变化）紧密地联系着。也就是说，人的心理现象不是独立存在的，它与环境、时间、所在群体的状况等的联系是复杂的、多样化的，具有普遍联系的特点。世界上一切事物都是相互联系的，不能用孤立的、割裂的思维方式来观察一个人、一个群体或一件事。因此，在职业心理学的研究中，不仅要探索、研究职业心理学自身发展的现象、原因和条件，还要研究与之相联系的其他因素的影响，并从相互联系的诸多因素中，全面、系统地探求和揭示职业心理的规律。

（三）发展性原则

自然界的一切事物都处在运动和发展变化之中。因此，发展性原则对人们研究职业心理现象具有特殊的意义。在研究人的职业心理现象时，不仅要考虑一个人的现实职业心理状态，还要研究他过去的职业心理和未来的发展变化的职业心理；不仅要研究个人的职业行为和职业态度的发展变化，还要研究与之相联系的职业情境，以及群体氛围和职场人际关系等因素，并依据职业心理学理论对其认真地考察和分析，以便更好地把握人的职业心理发展的规律。

二、职业心理学研究的方法

职业心理学的具体研究方法多种多样，本书主要从职业心理学研究的实际出发，介绍几种常用的方法。

（一）调查法

调查法就是在自然条件下，对所要研究的对象的状况进行实际了解，搜集有关资料的一种方法。调查既可以是直接的，如对调查对象进行观察、测量、访谈等，也可以是间接的，如作品分析、经验总结等。调查既可以是全面的普查，也可以是根据要求进行抽样调查或个案调查。无论何种形式的调查，都不控制、变更或干预调查对象及其所在的环境。

1. 观察法

观察法是应用感官或借助于科学的观察仪器，有计划、有目的地对被试的言行表现进行考察，从而搜集资料的一种方法。观察法是科学研究中最原始的，但也是应用最广泛的一种方法，几乎从事任何研究时，都离不开观察法。例如，职业心理学中著名的 6 种人格类型与职业类型模式，就是霍兰德（J. H. Holland）通过大量的观察研究后提出的。只要在日常工作和生活条件下，对能够直接、系统观察到心理活动的发生和发展的有关研究，均可运用观察法。比如，在心理测验兴起之前，职业咨询师会让来访者列出他们的爱好，说出他们崇拜的人或描绘他们的喜好和厌恶，这也是确定人们的兴趣的好方法。运用观察法必须有明确的目的性，要在自然条件下进行，必须按时做详细记录。观察法既可以作为一种独立的搜集资料的方法来单独使用，也可以作为调查的一个开端环节，与其他方法结合使用。

进行观察研究必须首先进行观察设计。观察设计通常包括如下 3 个步骤：其一是确定观察内容；其二是选择观察策略，常用的观察策略有参与观察策略、取样观察策略及行为核查表策略等；其三是制定观察记录表。随着观察方法的不断发展，观察技术也日益完善，目前，在制定观察记录表时，通常采用观察代码系统，它们是为观察、记录和随后分析处理的方便而制定出的一些符号代码系统。

与其他方法比较而言，观察法的突出优点是可以在被观察者行为发生的时候，现场进行观察、记录，能够收集到比口头报告或问卷调查更客观、全面、准确、自然和真实的资料。其缺点是研究者只能处于被动的地位，消极地等待有关现象的出现，时机难以把握，观察所得到的资料难以进行定量分析，因而不能精确了解心理现象发生的原因。有些情况不能自然地观察，且观察到的现象很难重复再现。由于所观察到的可能仅是被试所表现出来的行为的一小部分，而且在没有控制的条件下，可能有一些无关变量的干扰，所以不易从所观察到的资料中得到某种因果关系的推断。此外，观察资料的质量在很大程度上受到观察者本人的能力水平、心理因素的影响，主观因素难以控制。

在实际进行观察时，观察者可以以两种不同身份出现：一种是参与观察者，即观察者实际参与被观察者的活动，以被观察者中的一员的身份，将所见所闻随时观察、记录；另一种是非参与观察者，即以旁观者的身份，随时观察、记录所见所闻。无论以何种身份观察，为了保证观察的效果，均不应暴露观察者的身份。

随着现代科学技术的发展，在职业心理学研究中，可以利用各种测量仪器和技术，借助于录音、录像等各种电子技术手段来观察职业心理现象和过程，从而可以大大地提高观察的深度、广度和精确度。观察法的最大优点在于能够得到客观、真实的观察结果，具有较大的自然性。但观察法对一些复杂现象的本质特征很难进行深入了解，因此，最好能与其他方法一起使用，才会具有更大的效益。

2. *访谈法*

访谈法是指通过研究者与研究对象的交谈，来搜集有关资料的一种方法。应用访谈法，可以获取非常丰富、完整和深层次的信息，对于个案研究非常有效。

访谈法分为结构化访谈和非结构化访谈。结构化访谈是指问题的内容、形式、排列、时间等都事先设计好，访谈过程中严格按照设计好的模式一一呈现。非结构化访谈则相对自由，访谈者仅仅定义出其希望考查的概括性题目，其余谈话由访谈者和受访者自由发挥，形式不拘一格，按照实际需要挖掘研究者欲获得的信息。对通过访谈得到的数据进行分析是访谈法的重要步骤，其分析方法也有一定的难度，一般有内容分析、语篇分析和会话分析等几种形式。内容分析是指将受访者的回答分配到事先规定的一种或者多种类别中，然后对类别编码进行分析。语篇分析和会话分析则是进一步考察受访者发言的其他特征，比如，发言的顺序、停顿时间、语音语调，以及其他可能的非言语行为，通过

现在：第一，以测验作为研究的工具。通过考察个体在测验项目上的得分来评定、推断其心理过程或心理特质，这与通过观察、访谈等获取信息的研究方式是不同的。第二，测量的结果具有相对的稳定性，并经常以类别、等级和顺序关系加以表示。好的测验能够测量出表现于一个人行为方式上的稳定的心理特质。正因为如此，使用测量法才具有实际意义。当然，由于心理特质也会随条件的变化而变化，因此测量所得结果的稳定性也是相对的。第三，对测验的编制、选用具有较高的要求。要想测量出被试的真实心理状况，测验本身应该可靠、准确而实用。同时，对于某些测验而言，还应该由受过专门训练的工作人员来进行施测、记分和解释等。

有效使用测量法应注意以下几个问题。

（1）确立对待测量的正确态度

心理测量方法在实际工作和理论研究中具有非常广泛的用途，但由于研究手段和测量工具的不完善，使用这种方法时必须慎重，以防止测验的胡编滥用。使用测量方法是必要的、有效的，但又必须加以适度的控制，以保证测验的编制、实施、解释等诸环节的科学性，应尽量避免因误用、滥用测验而导致的不良后果。

（2）编制符合要求的测验

测验的编制是一项严肃的、要求较高的任务，测验编制水平的高低直接决定了测量的效果。为此，研究者提出了一系列的编制测验的基本原则、一般步骤和方法（郑日昌，1987；周谦，1994），确立了鉴定测验优劣的标准，如测验的信度、效度、实用性等。测验编制者不仅对心理与职业领域的有关问题要具有较深的造诣，而且还要科学地掌握测验的基本原理和编制技术。

（3）保证测验的严格施测与客观评估

一般而言，应该由具有一定资格的专业人员按严格的规范来实施测验，并对测验的结果进行客观、准确的评分、解释和诊断。对于某些心理测验而言，还要求测验的使用者恪守职业道德。

问卷调查和心理测量是职业心理学研究中最常用的方法之一。问卷调查通常用于评价一个人的态度、意见、信念和经验等，编制相对简单。而心理测量量表通常用于测量人格或能力，比如，大五人格量表、智力量表、职业能力测量等。例如，20 世纪 90 年代初，时勘等研制完成的“职业心理测试系统”中就包括职业人格、职业能力测试子系统。

（二）实验法

实验法就是从某种理论或假设出发，有计划地控制某些条件，以促使某种或某些现象的产生，从而对其结果进行分析和研究的一种方法。实验法是职业心理学研究的主要方法，它的主要优点是：①研究者处于主动地位，可以选择方便的时间、地点使某种心理现象发生，而非消极地等待它的偶然被发现。②研究者能够有意识地使某种心理现象在相同条件下重复发生，反复观察，得出确切的科学结论，他人也可以在相同条件下加以验证。③研究者可系统地改变条件，观察条件的变化和心理现象变化之间的关系，从而揭示某种心理现象产生的原因。

实验既可以在实验室条件下进行，也可以在自然条件下进行；既可以对动物进行实验，也可以对人进行实验。与调查法相比，实验法要人为地控制或创设实验情境，以揭示各种变量之间的关系。职业心理学研究中常用的实验法主要有实验室实验和自然实验两种。

1. 实验室实验

实验室实验，是指在特别创设的条件下（通常指实验室）进行的实验。它的主要特点有：第一，对实验情境和实验条件进行严格控制。通过对实验场景、实验刺激（自变量）、被试选取及反应等多种因素的人为的主动控制，可以排除无关变量的干扰，探讨在其他条件下无法研究的种种现象，揭示各变量之间的因果关系。但由于实验的人为控制，有时难以将实验室内得到的结论直接应用到现实中。另外，在指导职业生活实践上也有一定的局限性。第二，实验结果的记录、统计比较精确、客观。借助于实验仪器和统计学技术来准确测定、记录和处理资料，使结论的科学性与精确性有所增强。有效进行实验室实验应注意的问题主要包括以下几个方面。

（1）科学、合理地进行实验设计

实验设计是在实验之前对如何操纵自变量、控制无关变量，以及如何检测因变量的一种扼要的计划，它是保证实验顺利进行的一个非常重要的先决条件。由于研究目的、变量类型及其关系等方面的不同，实验设计有多种多样的方式（维尔斯曼，1997；舒华，1994；周谦，1994)。研究者应该根据所要研究的问题，来确定、选择自变量与因变量，识别无关变量，并确定具体的实验设计类型。

（2）控制无关变量

无关变量虽然与实验目的无关，但若不加以控制，将影响实验结果，使实验半途而废或达不到预期效果。无关变量的控制是实验室研究中非常关键的一个问题，也是研究者极为关注的。控制无关变量的方法有许多种，一般是通过合理的实验设计和统计处理（如协方差统计分析）来实现的。

（3）选择和利用恰当的实验仪器

由于实验室实验的特殊性，往往要利用特定的仪器来帮助其呈现刺激、控制环境、测量或记录实验过程、处理实验结果等。现代化仪器的使用，使职业心理学研究的水平大大提高。但在选择和使用仪器时，应该使其性能符合研究的目的与要求，比如，具有相应的灵敏度和准确性，可以自动搜集大量复杂的信息等，但同时又不能干扰实验的正常进行。

2. 自然实验

自然实验亦称现场实验、实地实验，是指在实际情境下进行的实验。这种方法越来越受到研究者的重视与认可。自然实验与实验室实验相比，具有如下特点：第一，与实际联系密切，易反映真实情况。在实际情形中进行研究，既进行了适度的控制，又不失其真实情境的特性。因此，可以获得较为真实、可靠的资料，研究的结果具有普遍性和实用性。但自然实验一般花费较高，所需的研究技能也较复杂。第二，研究中涉及的变量较多。由于是在真实的自然情景中进行的研究，被试的取样与分配、实验处理等都不是随机的，而是以符合实际条件的方式来操作的，有许多变量参与到实验中，影响着实验结果。这一方面意味着研究结果比较符合实际，但另一方面也说明不易作出变量之间的因果分析。这就需要应用不同的方法，在不同的时间对变量之间的关系进行多次检验，以确定其结果是否一致。

有效地进行自然实验，应注意以下问题。

（1）详细制订实验计划

由于自然实验涉及的变量较多，因此，更应在实验之前周密考虑，依据研究的目的来确定要考察和控制的变量、所选用的实验设计方案。同时，也应确定所选被试的类型与数量、实验规模与时间、实验结果的统计与分析方法等。最好是将实验的各项步骤编成进度表，以便严格控制和执行。

（2）尽量控制无关变量与误差

与实验室实验一样，自然实验也要对无关变量进行最大限度的控制，以保证实验结果的真实、有效性。这主要是通过实验设计，来尽可能地将实验控制在基本合理的范围内。而在实验的实施过程中，也会不可避免地出现许多影响实验的意外事件和干扰因素，致使实验结果产生误差。比如，被试的中途退出，各种实验者效应（如期望效应），被试效应（如霍桑效应、安慰剂效应）等。针对这种情况，应该在实验之前充分考虑，采取预防措施；在实验过程中及时采取补救措施，以将误差减至最小。

上述列举的几种研究方法各有其特点，在实际的职业心理学的研究中，往往是多种研究方法的合理的综合应用，或者以某种方法为主，辅之以其他方法，这样才能获得多方面、丰富、客观的数据资料，而非某种单一方法即可奏效的。因此，应该根据研究的目的，来选取恰当的方法。

除了以上研究职业心理的一般方法外，还可以采用投射法。例如，于海波（2001）尝试通过完成句子填空来测量被试的职业价值观。这种方法在一定程度上可以避免问卷法带来的社会赞许效应，而且投射法具有隐蔽性，可以获得被试的比较真实的想法。

本章小结

1. 职业心理学是研究在不断变迁的社会、经济、文化条件下，个体职业发展和职业组织发展中的心理现象，揭示个体与职业组织、社会经济文化之间在职业领域内相互作用的心理规律，并通过临床应用，来促进个体职业发展、职业适应及潜能开发，进而提高组织效能的应用心理学分支。

2. 职业心理学是在现代心理学发展起来以后，为适应现代工业发展所带来的劳动分工精细化，对“人-职”匹配越来越高的要求而应运产生、发展起来的，美国是现代职业心理学的发源地，各国的职业心理学是从职业指导开始的。

3. 职业是人类社会分工的结果，职业是人们谋生的手段，也是人们的社会地位的象征。职业是指人们为了谋生和发展而从事相对稳定的、有经济收入的、分门类的工作或社会劳动。它是对人们的生活方式、经济状况、文化水平，行为模式、思想情操的综合性反映，也是一个人的权利、义务、权力、职责，进而是一个人社会地位的一般性特征。职业贯穿于人的一生。

4. 职业具有同一性、差异性、层次性、基础性、广泛性、时代性、专业性、多样性、终生性等特征。

5. 个体的职业心理结构有职业导向系统、职业动力系统和职业功能系统。

6. 职业心理学的研究方法有观察法、访谈法、问卷法、测量法、实验法。问卷调查和心理测量是职业心理学研究中最常用的方法。

思考和练习题

1. 什么是职业心理学?
2. 简述职业心理学发展的历程。
3. 什么是职业? 职业的特征有哪些?
4. 简述职业心理研究的内容。
5. 简述职业心理学的研究方法。

拓展阅读

1. 安蓉 .2008.20 世纪上半叶中国职业心理学研究回顾 . 江苏技术师范学院学报（职教通讯），23（2）：35～40.

2. 霍丽芳，贾海成．2010. 我国职业心理学的研究现状和发展趋势．新疆职业教育研究，(3)：10～12.

3. 武卫国，陈会昌．1993. 职业心理学的历史回顾与当前发展．应用心理学，8 (2)：35～40.

4. 夏泳久．1985. 苏联的职业心理学研究．外国心理学，1：15.

5. 于海波．2001. 高师生职业价值观研究．重庆：西南师范大学硕士学位论文．

6. 王养华．1986. 美国职业心理学进展简述．教育与职业，1：25.

7. 周谦．1994. 心理科学方法学．北京：中国科学技术出版社．

第二编　职业心理理论

和内职业（internal career，内在于个人）这两方面的满足，尤其是内职业条件的满足很重要。

（一）外职业

外职业是指经历的职业通路，包括接受教育到就业，再到步入工作岗位后的培训、晋升、解雇、退休等各个阶段。外职业是个体感知组织中的职业情景，主要指工作头衔、晋升、工作环境、地位、待遇等，即外职业指的是个人经历的职业道路（接受教育—工作期—退休）。外职业的条件有 3 个：①要提供主要岗位层面或等级；②要提供隐含的地位阶梯；③职业中要有明确的规范。个人经历的职业道路，从接受教育开始，经由工作期，直至退休。

（二）内职业

内职业是指个体外职业主观方面的满足，相较于外职业，则更多地注重所取得的成功或满足主观感情，以及工作事务与家庭义务、个人休闲等其他需求的平衡，也就是内心的自我实现感，指的是从业者在一种职业中所经历的通路是其自己的职业通路。内职业是个体对职业的一种主观感受，是在职业中个人价值观、需要、兴趣、技能或能力发挥的主观满足程度。在内职业中，阶段性并不重要，而是更多地涉及个人取得成功或满足的主观情感。在内职业中，个体力图使工作事务与他们的其他需要、家庭义务和个人休闲取得均衡。

个体内职业生涯发展是外职业生涯发展的前提，内职业生涯带动外职业生涯的发展。外职业生涯的因素通常由他人决定、给予，也容易被他人否定、剥夺。内职业生涯的因素主要由自己探索、获得，并且不随外职业生涯因素的改变而丧失。

二、职业动力论

施恩在确定了外职业、内职业两个基本概念的基础上，开始了他对职业动力论的探索。他认为，职业动力论就是要探讨职业组织的外职业系统与人们的内职业系统之间相互作用的规律，揭示人们为什么喜欢或讨厌自己的工作，人们的创造力为什么有大有小，人们为什么要忠实或背弃组织等涉及组织发展与个人发展的问题背后的基本原因。

三、职业发展观

在职业生涯过程中，3 个方面的问题贯穿于职业组织与个人生命的全过程。

问题一：职业组织为维持其效益、生存和发展而招聘、管理与开发人力资源。

问题二：个体在自己的完整生命周期中，寻求具有安全感、挑战性和自我发展机会的工作或职业。

问题三：社会的发展需要前两者的结合。

组织和个人的职业发展是在相互作用中共同向前运动的，应该是双赢的，只有将两者联系起来，才能充分理解这种相互作用机制，使个人的职业追求与职业组织提供给员工的发展机会有机地联系起来。

要使行业兴旺、员工进步，从职业发展观出发，职业组织应着手解决下列问题：①调整完善组织的人力资源计划和开发活动的问题；②改进个人职业计划，帮助陷入工作困境的人更有效地应对职场危机的问题；③改善所有阶段上的匹配过程，使处于早、中、晚期职业危机的组织和个人能够更有效地解决这些危机问题；④职业生涯的中、晚期会出现的技术落伍退化、动力消退与只求安稳的问题；⑤在不同的生命阶段，使家庭事务和工作能够取得均衡发展的问题；⑥使所有那些有贡献的个人或无意在组织中寻求晋升的员工保持生产效率和工作动力的问题。

施恩在其构建的职业发展要素的基础模型中，表达了职业组织提供的外职业与个人认同的内职业之间的动力关系，并明确了社会文化对职业组织和个人双方的制约关系。

除了施恩的职业动力论，探讨职业发展理论的主要理论家是萨帕、金兹伯格（E. Ginzberg）和泰德曼（D. V. Tiedeman）等，他们的理论基础是人生发展阶段理论。

第二节　萨帕的职业发展理论

萨帕经过长期的理论研究，形成了较为系统的职业生涯发展理论。萨帕出版了两本关于职业生涯发展的专著——《职业适应动力学》（*Dynamics of Vocational Adjustment*）和《职业心理学：职业发展介绍》（*The Psychology of Careers: an Introduction to Vocational Development*），奠定了他在该领域的权威地位。20 世纪 80 年代末，萨帕在许多研究成果的基础上，综合了差异心理学、发展心理学、职业社会学、人格理论 4 个学术领域的内容，系统地提出了生涯发展理论和生涯发展的 14 项基本主张，从而构成了其生涯发展理论的基础。

萨帕强调，选择是一个过程而非一个事件。这个过程包括一系列的选择，通常是去掉一些备选项，保留其他选项，逐渐缩小选择的范围，直至最后作出相应的选择。

萨帕认为，职业发展是人生成长的一部分，除了职业角色外，个体还会在一定的年龄阶段扮演某些其他角色，如孩子、学生、公民、配偶、父母、家庭主妇、退休人员等。他认为，人的心理是发展的，因而人也会朝着职业成熟的方向发展。

一、职业发展阶段

萨帕从终生发展的视角出发，结合职业发展形态，把个体整个一生的职业发展分为成长期、探索期、创立期或建立期、保持期或维持期，以及脱离期或衰退期5个时期，其中，最重要的是探索期。

（一）成长期（growth，4～14岁）

成长期属于儿童的职业认知期。这个时期的儿童和少年通过接触家庭和学校中的重要人物，自我意识得到发展。随着参加社会实践活动和现实体会的增多，逐渐从以需要和空想为中心转向以兴趣和能力为主导。中国古代“孟母择邻”的典故生动地说明了这个过程。儿童的主观需要和幻想在职业意识发展中起主导作用。个体在这一阶段，自我概念发展、成熟起来。在这一阶段的早期，个体的心理特点是需要和幻想占据主导地位。随着个体逐渐参与社会和了解现实，兴趣和能力也变得重要起来。成长阶段的特征是能力、态度、兴趣和自我概念的发展，这一时期又有以下几个从属阶段。

1. 幻想阶段（4～10岁）

这一阶段的儿童以需要为中心，从外界感知到许多职业，对于自己觉得好玩和喜爱的职业充满着幻想，并进行模仿。例如，在游戏时，通过扮演幻想中的角色来实现自己对职业角色的认同。

2. 兴趣阶段（11～12岁）

在这个阶段，儿童以兴趣为中心来理解、评价职业，开始作职业选择。兴趣成为影响儿童职业抱负和活动的主要因素。

3. 能力阶段（13～14岁）

这一阶段的少年开始更多地考虑到自己的能力等自身条件与喜爱的职业是否相符合，有意识地进行能力培养。

（二）探索期（exploration，15～24岁）

探索期属于为学习打基础的时期。这个时期的青年是初中毕业到高中毕业、再到大学毕业的时期，他们开始尝试不同的职业角色，探索各种可能的职业选择，对自己的能力和天资进行现实性评价，并根据未来的职业选择作出相应的教育决策，完成择业和初步就业。个人的需要、兴趣、能力、价值观和对工作机会的把握变得十分重要，他们开始作出尝试性的职业决策。在这一时期，他们不断积累经验，不断改变自己的职业期望。探索阶段的特征是职业选择的范围缩小，但尚未确定。探索期是人生道路上非常重要的转变时期，它可以分为试验、过渡和尝试 3 个从属阶段。

1. 试验阶段（15～17 岁）

这一阶段的个体，能够综合认识和考虑自己的兴趣、能力与职业社会价值、就业机会，开始对未来职业进行尝试性选择。这一阶段的发展任务是职业偏好逐渐具体化。

2. 过渡阶段（18～21 岁）

这是青年接受专门教育训练，或者正式进入劳动力市场，由一般性的职业选择转变为特定目标的选择的时期。这时个体着重考虑现实，在现实和环境中寻求“自我”的实现，对自己已有的职业期望进行现实性调整，试图补充对自我概念的看法。这一阶段的发展任务是职业偏好的特定化。

3. 尝试阶段（22～24 岁）

这一阶段，青年似乎迈入基本上适合自己特点的职业领域，开始正式的职业生活，并试图将其作为自己的终身职业。这一阶段的发展任务是实现职业偏好，发展一个符合现实的自我概念，学习开创更多的机会。

（三）创立期或建立期（establishment，25～44 岁）

创立期或建立期属于个体的职业选择、安置期。这一时期是个体经过早期的探索与尝试后，最终确定稳定的职业，并谋求职业发展的阶段。这个时段的早期，有人可能还会试图转换工作岗位，一旦到了不再想尝试时，就标志着建立阶段的真正开始。进入了特定的工作领域后，努力掌握本行业的发展信息，开辟职业发展道路，把基本上适应自己的该职业确定为自己的终身职业。在建立阶段，通过工作尝试与经验积累而达到稳定。这个时期又可分为适应或尝试及稳定两个从属阶段。

1. 适应或尝试阶段（25～30 岁）

在这个阶段，个体由于认识到自己对原以为合适的领域其实并不满意，在没有确定终身的工作之前，可能要变换一至两次工作领域。若转换职业，其个人职业发展又会从探索期开始。有的人适应期较长，有的人适应期较短，因人而异。有些人不经过这个阶段直接进入职业稳定状态。这一阶段个体的重点是寻求职业及生活上的稳定。

2. 稳定阶段（31～44 岁）

处于这一阶段的个体，已适应了整个职业环境，明确了自己在岗位中的责任和权利，能够顺利、成功地解决职业中的各种问题，开始在职业中体会到满意感和成就感，并确定以现有职业作为自己的终身职业。

（四）保持期或维持期（maintenance，45～59岁）

保持期或维持期属于职业的升迁和专精期。这一时期的个体由于职业已经确定，关心的是如何保住现有的工作岗位，并有更大的发展。极少数人会冒险探索新领域，寻求新的发展。个体此时已在工作领域内取得了一定的地位，他们主要考虑的是如何维持这一地位，一般不再寻求新的职业领域，而是朝着既定的目标前进。该期间由于技术进步、产业结构调整等因素的影响，个体容易进入“职业发展高原期”，出现技术落后、发展停滞等现象，因而需要接受继续教育，继续学习和提高。维持阶段的特点是，为了改善工作职位和状况而不断调整。

（五）脱离期或衰退期（decline，60岁以上）

脱离期或衰退期属于退休期。处于这一时期的个体的身体和心理能力逐渐衰退，工作活动的范围开始缩小，逐渐从工作岗位上减速并隐退下来，开始脱离工作岗位，逐渐减少工作时间，考虑退休后的生活安排。随着平均寿命的延长，人们必须开发新的职能。退休后我们还可以采取不同的方式重返职业社会，发挥余热，可以选择性地参与某些职业活动，直至逐渐停止工作。这一时期的从属阶段有以下几个。

1. 衰退阶段（60～70岁）

这一阶段的人们有的已经退休，有的还处于维持阶段的后期，工作节奏变慢，责任削弱，有的以兼职取代原来的全日制工作，有的由于能力下降而更换工作岗位。

2. 退休期（71岁以上）

退休的年龄固然因人而异，但是职业上的完全退休对任何人来说都是不可避免的。退休以后，有的人感到轻松愉快，而另一些人却觉得抑郁和气馁。

萨帕在1990年修正了他的发展阶段理论，引入了循环（cycling）和微循环（minicycle）概念。他认为，从成长到衰退的5个时期，是一般性的规律，而具体到某个个体，其在成长的每一个阶段内都可能存在从成长到衰退的微循环。例如，一个中年失业的人，正准备重新寻找新的职业，那么他就是在人生的维持阶段，重新开始了自己的探索任务。职业发展性理论还认为，在人生历程中，随着发展阶段的不同，个体会扮演不同的角色，如儿童、学生、公民、休闲者、夫妇、父母等，而不仅仅是工作者一种身份。各种角色的消长除了与年龄相关外，更是互相影响的关系。因此，萨帕的职业发展理论不仅关注职业类型的选择，还关注人一生的发展，包括工作角色与生活角色的统合。

二、职业发展的任务

职业发展理论家不仅对职业发展进行了阶段性划分，而且揭示了各阶段职业发展的任务。萨帕认为，人在不同的发展阶段，个体都有不同的职业发展任务，只有成功地完成了该阶段的目标才是职业成熟的表现。个体从探索到衰退阶段都表现出职业发展的连续性，因而个体均存在职业成熟度的问题。也就是说，个体在职业规划、职业探索、职业信息、职业决策等方面的发展水平越高，其职业成熟度的发展水平就会越高。所谓职业发展任务，是指与职业发展各阶段相适应的、个体正常发展所应达到的发展水平或所应取得的发展成就。在个体心理发展的历程中，由于各发展阶段之间的逻辑性和连续性，前一阶段任务的完成情况直接影响到下一阶段的发展。

萨帕概括地列举了职业心理发展各阶段的发展任务，主要包括：①学前儿童时期，主要任务是增进自我协助和自我引导能力；②小学生时期，主要任务是发展与他人合作的能力，选择适合于个人能力的活动，承担个人行为的责任，以及从事零星的家务劳动；③中学生时期，主要任务是进一步发展其一般能力与特殊能力，选择就读学习或就业的职业领域，选择修业课程，发展独立性；④青年时期，主要任务是选择高等教育机会或就业途径，选择修业课程，选择适当的职业与发展职业技能；⑤中年时期，主要任务是维持职业稳定，探索适当的发展或晋升途径；⑥老年时期，主要任务是逐步适应退休的来临，探寻适应的活动来补充退休后的空间、闲暇时间，以及可能维持自足的能力。

三、职业成熟度

(一) 职业成熟度的定义

职业发展理论强调职业发展的成熟度。该理论认为，可以用“职业成熟度”来表达与年龄相适应的职业行为发展的程度和水平。Super（1956）认为，在各个阶段完成适当的任务，即是职业成熟（career maturity）。职业成熟的概念包括两方面：一是指个人在整个职业生涯历程中达到社会期望的水准；二是指个人在职业生涯各发展阶段完成发展任务的情况。职业成熟度为职业生涯资讯和职业生涯教育的目标和策略提供了信息。

职业成熟度可以以各发展阶段的主要任务为标准进行衡量，如探索阶段应该完成缩小职业选择范围的任务，建立阶段应该通过有效的尝试而明确职业类型等。一般而言，职业成熟度高的个体比职业成熟度低的个体更容易获得成功。

（二）职业成熟度的指标

职业成熟度与自我认知、生涯知识及发展规划的能力相关联。萨帕认为，职业成熟度应该包括以下六个方面的内容。

1. 职业选择的定向

职业选择的定向（orientation to vocational choice），是指个体对职业选择关心的程度，以及运用各种资料解决问题的能力，是决定个人是否关心作出最终职业选择的态度指标。

2. 职业信息和规划能力

职业信息和规划能力（information and planning），是指测量个人职业信息的掌握程度，并作出计划的能力，是与个人所有的未来职业决策及过去所完成的计划有关的能力指标。

3. 职业偏好的一致性

职业偏好的一致性（consistency of vocational preferences），是指个体在职业发展过程中，前后所选择的职业的范围、层次及职业的稳定性与一致性。

4. 个人特质的具体化

个体特质的具体化（crystallization of traits），是指与职业有关的特质成熟的程度，包括与职业有关的能力、取向、兴趣、态度、独立性等特质，也即是个人自我概念形成的过程。

5. 职业偏好的智慧

职业偏好的智慧（wisdom of vocational preferences），是指个体特质与职业喜好之间相吻合的程度，是个人将现实偏好与个人任务维持一致的能力指标。

6. 职业选择的独立性

职业选择的独立性（vocational independence），是指工作经验的独立性。

四、自我概念

自我概念（self-concept）是萨帕职业发展理论中的核心和重点。

萨帕认为，职业生涯发展是发展和实现自我概念的过程。自我概念指的是个人看待自己和自身境况的观念，它包括两个部分：一个是个人层面的，包括个人如何选择，如何对选择进行调整；另一个是社会层面的，包括个人对其社会经济情况及与工作和生活有关的当前社会结构的个人评价。自我概念不是静态的，而是持续发展的。自我概念影响生涯决定，正确的自我概念是生涯成熟的必要条件。

萨帕的职业发展理论为职业咨询和辅导提供了更加有用的工具，指导了职业辅导的具体实施，得到了各国职业辅导专业人士的普遍支持。目前，西方从幼儿园到12年级的职业指导计划，就是基于萨帕的职业发展理论而制订的。

第三节 金兹伯格的职业发展理论

美国心理学家金兹伯格认为，职业选择是一个长期的过程，而不是一时的决策，影响选择的因素主要包括价值观、周围的环境、个人的心理特征、教育成就和机会。他还把职业心理的发展分为3个时期——幻想期或空想期、尝试期或试探期或暂定期和现实期。在理想的职业与现实可能找到的工作之间，职业决策是最佳的调节手段。

一、幻想期或空想期（11岁以前）

这一时期的儿童正是身体成长、智力和情绪发展的时期。儿童希望快点儿长大成人，憧憬引人注目、令人激动的理想化职业。他们对职业的选择情感色彩很浓，带有很大的冲动性和盲目性，十分不稳定。该时期以少年儿童“早日长大成人，成人后做某种工作”的职业幻想为特征。这种空想不受个人能力与现实的社会职业机会所限制，似乎想干什么工作，将来就能干什么工作。实际上，这种职业想象往往是幼儿的一种模仿行为。例如，四五岁时，游戏是儿童的主导活动。儿童可以不考虑现实的能力和潜质，仅为了高兴而在游戏中扮演著名运动员、天文学家、运动明星、牛仔等角色。通过游戏，他们把获得的对社会角色的直觉印象简单地展现出来，职业意识开始萌芽。

二、尝试期或试探期或暂定期（11～19岁）

这一时期从10～12岁开始，到16～18岁结束。这是人一生中职业选择的最重要的时期，青少年把兴趣、能力和价值作为职业选择的基础。这个时期的特征是个体已经脱离了少年的盲目与随意性幻想，开始考虑未来个人的满足，真正考虑职业选择了。但这一时期，青年人所依据的是自己的兴趣、智力、价值观，并依据这些主观的范畴对待职业选择的目标调节等问题。这个时期的青少年，开始思考今后的职业和面临的任务，把它作为奋斗目标，这是职业价值观形成的最重要阶段。青少年在这一时期开始主动憧憬自己的未来发展。金兹伯格把这个时期又分为兴趣、能力、价值与过渡4个阶段。

1）职业兴趣阶段（11～12岁）。当个体意识到自己喜欢某些东西、不喜欢某些东西时，兴趣阶段就开始了。个体初步觉察职业间的重要差异，对某些职业产生兴趣并自觉培养自己的兴趣。

2）职业能力阶段（13～14 岁）。当个体发现某些事情自己做得比别人都好时，他就进入了能力阶段。他们开始关注不同行业对能力的不同要求，并衡量自身能力与喜欢行业的差距。

3）职业价值阶段（15～16 岁）。当个体发现某些东西对自己比对别人更重要时，价值阶段就出现了。这个阶段个体开始注意了解职业的社会价值和个人价值，并以此作为参照，重新看待自己的职业喜好。

4）职业过渡阶段（17～19 岁）。过渡阶段时个体综合有关职业信息，正确了解增加发展方向，进一步缩小职业选择范围，对初步选定的方向作各种努力，变得更加自信，更有价值意识，这能带其进入现实期。

三、现实期（19 岁～成人）

这一阶段的个体开始探索不同的选择，综合考虑工作要求、教育机会和个人因素，作出职业决策。上两个时期的选择是主观的选择，而这个时期的选择是将主观选择与个人客观条件、外界客观条件（环境）、社会需要相结合的选择。这种承认客观、从现实出发的选择，是一种折中和调适。现实期的特征，是缩小个人选择的范围。金兹伯格又把它分为探索、具体化或固化、专门化或特定化 3 个阶段。

1. 探索阶段

青年人在探索几种不同的职业时，试图把自己的职业愿望与社会需求联系起来，可能还不需要选定一种职业。在尝试期获得的综合信息，为选择职业做准备，一旦有比较明确的职业选择对象，即进入具体化阶段。

2. 具体化或固化阶段

处于具体化或固化阶段的青年人，选定了主修专业或某种职业方向，对一种职业目标有所专注，并努力推进这一选择。通过职业要求、自身条件、职业理想反复对比，逐渐缩小职业选择范围，并力求取得效果。在这一阶段，个体职业模式出现了。

3. 专门化或特定化阶段

处于专门化或特定化阶段的青年人为了特定的职业目的，进入更高一级学校或接受专业训练或选择了特定的工作。有些人很早就选定了职业不再改变，也有些人在有明确的职业模式前换过很多职业，有些人则从未完成这个过程，从未明确自己的职业模式。在专门化或特定化阶段，个体有了特定的职业目标，对升学深造、寻找满意的工作或转换职业都会作出深思熟虑的选择（Osipow，1983；Zaccaria，1970）。

金兹伯格的职业发展论描述了从幼年到青年个体职业发展的图景，揭示了早期职业心理发展对人生职业选择的重要影响。

第四节 泰德曼的职业发展理论

一、职业自我概念

金兹伯格和萨帕的研究表明，职业发展以一个动态的方式进行，在人自身的心理发展规律和社会活动变化的双重影响下，人的职业心理始终处于动态的发展过程中，以致个性发展与职业匹配难以一次性完成。美国心理学家泰德曼在金兹伯格和萨帕的职业发展理论的基础上，进一步发展了职业发展理论这一学说，提出了“职业自我概念发展”的观点。在他看来，职业选择的过程实际上是个人所作的一连串抉择的综合体，也是一个不断分化和整合，以建立职业同一性的过程。职业同一性是人们在与社会的接触中，对自我发展进行反省的结果。当职业同一性定型时，职业定向也就形成了。因此，职业抉择的过程是贯穿于人的一生的重复进行的过程。每当人们遇到一个问题，或是为了满足一种需要而产生某种体验时，就会激发起抉择。职业选择的过程也是个体职业自我概念不断分化、综合的过程。分化是个体在关键时刻，根据已有的经验和知识对外界有关信息进行梳理与甄别，形成新的观点。综合则是对新的思维与观点进行整合与归纳。

所谓职业自我概念，是指个体对职业与自身关系的认识和定型。职业自我概念是个体在与社会的接触中对自我发展进行反省的结果。它源于个人在对自我认识、对职业世界认识的基础上形成个人的职业态度、劳动态度、职业责任感、职业理想、职业道德观和职业价值观，从而确立个人的择业期望值，作出正确的职业选择和职业决策。当职业自我概念定型的时候，职业定向也就形成了。个体一旦形成了职业定向，就要影响个体的职业态度，进而影响个人的职业选择的发生。

泰德曼以发展心理学为理论基础，综合差异心理学、职业社会学及人格理论的有关原理，进一步探究了职业选择的过程，进入职业发展与职业成熟的阶段。因此，泰德曼提出的职业自我概念发展理论，揭示出个体的职业自我概念定型，是源于个体与社会接触中所进行的自我反省。从进程来看，职业自我概念定型是一个反思过程，即个体伴随社会发展而进行的职业自我反思；就结果而言，随个体的职业自我发展形成了一个反省结果，即完成了职业定向。

职业自我概念在职业发展理论中占据着非常重要的地位，它是通过对工作的观察、对工作中成人认同，以及个人的尝试实践而发展起来的。职业自我概念是整个自我概念的一部分，但它却是个体一生中建立职业生涯形态的驱动力。个体通过选择独特的职业类型来表达和展现自己，实现自我概念。

泰德曼认为，职业自我概念的形成与发展贯穿于人的一生。职业自我概念是一个人整体自我概念的一部分，是自我概念在职业选择与职业发展中的反映。同时，一个人对职业的选择及其职业行为，又对其职业自我概念乃至人的整体自我概念的发展起着重要的作用。在这里，职业抉择指职业选择的具体过程。每个抉择过程都有两个阶段，即预期阶段和适应阶段。

二、职业选择的过程

（一）预期阶段

预期阶段包括试探、具体化、选择与明确化 4 个步骤。

1. 试探

处于这个阶段的个体在参与形式多样、内容丰富的各类活动中，对职业目标的初步了解与评估，一般表现出随机、形式多样、内容丰富的特点。个体在各类活动中比较广泛地考虑一系列自己想要获得并且可能获得的职业目标，并对每一种选择都作出自我评估。

2. 具体化

这时的个体的目标已比较明确，转入比较具体的职业定向，并考虑到个人目的、价值观和工作报酬等方面，个体就进入了具体化的职业定向过程。

3. 选择

这时的个体已作出一种职业决策，表现在人们已经能够陈述自己所期望的职业。

4. 明确化

这时的个体对所作的选择作进一步的明确，解除各种疑虑。

（二）适应阶段

这个阶段包含就职、重建与维持 3 个步骤。

1. 就职

当个体得到一种职位并开始工作时，他已经面对现实，由于想得到上级和同事的认可，个体会产生一种对团体的自居作用。

2. 重建

在团体的共同利益和共同目标下，个人的决定能得到团体的支持，就会重新肯定当初的抉择。个体能体验到自己的独立性和自主性，能自觉地把自己的生活目标与职业的社会目标整合起来，并从中获得个人体验，提升职业目标。

3. 维持

个人融合到团体中，并且得到他人的肯定。个体与团体的共同目标和共同利益，个体与其他同事之间的关系的动态平衡，使个体力图维持现有的职业岗位与职业关系，以实现自己的职业期望，步入职业发展。

泰德曼认为，在个体的整个职业心理发展过程中，职业抉择两个环节的每个步骤并不是独自实施的，而是在分化和综合两种作用下交替进行的。分化使个体在职业选择的关键时刻，根据认知、观念与若干外在信息，对各种问题加以鉴别和分析，形成新的观念；而综合则将新的、片断的分析结果加以整理与组织。在职业抉择的每一个环境中，这种分化与综合都交替进行，最终个体在整个职业心理发展过程中，构建了职业自我概念定型，从而达成“自我发展”的最终目的。也就是说，泰德曼职业发展理论把整个职业发展看成是自我发展的过程，职业选择的过程是以“自我认同”为核心的职业认同过程。由此发展出的职业自我概念定型流程图，如图 2-1 所示。

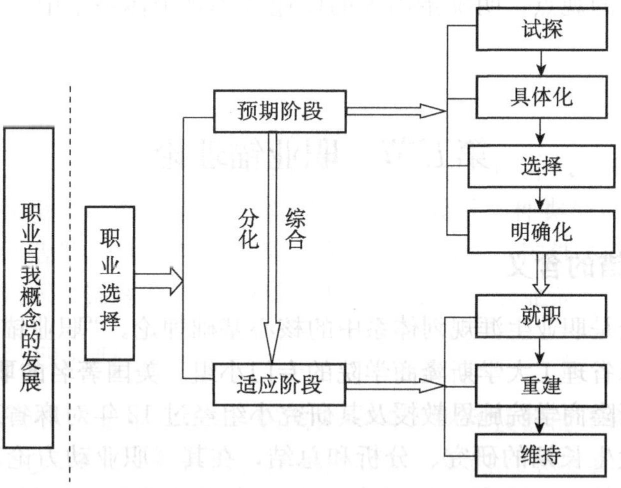

图 2-1 职业自我概念定型流程图

根据职业自我概念定型流程图可以看出，个体职业自我概念的形成和发展取决于个人对自身、职业的认知和态度，以及由此形成职业价值观的过程。这一发展过程是个体从职业生涯规划到职业社会的适应，最终实现职业发展与成功的动态过程。个体职业发展需要经历一个长期而复杂的过程，在职业自我概念的形成过程中将完成职业意识、职业态度、职业兴趣及职业价值观的形成，并与职业、社会之间产生良性互动，达到人与职业、社会的整合，使人、职业、

职业发展理论、泰德曼的职业自我概念发展理论、职业锚理论和社会认知职业理论。

2. 职业动力论就是探讨职业组织的外职业系统与人们内职业系统之间相互作用的规律，揭示为什么喜欢或讨厌自己的工作，为什么创造力有大小，为什么要忠实或背弃组织等涉及组织发展与个人发展的问题背后的基本原因。

3. 萨帕从终生发展的视角出发，结合职业发展形态，把个体整个一生的职业发展分为成长期、探索期、创立期或建立期、保持期或维持期和脱离期或衰退期5个时期，并提出用“职业成熟度”来表达与年龄相适应的职业行为发展的程度和水平，即个体在整个职业生活过程中达到社会期望的水准，提出了衡量职业成熟度的6个指标。

4. 金兹伯格的职业发展理论把职业心理的发展分为3个时期：幻想期或空想期、尝试期或试探期或暂定期和现实期。

5. 泰德曼在金兹伯格和萨帕理论的基础上，提出了“职业自我概念发展”的观点。他认为个体职业心理发展的过程，实际上是个体所作的一连串职业决策的综合，也是个体职业自我概念不断分化综合的过程。职业选择贯穿人的一生，一般包括预期与适应两个阶段。

6. 施恩提出的职业锚理论告诉我们，职业锚实际就是人们选择和发展自己的职业时所围绕的中心，并把个体的职业锚分成了5种类型：技术或职能型、管理能力型、创造型、自主与独立型、安全型。随后，国外许多机构进行了大量的试验来研究职业锚理论，在1992年拓展为8种“职业锚”。

7. 社会认知职业理论强调在职业发展中起作用的自我效能、结果预期及个人目标3种个体变量之间的相互影响。克鲁姆伯尔兹提出了职业决策的社会学习理论。他认为，个体的遗传天赋、环境条件、过去的学习经验，以及工作取向的技能会影响职业决策，这些因素在职业发展中是相互影响和相互作用的。哈克特和贝兹则运用了社会认知理论中的自我效能概念来研究职业发展问题。

思考和练习题

1. 名词解释：外职业、内职业、职业自我概念。
2. 什么是职业成熟度？它包括哪几个方面？
3. 阐述萨帕的职业发展理论及其实践意义。
4. 简述施恩的职业锚理论。
5. 试比较各种职业发展理论。

拓展阅读

1. ［美］施恩 E H. 1992. 职业的有效管理．北京：生活·读书·新知三联书店．

2. 龙立荣，方俐洛，凌文铨．2000. 职业成熟度研究进展．心理科学，(5)：595～598.

3. 李媛．2004．军队技术院校大学生职业心理现状研究．西安：第四军医大学硕士学位论文，6～10.

4. ［美］Dubrin A J. 2008. 职业心理学．姚翔等译．北京：中国轻工业出版社．

5. ［美］施恩 E H. 2004. 职业锚．北森测评网译．北京：中国财政经济出版社．

第三章
职业指导理论

本章要点

■ 职业指导的模式有哪三种理论取向?
■ 特质-因素论的理论观点是什么? 有哪些指导策略和具体的指导方法?
■ 人格类型论的理论观点是什么? 有哪些指导策略?
■ 职业选择发展论的理论观点是什么? 有哪些指导策略?

职业指导理论影响指导实践主要体现在两个方面：首先，职业指导理论可以帮助实际工作者分辨职业问题的一般现象；其次，当实际工作者在进行问题诊断、设计指导方法等具体工作时，可以特殊的职业指导理论观点作指导。

第一节　职业指导理论概述

一、职业指导理论的源流

以职业指导的历史发展来看，最初并无任何理论可循。先有实际的工作，而后才逐渐在实践经验中，抽象出若干基本原则与假设，再加以验证与总结，进而便有了理论的建立。

职业指导理论的全面发展要归功于心理学，尤其是心理测验技术的发展。心理学的理论可以作为职业指导的理论基础，而工作上的经验积累又可以验证理论的假设。职业指导实践经验的积累和心理学理论与方法的运用，已成为职业指导理论的两个基本来源。最初的职业指导理论要归功于被称为“职业指导之父”的帕森斯。他所揭示的职业指导三要素，成为后来“特质-因素论”(trait-factor theory) 的基础，影响职业指导工作数十年。

二、职业指导理论的取向

心理学的发展为职业指导理论的蓬勃发展奠定了重要基础。第二次世界大战后，许多重要且有影响的职业指导理论大多源于心理学理论与方法的运用，如以行为主义心理学为基础的“行为论”，以发展心理学为基础的“发展论”，以精神分析心理学为基础的“人格动力论”，以及以人本主义为基础的“需要论”等。

综观职业指导理论的各种理论派别，其渊源来自于差异心理学、发展心理学、职业社会学及人格理论，其或者强调个人因素，或者强调社会因素，或者强调两者的结合。其中，又以强调个人因素者居主导地位，如特质-因素论、动力论与发展论等。俞文钊等（2007）将职业指导的各种理论模式按其理论取向分为 3 大类，如图 3-1 所示。

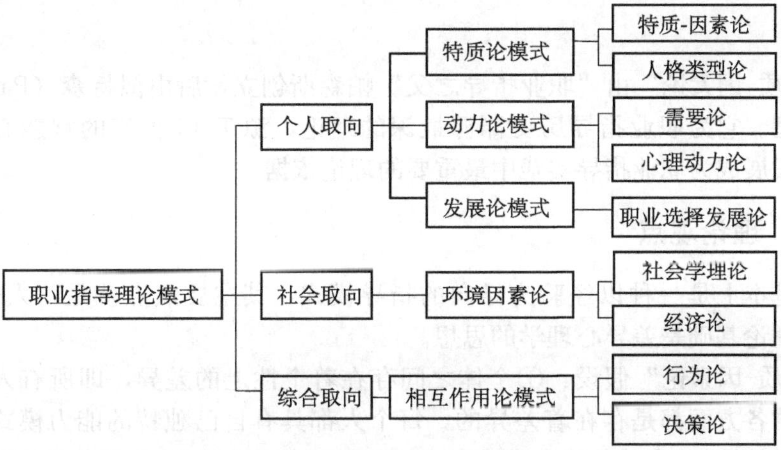

图 3-1 职业指导理论模式图

由图 3-1 可见，职业指导模式可分为个人取向、社会取向、综合取向 3 大类。

（一）个人取向

这类理论重在从个体的角度探讨职业行为，重视个人的需要、能力、兴趣、人格等内在因素对职业选择与职业发展的重要作用。它可大致区分为 3 类：以强调个人特性与职业特性相匹配的特质论模式（如特质-因素论、人格类型论）；以强调个人内在动机为核心的动力论模式（如需要论、心理动力论）；从发展的观点来研究个体职业行为的发展论模式。

（二）社会取向

这类理论倾向于研究作用于个人职业选择和职业发展的社会环境因素，强调个人所处的家庭与社会环境等外在因素在职业选择与职业发展中的重要作用，包括社会学理论、经济论等。

（三）综合取向

这类理论认为，无论是个人因素还是社会因素都不能单方面决定个人的职业选择和职业发展，而是双方相互作用，共同决定个人的职业行为，包括行为论和决策论。

职业指导理论的渊源来自于差异心理学、发展心理学、职业社会学及人格理论。

下面对职业指导领域有代表性的理论模式进行较为系统的介绍，包括每一理论的基本理论观点、指导策略及指导方法，同时进行简要评价。

第二节　特质-因素论

"特质-因素论"由"职业指导之父"帕森斯创立，后由佩特森（Patterson）发展成型。它为职业指导历史渊源最深的理论，源于 19 世纪的官能心理学研究，后发展成为职业指导实践中最重要的理论依据。

一、理论观点

它基本上是一种以经验为导向的指导模式，其主要焦点就是"人-职"匹配。其理论基础是差异心理学的思想。

"特质-因素论"假设：①个体之间存在着个性上的差异，即所有人在发展和成长的各方面都是存在着差异的，每个人都具有自己独特的能力模式和人格特征（即特性）；②某种能力模式和人格特征与某些职业因素存在着相关；③人的特性是可以客观地测量的，职业因素也是可以分析的。

因此，帕森斯提出个体职业选择有 3 个重要的方面：①清楚地了解自己的特性，即了解自己的态度、能力、兴趣、志向、限制及其原因等；②了解各种职业的岗位要求模式，即从事各种职业所需要的知识、技能、经验，各种职业中的成功的必要条件，各种职业的利弊、报酬及晋升的机会；③对以上两个方面作出明智的思考。也就是说，职业指导就是解决个人的兴趣、能力等特性与工作机会相匹配的问题，帮助个人寻找与其特性相一致的职业。

根据帕森斯职业指导 3 要素，职业指导工作就是要解决人的特质和职业的特性相匹配的问题。因此，职业指导的过程由 3 步组成。

1. 评价求职者的生理和心理特点

通过心理测量及其他手段，获得求职者的身体状况、能力倾向、兴趣爱好、气质与性格等方面的个人资料。同时，通过谈话、调查等方法获得有关求职者的家庭背景、经济状况、学业成绩、课外活动、业余兴趣、工作经历等情况，并对这些资料进行评价。

2. 分析各种职业对人的要求（因素）并向求职者提供有关的职业信息

熟悉职业岗位的职责及其对人的要求（职业因素），以及有关的其他职业信息等。这些职业信息的内容应当包括 4 个方面：①职业的性质、工资待遇、工作条件，以及晋升的可能性；②求职的最低条件，其中包括学历条件、所需的专业训练、身体要求、年龄、职业能力及其他心理特点的要求；③为准备就业而设置的教育课程计划，以及提供这种训练的教育机构、学习年限、入学资格和费用等；④职业信息咨询渠道，如国家职业分类大典，以及由国家领导人、劳动部门的权威人士、各行业的专家、各专业的教授、职业指导专家、中学教师等撰写的职业指导类书籍等。

3. "人-职"匹配

在了解求职者特质和职业各项指标的基础上，帮助其进行比较和分析，以便求职者选择一种适合自身特点又有可能获得的职业。

"人-职业"匹配，分为两种类型：①条件匹配。即所需专门技术和专业知识的职业与把握该种非凡技能和专业知识的择业者相匹配；或者脏、累、险等劳动条件很差的职业，需要吃苦耐劳、体格健壮的劳动者与之相匹配；②特长匹配。即某些职业需要具有一定的特长，如具有敏感、易动感情、不守常规、有独创性、个性强、理想主义等人格特性的人，宜于从事审美性、自我情感表达的艺术创作类型的职业。

二、指导策略

特质-因素论最基本的指导策略，是重视心理测量技术的运用和问题的诊断。

（一）心理测量技术的运用

指导过程的实施是以测定人的特性为前提的。心理测验类型包括能力测验、特殊能力测验、职业兴趣测验及人格测验，同时还包括其他测查。心理测验技术的发展为职业指导中特性因素方法提供了手段，而职业指导中广泛运用心理测量技术又反过来促进了心理测量运动的发展。

（二）问题的诊断

特质-因素论的职业指导十分重视诊断的功能。对职业选择发生困难的人，必须先加以诊断，然后再对症下药。为了诊断求职者的问题，美国职业指导专家威廉逊（E. G. Williamson）提出了 4 种可能的情况：①没有选择。求职者不知道也无法表达所需要选择的职业。②不确定的选择。求职者虽说出了自己所希望的职业名称，但不知道是否合适。③不明智的选择。求职者所选择的职业与自身的能力、性格等条件不相符。④兴趣与能力相矛盾的选择。这种矛盾包括三种情况：一是兴趣高但能力低；二是兴趣低能力低；三是兴趣与能力不在同一个领域。

为保证指导工作有目的、按计划进行，特质-因素论提出了 6 个指导步骤：①分析。通过各种测验工具及其他途径，收集有关求职者个人兴趣、性向、态度、家庭背景、知识、教育程度及工作经历等资料。②综合。以个案研究法及测验的侧面图，综合整理所收集的资料，以显示求职者个人的特点。③诊断。描述求职者显著的特征和问题，将个人能力的侧面图与职业要求相对照，分析其匹配的程序，查出问题之所在。④预断。根据各项资料，预测个人职业成功的可能性，或者可能产生的后果，以及调整职业的可能性，据此确定选择或调整的方向。⑤咨询。协助求职者了解、接受并运用各项有关的个人与职业方面的资料，进而与求职者晤谈有关择业或调整的计划。⑥追踪。协助求职者执行计划，若有问题产生，则再重复上述有关步骤。

在以上 6 个步骤中，前 4 项主要是指导人员的工作，求职者只在最后两个步骤上积极参与指导过程。

三、指导方法

特质-因素论的指导方法以使用测验与提供资料为主，美国职业指导专家威廉逊认为测验的解答有 3 种方法。

（一）直接建议

职业指导人员直接告诉求职者最适当的选择或必须采取的计划与行动。

（二）说服

职业指导人员以逻辑方法向求职者提供其对各项资料所作的诊断与预断，求职者可据此推知答案。指导人员不作直接建议，仅以说服的方式让求职者明了其应作出的抉择。

（三）解释

职业指导人员向求职者说明各项资料的意义，以增进求职者的认识。威廉逊认为，解释是最完整而较令人满意的方法。解释的过程通常是由职业指导人员从兴趣测验的结果开始谈起，然后以其兴趣与能力、性向、成就等测验配合分析，加上人格测验资料，之后再解说其与上述测验结果的关联。对各项资料解释完之后，再与求职者讨论其与职业选择的关系。

职业资料具有提供信息、改正错误观念、引发动机、参与决策过程并执行计划等作用。职业指导工作可视当事人的问题所在，采取不同的方式选择与利用资料，具体方法有：①以口头方式（配合若干必要的小册子或简介）与求职者沟通；②与求职者共同研阅并讨论书面资料；③指导求职者自己向有关部门索取资料；④访问从业人员或借机会获得第一手资料。

四、评价

特质-因素论是最早的职业指导理论，它奠定了职业指导的基础，其模式与方法为职业指导所广泛采用，影响深远。根本原因在于，该理论抓住了职业领域中“求职与就业”这一主要矛盾，通过对求职者和职业两方面的全面深入分析，寻找“人-职”间的最佳匹配，使职业指导有规可循、有资可用。

注意个别差异与职业资料的收集与利用，是该理论的基本特点，从而使职业指导这种以“为人谋职”和“为职找人”为基本功能的专门行业开始诞生，并迅速发展。

特质-因素论模式也有其自身的局限性。一方面，个人所具有的特性错综复杂，很难精确地加以测量；另一方面，职业也是千差万别，种类繁多，很难为每一种职业确定所需的个人特性，最多只能限于通用性强的职业和少数特殊职业。同时，“人-职”之间的最佳匹配也很难用某种固定模式来解决。

尽管如此，该模式与方法还是深刻地影响着职业指导的实施，甚至后来发展的各种理论均受其影响。

第三节 人格类型论

美国著名心理学家、职业指导专家霍兰德于20世纪60年代所创立的“人格类型论”，是在特质-因素论的基础上发展起来的。该理论一方面源于人格心理学的概念，认为职业选择是个人人格的反映和延伸；另一方面则源自霍兰德本人的职业咨询经验。

一、理论观点

有关人格与职业的关系，霍兰德假设人的职业选择是其人格的反映，个人的行为取决于人格和所处环境特征之间的相互作用，职业选择反映了人的动机、知识、人格的能力。职业代表一种生活方式、生活环境，而不仅仅是一些工作职能和技巧。做一个木匠不只意味着使用工具，也意味着特定的地位、社会角色和生活模式。

20 世纪 50 年代，霍兰德提出了职业类型理论，强调人的整体性和工作环境的整体性，注重个人的人格类型同工作环境的一致性。

霍兰德的理论基础是这样 4 个假设：①在当代的文化中，大多数人的人格可以区分为 6 种类型，即现实型（realistic）、研究型（investigative）、艺术型（artistic）、社会型（social）、企业型（enterprising）和传统型（conventional）（图 3-2）。各种类型的人格在职业方面会表现出不同的特征。②在当代社会里，社会环境也可以分为上述 6 种类型。③人们寻求能发挥其知识、技能和技术，能展现其价值的职业，并且选择能使其感到愉快的职业环境。④一个人的行为取决于其人格和所处环境之间的相互作用。

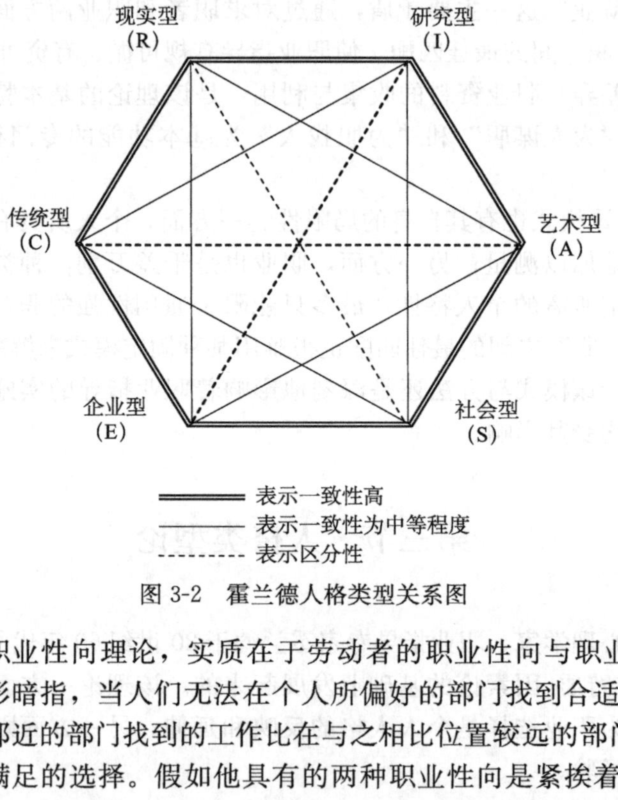

图 3-2　霍兰德人格类型关系图

霍兰德的职业性向理论，实质在于劳动者的职业性向与职业类型的适应。模型的六角外形暗指，当人们无法在个人所偏好的部门找到合适的工作时，往往在六边形相邻近的部门找到的工作比在与之相比位置较远的部门找到的工作，更能成为令人满足的选择。假如他具有的两种职业性向是紧挨着的，那么他将会很轻易地选定一种职业。然而，假如此人的职业性向是相互对立的（比如，同时具有实际性向和社会性向的话），那么他在进行职业选择时将会面临较多犹豫不决的情况，这是因为他的多种爱好将驱使他在多种十分不同的职业之中去进行选择。

要想作出正确的决策，选好自己的职业，走好事业发展的第一步，主要应做好两个方面的工作：①要了解职业世界，对职业进行研究；②要了解自己，要做好自我分析。

在霍兰德的六边形理论中，每种人格类型与其相邻的类型都有一些共同特征，与相邻两种类型之外的类型有很少的共同特征，与其相对的类型完全没有共同特征。现实生活中很少有人只具有某一单纯类型的特点而没有其他任何类型的特点。

在此假设的基础上，霍兰德提出了人格类型与职业类型模式。

现实型：喜欢从事户外的、操作机械的、体力的活动、业余爱好或职业；喜欢从事与事、物和动物打交道的工作，而不愿意从事与观点、想法和人有关的工作；侧重于机械、运动的能力；喜欢建立、塑造、重构和修理东西；喜欢使用设备和机器，喜欢能看得见的结果；坚持不懈的、刻苦的建筑者，但很少具有创造性和独创性，常常优先使用熟悉的方法和已有的模式；思考问题彻底而不喜欢模棱两可，不喜欢处理抽象、理论和哲学的问题；现实的、传统的和保守的；人际交往能力和口头表达能力不强，当被人注意时会感觉不舒服；很难表达感情，常被看作是害羞的人。

研究型：天生爱挑剔，有好奇心；要求理解、解释并预测周围发生的事情；是学者和科学家，对于非科学的、简单的或者超自然的解释持否定和批判态度；专注于手头的事情而忘记其他任何事情；独立，喜欢独自工作；不喜欢监督和被监督；属于理论性、分析性的，喜欢发现抽象、模糊的问题；具有创造性和独创性，很难接受传统的态度和观点；不喜欢受外部规则约束的高度结构化的情景，本身具有高度自律性、精确性和系统性；对自身的智力水平很自信，但在社会环境中却常感到有所欠缺；缺乏领导力和说服力；在人际交往中常保持沉默或者感到不自在；不表达情绪，可能被认为是不友好的。

艺术型：具有创造性，喜欢表达，有独创性、灵感，个人主义的；喜欢标新立异，努力使自己在人群中凸显出来；通过词、音乐、材料、行为、舞蹈等表达和创造不同的东西，以此来表达其个性；希望受到注意和得到表扬，但对批评却很敏感；穿着、语言和行为方面都追求无拘无束、新异性；喜欢没有监督的工作；易于感情用事；很看重美和感官享受；喜欢抽象的任务和无结构化的情境；很难在高度规则化和系统化的情境中表现很好；从他人那里寻求接受和认同，但是人际关系常常会让他们感到有压力而加以回避；喜欢反思。

社会型：友好、热情、喜欢交往和合作；喜欢他人的陪伴；能深入理解他人的感受和问题；喜欢帮助人，如教师、仲裁人、顾问和咨询师；自我表达能力好，在人际关系中说服力强；喜欢成为群体中的关注点，并为他人所喜欢；理想主义的、敏感的，对生命和其他事情都是尽责的；喜欢处理哲学问题，如生命的本质和目的、宗教和道德；不喜欢从事与机器和数字有关的工作，不喜欢高度组织化的、有规则的、重复性的任务；与人相处得很好，并且认为表达情绪是很自然的事情；能熟练地处理人际关系，并且被认为是亲切的、具有同情心的人。

企业型：对人友好，自信、有说服力，乐观；喜欢组织、指挥、管理和控制实现个人或团体目标的群体活动；有雄心，喜欢管理；很看重地位、权利、金钱和物质财富；喜欢控制并操控事情的进展；在发起和管理活动时精力充沛，有热情；喜欢聚会，喜欢召集有名的、有影响力的人；喜欢旅游和探险，常常从事令人兴奋的、花费昂贵的业余活动；认为自己是时尚的；不喜欢从事需要科学能力、需要系统性和用理论性思考问题的活动；不喜欢需要注意细节和建立规则的活动。

传统型：组织和实践能力强；喜欢从事文职和计算等程序性的事情；独立、有效率、尽责；喜欢属于某一集体或组织的安全感，并且会成为好的成员；希望有一定的地位，但并不渴望有很高的领导地位；当知道希望自己做什么的时候，会感觉很好；保守，传统；常遵照期望的标准做事情，而且会遵从有权威的、认同的人的想法去办事；喜欢在舒适的环境下从事户外的工作，很看重物质享受和财富；自我控制，并不愿意表达情感；不喜欢过于亲近的关系，而更能接受有些距离的关系；在熟悉的人面前感觉更舒服；喜欢事情按预期的方式进展，不喜欢改变规则。

二、指导策略

霍兰德理论的核心观念是个体所选的职业要与自己的人格倾向相匹配，要具备一些最基本的技能。

（一）定性方法

以个人自己的职业或教育方面的偏好，或目前所从事的职业，再参照各种职业或教育所属的类型，评定其人格类型所属的范围。

（二）定量方法

运用心理测量手段进行分析，测验结果可分别得到 6 种人格类型的分数。霍兰德编制了两种类型的测评工具：一个是“职业偏好问卷”（Vocational Preference Inventory，VPI）；另一个是“职业自我探索量表”（Self-Directed Search，SDS）。

（三）人格组合的评定

个人的人格可依据测量分数的高低排列，以最高分数前 3 项代表个人的人格组合。

（四）一致性分析

在霍兰德的人格类型六边形模式中，相邻的类型具有较多共同的特性，一致性高，如实际型与研究型、研究型与艺术型等。相对的人格类型，一致性低，如实际型与社会型、研究型与企业型等。

（五）区分性分析

6 种类型的最高分与最低分之间的差距，可显示人格组合的区分性高低。区分性高者，其职业发展过程可能较明确而稳定。

（六）和谐性分析

在生活或工作环境中，其人格类型与环境类型之间的和谐程度（即一致性）与职业稳定及成就密切相关。

三、评价

人格类型论也是一种“人-职”匹配理论，与特质-因素论相比，其更注重人与环境间的交互作用。由于其理论框架的完整、严密，成为职业指导中最受重视的一种学说。“职业自我探索量表”普遍为学校及职业机构所采用，能够有效地协助其进行职业指导工作。

不过，霍兰德的人格类型论试图通过人格类型与职业环境类型的匹配，来说明个人的职业选择与职业适应，这一假设尚缺乏足够的实证依据。在职业指导中，应考虑人格因素以外更广泛的社会背景和发展因素，来进行全面、综合的考察和分析。

第四节 需 要 论

美国临床心理学家和职业指导专家 Roe（1956）根据工作经验，结合精神分析理论与马斯洛的“需要层次论”原理，提出了职业选择的需要理论。

罗伊（Roe）认为，儿时的经历与职业选择有很大关系。例如，想想你所生长的家庭的氛围，是“温暖”还是“冷漠”？你如何描述你的父母？他们对你是关注还是忽视？接纳还是拒绝？根据罗伊的理论，个体对这些问题的回答会对其职业的选择产生影响。

罗伊在其理论中运用了马斯洛的需要层次理论。根据需要层次论，人们最基本的需要是食物、住所之类的生理需要，而后是安全需要，在这些基本需要满足之后，人们开始寻求更多的心理需要——爱、友谊、尊重，最后是自我实现，即完全实现个人的潜能。当一个层次的需要被满足时，较高一层的需要便开始浮现，未能满足的需要会成为选择职业的重要动机。例如，一个有安全需要的人，可能希望找到一份能提供安全环境的工作。

一、理论观点

其理论观点是需要论强调早期经验所发展的适应模式对其日后职业选择行为的影响。这一理论的中心论点是，一个人早期所受的养育方式，影响其追求的职业类型在所选择领域中可能达到的水平。他将父母的行为分为以下 3 种类型。

第一种是关注子女型。包括过度保护和过度要求。过度保护和过度要求的父母都吝于表现出他们的爱和赞许。在过度保护的父母那里，孩子的生理需求可以得到满足，但由于达不到父母的期望，他们的心理需求往往得不到满足；被过度保护的孩子学会迎合他人的期望以求得赞赏，渐渐变得依赖于他人。有过度要求的父母则对孩子期望很高，孩子若达不到标准就不会获得认可。在父母的高标准和严格要求下长大的孩子会变成完美主义者，他们会为表现得不够完美而焦虑，因而在进行职业选择时会较为困难。

第二种是回避子女型。包括拒绝型和疏忽型，其程度可从忽视到拒绝。尽管不是父母有意忽视，但孩子的生理、心理需要都被冷落。罗伊用情感拒绝来表示并非所有的拒绝都是物质上的忽视。

第三种是接纳子女型。包括随意接受型与抚爱接受型。也许是出于偶然，也许是在爱的基础上，孩子的生理、心理需要都能够得到满足。父母以一种不关心也不参与的态度或者是以积极的方式鼓励了孩子的独立与自信。

根据罗伊的理论，个人基于早期家庭环境的影响，发展出与人际关系、情绪反应及职业选择有关的态度与兴趣。生长于第一种类型家庭的人，即温暖、慈爱、接纳或过度保护的家庭，将发展出顺从型人格，而选择与他人有关的职业，如服务、商业、组织、文化和艺术娱乐等；生长于第二种类型家庭的人，即家庭氛围是冷漠、忽视、拒绝或过度要求的，将发展出倾向于独立型的人格，而选择与他人无关的职业，如技术、户外、科学等与物体、动植物而不是与人打交道的职业；如果个体感到家庭过度保护的情况非常严重，则可能产生强烈的防卫与侵犯性格，形成非人际的倾向。

罗伊的职业分类体系包括 8 种职业类型：①服务。这些职业主要与服务和照顾他人的个人品位、需要和安康有关。②商业。这些职业主要与面对面地销售商品、投资、房地产及服务有关。③组织。这些是在商业、工业和政府部门的管理类工作及白领工作，这些行业主要是与企业和政府的组织、有效运作有关。④技术。这些职业包括与商品、水、电、气的生产、维护和运输有关的行业。⑤户外。这些职业包括农业、渔业、林业、矿业和相关的行业，这些行业主要与农产品、水产品、矿藏、林产品、其他自然资源、畜牧有关。⑥科学。这些职业主要是与科学理论及其在特殊情况下的应用有关的行业，不同于技术。⑦文化。这些职业主要是与文化遗产的继承和传播有关的行业。⑧艺术和娱乐。这些职业主要包括与创造性艺术和娱乐中特殊技能的使用有关的行业。

二、指导策略

首先，了解求职者的心理需要及满足的情况；其次，进一步根据罗伊的职业分类系统，协助求职者选择适合其需要的工作或分析目前的工作是否能满足需要。在经过测评和诊断后，如发现其心理需求无法获得满足，则以咨询或心理治疗的方式协助求职者重组其需求形态。

三、评价

罗伊的需要论兼顾了个人内外因素的影响，从动态的观点考虑人的职业选择行为，较之前两种理论所强调的“人-职”匹配，无疑给职业指导实践提供了一个新的思想方法。但就理论基础而言，目前尚无足够的证据证明早期经验对职业选择的影响。从职业指导实践来说，需要论显得笼统，未发展出具体明确、操作性强的指导方法与技术，对实际指导助益不大。罗伊的职业选择理论模型，如图 3-3 所示。

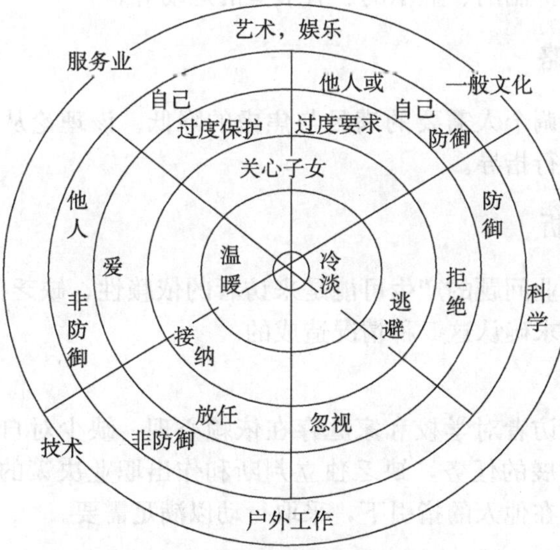

图 3-3 罗伊的职业选择理论模型

第五节　心理动力论

与罗伊持类似观点的还有鲍亭等，他们用心理分析的方法研究个体职业选择的过程。他们强调工作的意义，认为个体职业选择的目的在于满足个人的需要和促进个人的发展。由于他们强调个人内在的动力和需要等心理因素在职业选择过程中的重要性，因此，被称为心理动力理论派。

美国心理学家鲍亭等以弗洛伊德的个性心理分析理论为基础，吸取了特质-因素论和心理咨询理论的一些概念和技术，对职业团体进行了大量研究，于20世纪60年代提出了“心理动力论”。

一、理论观点

鲍亭等通过对职业团体的研究，提出了心理动力理论的结构：①成人的生理和智力活动与其个人早期的生理和心理发展过程密切相关；②任何复杂的成人活动中都包含着与婴儿简单活动相同的本能满足；③个人的需要模式是由人生最初的6年决定的；④个人的职业选择取决于人生最初6年中形成的需要；⑤家庭压力极大地影响着人的需要的发展；⑥成人在工作中会显示出一种婴儿期冲动的升华；⑦职业信息的缺乏，可能导致职业期望的挫败。

心理动力理论按照心理需要对职业进行分类，如养育的、操作的、感觉的、探究的、流动的、抑制的、显示的、有节奏的运动等。

二、指导策略

心理动力论强调个人需要的满足与焦虑的降低。该理论从以下几个方面对个人的职业发展进行指导。

（一）原因分析

鲍亭认为，职业问题的产生可能是来访者的依赖性、缺乏信息、自我矛盾、选择时的焦虑和寻求确认这5种情况造成的。

1. 依赖性

依赖性是指来访者对学校和家庭存在依赖心理，缺少对自己的责任感，不能独立完成职业发展的任务，缺乏独立判断和作出职业决策的能力，而将问题的责任交付他人，在他人的指引下，采取行动以满足需要。

2. 缺乏信息

缺乏信息是指来访者缺乏作出职业决策所必需的职业资料或教育方面的

信息。

3. 自我矛盾

自我矛盾是指来访者的自我观念不协调，其表现形式为既想做这项工作又想从事另一项工作，或者其自我观念与环境产生冲突的现象，如个人兴趣与家庭期望不一致，无法作出选择。

4. 选择时的焦虑

选择时的焦虑是指来访者在职业决策发生矛盾时产生焦虑。例如，家庭压力的影响，有的学生想选报某个专业，而父母坚决反对这种选择，因而产生焦虑情绪和挫败感。

5. 寻求确认

寻求确认是指来访者对自己作出的选择没有把握，希望得到指导者的帮助，看其选择是否合适。其目的仅在于征求意见，确定其所作的选择是否正确。

（二）诊断方法

除上述分析方法外，鲍亭等还提出了另一套诊断方法，即针对求职者的动机冲突，从5个方面作更深入的分析，包括：①认识上的困难，即求职者无法澄清或辨别事实状况；②自我认识问题，即求职者缺乏正确或全面的自我认识；③需要满足的矛盾，即求职者对各种工作所能给予的需要满足产生矛盾；④职业适应不良，即求职者对当前职业不满意而企图改变；⑤明显的精神病态，即求职者有乐趣决策倾向。

（三）指导过程

在对上述问题进行诊断的基础上，需要对这些问题予以指导。心理动力论除根据精神分析的基本原则外，亦重视发展的过程。因此，心理动力论认为，职业指导的过程近似于个人职业发展过程的缩影，职业指导的任务是对被指导者的职业问题进行诊断，明确其性质。然后，按照探索、初步决定、进行改变这3个步骤进行工作。

1. 探索

探索也就是要查明和限定问题的范围。心理动力论避免对当事人的问题作表面的分析和诊断，而强调应对个人与职业之间动态的关系作深入的探讨，特别是应就其需要、心理防御机制及早期经验等方面加以分析。咨询员以温暖、关切、真诚的态度，通过澄清、比较、解释等方法，协助当事人进行探索工作。

2. 初步决定

初步决定也就是同被指导者一起共同作出新的尝试性的决策。经过探索阶段后，当事人逐渐觉察现实与理想间的差距，而指导员即可适当提供进一步改变的机会，这种改变不仅在于职业方面，尚可对当事人的人格改变作一全盘规划。这是一个初步的决定，其目的在于将原先局限于职业选择的问题焦点重新集中于人格这一根本问题上，视指导为人格发展的一部分。

3. 进行改变

进行改变也就是使被指导者在行动上作出某些变化。当事人若决定其个人的人格应有所改变，即使只涉及职业方面，也可进行改变。最后一阶段的工作即可由自我觉察与了解开始，适当地改变计划。例如，涉及不合理的观念、需要或不当的经验之影响，则计划的重点即在降低这些影响因素的压力，通过双方的咨询关系与适当的咨询技术，重组其人格结构，从而发展适宜的职业行为。

（四）咨询技术

心理动力论的咨询技术综合运用精神分析学派、特质-因素论及当事人中心论方法，主要有澄清问题、比较与解释 3 项。

1. 澄清问题

在晤谈初期，咨询者以开放式的提问方式，协助当事人描述、思考与其问题有关的资料，以澄清问题的真相。由于这种方法较少有威胁性，因此亦可增进双方关系，而当事人也会有更多机会参与咨询过程而负起若干责任。

2. 比较

咨询者将与当事人有关的情况陈述出来，包括自我与他人的期望，过去与现在乃至未来的目标等，以比较其相似与相异之处。从这种对比中，促使当事人面对事实真相，引发其对问题进一步的认识与了解。

3. 解释

运用解释方法旨在使当事人觉察其内在动机与其职业选择问题间的关系。

此外，心理动力论运用心理测验技术，对测验结果的解释亦侧重当事人的参与，咨询者扮演伙伴的角色，鼓励当事人将测验结果与其问题连贯综合分析，作为进一步探索或决定的依据。

心理动力论者在指导工作中，同样积极地使用测量工具，搜集职业信息。他们进行测量的目的是对被指导者的职业问题作出诊断，评价其个人资料，以及激发被指导者进行自我探索。搜集的职业信息用来分析与个性和需要有关的工作满意度。

三、评价

心理动力论注重从个人职业发展的观点及个人内在因素来探索职业选择，

强调发挥当事人的自我概念，通过当事人个人人格的重建来达到职业选择，重视当事人在其职业选择中的自主作用，对职业指导实践有重要的启示。

然而如何实现这一目标，心理动力论尚缺乏具体确定的指导方法与措施。过于偏向个体内在因素的作用，忽视现实社会环境方面的因素，未免失之偏颇。在目前我国人们的职业选择中，社会环境因素起着极其重要的作用，应为职业指导者所重视。

第六节 职业选择发展论

美国职业指导专家金兹伯格和萨帕等以发展心理学为理论基础，综合差异心理学、职业社会学及人格理论的有关原理，从发展观来探究职业选择的过程，研究个体的职业行为、职业发展和职业成熟阶段，因而成为西方职业指导领域重要的理论学说。

一、理论观点

职业选择发展论者认为，人们的职业意识和要求并不是在面临就业时才具有的，而是在童年时就孕育了职业选择的萌芽。个体从成长期到衰退期这一连续发展的过程，可显示其职业发展的成熟程度。所谓职业成熟，指的是与个人年龄相适应的职业行为的发展程度和水准，即个人在整个职业生活过程中达到社会期望的水准。另外，萨帕认为，职业成熟应包括 6 个方面的内容（这部分内容详见第二章的第二节，在此不再赘述）。

二、指导策略

职业选择发展论者编制了许多测量个人职业成熟程度的量表。最常用的有克莱斯（Criees）所编制的“职业成熟量表”（详见本书附录 3）。近年来，萨帕等编制了另一个了解当事人职业成熟状况的量表“职业发展量表”。

根据测评结果，职业指导人员可进行不同的指导：①对选择不确定者，分析影响其情绪的因素，帮助当事人消除疑虑和障碍；②对不成熟者，协助其了解影响职业选择的个人因素与社会因素，逐步发展其职业自我；③对成熟者，重点协助其搜集与评估有关个人和职业方面的资料，作为决策的依据。

三、评价

职业选择发展论把个人职业选择与发展纳入到整个人生的发展高度来进行考察和研究，无疑对职业指导理论和实践作出了重大贡献，对我国的职业指导具有极其重要的借鉴意义。

由于职业选择发展论所涉及的范围十分庞大，如人格发展、生活方式、适应行为等，这些变量间的关系十分复杂，尚需进行深入研究。尽管如此，职业选择发展论明确指出，人的职业选择是一个不断发展的过程，职业指导要根据人的职业成熟度，通过日常有意识的教育工作来进行。同时，人的职业发展贯穿于人的一生，因而职业指导工作也是一个长期的系统过程。

第七节 行为论

行为论是由克伦保兹（Krumboltz）等发展起来的。他们将行为学派班杜拉创立的社会学习原理运用到职业指导领域，以此探讨在职业选择过程中，社会、遗传与个人因素对职业决策的影响，进而设计训练或指导计划，以增进个人抉择的能力。

一、理论观点

克伦保兹等认为，职业发展过程错综复杂，受许多交互作用的影响，其中最主要有4个方面。

（一）遗传素质和特殊能力

遗传素质和特殊能力，即个人所属的种族、性别、身体素质、智力及特殊能力等，均可能限制或影响个人学习的经验与选择的自由。

（二）环境条件与特殊事件

环境条件与特殊事件，即个人所接受的教育与训练、家庭背景、社会政策、社会变迁等非个人所能控制的因素，以及个人职业选择的具体领域等，其中，家庭背景，则包括父母所从事的职业及社会经济地位、父母的教育水准、家庭结构及父母期望等因素。

（三）学习实验

学习实验，即个人在学习中所采用的学习模式，包括工具式学习与联结学习，个人的职业发展、知识、技能、态度与价值观等均为这些学习经验的产物。

（四）工作定向技能

在上述各种因素的交互作用下，个人所获得的解决问题的技能、工作习惯、认知过程、情绪反应等，又会影响其他各种因素。

个人在上述 4 种因素及其交互作用下，通过经验的累积与提炼，产生了如下结果。

1. 自我认识的形成

自我认识的形成，指对自己各种表现的评估与推论，包括兴趣、爱好、职业价值观等，均为学习的结果，亦为职业选择的关键。

2. 世界观的形成

世界观的形成，指对环境与未来发展所作的评估与推论。个人对自我与环境的认识是否正确、全面，取决于其学习经验的性质。

3. 工作定向技能

工作定向技能包括适应环境的认知、操作能力与情感反应，以及自我评估与对未来事件的预测能力，其中，与职业选择有重要关系的则包括价值观念的澄清、目标的决策、寻找不同的解决途径、收集资料、预测、计划等。

4. 行动

根据各种经验、对自我与环境的评估，以及个人处理事务的能力，采取实际的行动，促进个人的发展。

二、指导策略

个人在面对职业选择情境时，产生的职业问题可能有如下几个方面：①缺乏明确的目标以致无法决断，或缺乏改变的信心；②不现实的期望，希望从事某种职业，但又缺乏与该职业相关的能力及其他素质要求；③有众多可能的选择，以致难以决断；④缺乏关于自我或工作世界的信息，由此产生焦虑而难以决策；⑤受挫折或焦虑等情感因素影响而降低其达成目标的能力。

为弄清当事人的问题症结，指导者可用晤谈、“职业决策量表”等方法与当事人共同探讨其问题。此外，工作定向技能及其他有关职业发展所必须具备的能力，可采用“职业发展量表”、“工作价值量表”来了解当事人的问题。

针对上述问题，指导者可采取下述方法协助当事人培养正确的自我观与世界观，发展相应的工作定向技能，以及其他有关决策的能力。

（一）认知重组治疗法

认知重组治疗法包括理性与情感治疗、自我指导训练等，以调整个人的自我观与世界观。索伦森（Sorensen）等根据认知行为的原则，设计自我控制的方法，有以下几个：①自我启发。针对个人的态度、信心、观念，进行探索与测评，以引发自己解决问题的动机。②自我观察。观察自己较特定的行为，了解

第三编 职业心理发展

第四章

职业选择

本章要点

- 怎样理解职业选择?
- 影响职业选择的因素有哪些?
- 如何进行职业选择?
- 如何让我们的气质、性格、兴趣、能力与职业匹配?
- 面对职业决策困难，我们该怎么做?

萨特曾说过：人生就是选择。因此，一个人的生命历史不过是一系列的选择行为的组合。在这一系列的选择中，职业选择是最重要的选择之一。因为大部分的时间，一个人的生活都是在一定的职业生涯中度过的，职业不仅使人们获得维持生活的经济基础，而且适当的、适合自己发展的职业可以让人的心理健康发展。

第一节　职业选择概述

职业选择是人生必经的一个门槛，是大学毕业生首先必须面对的关键一步。拥有一个好的职业，能够充分发挥自己的聪明才智，成就一番事业。然而，现代社会的职业数以万计，大学生必须掌握有效的职业选择方法，才能作出合理的选择。

一、职业选择的含义

职业选择是一个复杂的过程，对此国际上有许多理论，内容有一定的差异性，而且似乎又都不能全面阐明这一问题。不同的职业选择理论强调了职业选择的不同方面，其中一些强调周围环境对职业选择的影响，另一些则把个人行为置于职业选择的中心地位。主要的理论有帕森斯的特质-因素论，金兹伯格的职业选择的发展过程论，克鲁姆伯尔兹的职业选择的学习过程论，达海姆（Daheim）的职业选择的配置论，霍兰德的职业匹配理论和职业选择的决策过程论等。

目前，我国学者对职业选择的研究多为对上述几种理论的阐释，对职业选择这一概念还没有一个统一的定义，但基本的认识是职业选择是一个人与环境相互作用、促使人们从事不同职业活动的过程。我们综合前人的研究基础，将其定义为：职业选择是求职者依照自己的职业价值取向，凭借自身的人力资本和所能运用的社会资源，在社会已有职业中选择职业，使自身能力素质与职业需求特征相符合的过程。

二、当代青年人职业选择特点

（一）选择知识含量高的工作和学历提升的两大趋势

一方面，专业技术人员、教师、科研人员等知识含量较高的工作近几年已逐渐成为社会的热门行业。有调查研究显示，选择科研单位、高等院校的学生比例比往年增加，分别占就业学生的10.4%和5.8%。另一方面，由于知识的重要作用，更多的大学生在本科毕业后希望继续深造。通过调查，我们发现21%的学生毕业后的首选不是找工作，而是继续攻读研究生深造，考研一年比一年热。当年考研失败第二年继续考研究生而不找工作的学生比例年年增加，他们在毕业后继续留在北京复习，或继续留在学校，或几个学生合租住房，进行又一轮冲刺，成为京城一个正在发展的特色群体。在我们对实现就业学生工资情况所做的调查中，我们发现工资收入和学历高低呈正态分布，这也很好地说明了知识的重要作用及大学生毕业选择发展趋势的合理性。

（二）从事与信息相关的工作成为大学生的重要选择

由于全球网络的迅猛发展，在IT业涌现出了许多新的工作岗位，如网络工程师、电子商务工程师、网络分析师、网络安全专家、在线经纪人、网络维护人员、网络编辑、网络新闻工作者、网络教育工作者等，都成为大学生积极选择的职业。近几年北京市的中关村电子一条街吸纳了大量的高校优秀毕业生，一些知名网站也依靠优厚待遇吸纳了大批网络人才，从事信息网络专业的学生供不应求，呈现出迅猛增长的强劲势头。据预测，信息化每年要增加50万人才的需求，这对大学生来说，无疑为其开拓了一个广阔的就业领域。

（三）与高新技术相关的产业对人才的需求增加

随着以电子计算机为代表的微电子技术，以及光导纤维、生物工程、空间技术、海洋技术、环保科学等新技术群体的崛起，涌现出了许多新的就业领域，大学生就业选择的天地更为广泛。近期的调查资料显示，46.7%的学生认为与择业初期相比，他们的就业区域的选择更宽了，这在很大程度上是因为新的工作和职业正在出现。2000年，根据国务院建设中关村的精神，北京市教育委员会将约5000个高新技术企业列为京外生源留京计划单列单位，鼓励毕业生到这类单位就业。

（四）大学生在职业选择上越来越国际化

人才突破一国的界限，在更大区域内自由流动成为知识经济时代的重要趋势。有7%的学生毕业后的首选意愿是出国深造并尝试在国外就业。经济全球化使全球人力资源进入了全球化配置时代，劳动力在全球范围内流动成为普遍现象。全世界约有15亿人在国外工作，中国职场也正变成一个国际化职场。这意味着不管是现在还是未来，我国大学生都将在文化日益多元化、国际化的工作环境中发展职业生涯。而受到不同国家、民族和种族等文化背景差异的影响，文化冲突和碰撞在国际化职场中必然时常出现。

（五）创新、创业将成为大学生的一种时尚

在知识经济时代，创新意识、创新精神、创新能力是衡量新型人才的重要标志。传统意义上的户口、干部身份等观念正在松动。在大学生调查中，48%的学生对“自己创业”积极赞成并敢于实践。有6%的学生选择去做自由职业者或创业。在现实生活中，我们已经看到有些大学生通过科技创新，在某一方面取得突破性的成果，进而自己或与他人合作创办公司，他们在创造就业机会的同时，也为社会提供更多的就业机会。艰苦创业、科技创业、自主创业的现象越来越多，成为一种新的时尚。知识经济时代人才的流动更快、更多，科学技术发展使知识和产品的更新换代加快，知识型劳动者的流动性将比传统的产业工人要大得多。由于职业和岗位的变动更加频繁，大学生“一次就业定终身”的现象将不复存在，为了适应激烈的市场竞争和知识更新，大学生更强调“终身学习”和“适时跳槽”的新观念。调查显示，有19%的学生选择了把户口和档案关系挂在一个单位（或干脆不要户口和档案）去打工。

总之，知识经济的发展使得就业市场日趋活跃，青年就业选择的空间和就业选择的层次正变得较为广阔和丰富，青年自主就业的积极性和主动性大为增强。

资料链接 4-1

青年马克思在选择职业时的考虑

1835年秋天，马克思中学毕业前夕，写了一篇名为《青年在选择职业时

的考虑》的作文，发表了一些重要见解，表达了为人类服务的崇高理想。

当时，马克思和他的同学就要毕业，面临着升学和就业的问题，大家都在考虑自己的前途。有的人希望成为诗人、科学家或哲学家，献身文艺和学术事业；有的人打算充当教士或牧师，幻想天堂的幸福；有的人则羡慕资产者的豪华生活，把舒适享乐作为自己的理想。

马克思与其他同学的想法不同，他没有考虑选择哪种具体职业，而是把这个问题提高到对社会的认识和对生活的态度上加以考虑和回答。

在毕业作文中，马克思写道：人与动物不同，动物完全依赖自然的生活条件，只能在自然提供的一定范围内活动，而人却能掌握自己的命运，有选择的自由。这正是人比动物优越的地方。但是，如果认为生活在社会中的人们能够不受任何限制，随心所欲地自由选择职业，那就完全错了。人们在选择职业时，正如人们在社会上的其他活动一样，并不是完全取决于自己的希望和志愿，而要受到自己所处的社会地位和社会中的关系的限制。他说："我们并不总是能够选择我们自认为适合的职业：我们在社会上的关系，还在我们有能力对它们起决定性影响以前就已经在某种程度上开始确立了。"（参见马克思：《青年在选择职业时的考虑》，出自《马克思恩格斯全集》第40卷，第5页）。这是一种非常深刻的思想。在这里，马克思已经把人们的活动、人们的职业与人们在社会上的关系联系起来。后来马克思在许多著作中进一步发展了这一思想。

马克思认为，选择职业是关系到个人生活目的和生活道路的重大问题。因此，不应该为一时的兴趣、渺小的激情、个人的虚荣心所左右，而必须采取严肃的态度，"选择一种使我们最有尊严的职业；选择一种建立在我们深信其正确的思想上的职业；选择一种能给我们提供广阔场所来为人类进行活动……的职业"（同上书，第6页）。

在选择职业时，还必须清醒地估计自己的能力。那些较多地研究抽象真理，而不大深入生活本身的职业，对青年来说是危险的，因为这会使他们脱离现实，一事无成。只有那些能深入生活，把理想与现实、思想与行动紧密结合起来的职业，才是一个有为的青年所向往的。只有这样的职业，才有可能发挥自己的才能，对人类作出有益的贡献。

马克思认为，在选择职业时必须考虑的最重要的原则，是生活和工作的目标。一个人如果仅仅从利己主义的原则出发，只考虑如何满足个人的欲望，虽然也有可能成为出色的诗人、聪明的学者、显赫一时的哲学家；可是，他绝不能成为伟大的人物，也不能得到真正的幸福。他的事业是渺小的，他的幸福是自私的。一个人只有选择为人类服务的职业，只有为人类最大多数人的幸福而工作，才是高尚的人，才能得到真正的幸福，才能有不可摧毁的精神力量。马克思说："历史承认那些为共同目标劳动因而自己变得高尚的人是伟大人物；经验赞美那些为大多数人带来幸福的人是最幸福的人。"（同上书，第7页）"如果我们选择了最能为人类福利而劳动的职业，那么重担就不能把我们压倒，因为这是为大家而献身；那时我们所感到的就不是可怜的、有限的、自私的乐趣，我们的幸福将属于千百万人，我们的事业将默默地但是永恒发挥作用地存在下去，而面对我们的骨灰，高尚的人们将洒下热泪。"（同上书，第7页）为人类服务，这是少年马克思的崇高理想，也是马克思在中学毕业作文中所阐述的主要思想。在漫长的斗争岁月中，他始终不渝地忠实于少年时代的誓言。他的一生，就是为人类服务的最光辉的榜样。

（资料来源：许庆朴，郑祥福，周庆行等．1999. 马克思主义原著选读．北京：高等教育出版社，3～6.）

三、职业选择的原则

面对茫茫的职业世界，如何作出自己的选择？不同的人从不同的职业价值观出发，采用不同的方法和策略，选择不同的职业。但是不管你采用什么样的方法和策略，在职业选择中，至少要遵循以下原则。

（一）社会需要与个人特长相结合的原则

这一原则是指求职者在选择职业时，既要服从国家和社会的需要，又要有利于个人特长的发挥，在满足社会需要的前提下尽量能发挥个人特长。

首先，要把社会需要放在第一位。所谓社会需要，是指社会生存和发展的需要，反映在具体劳动岗位上就表现为社会职业需要，而社会职业结构及其所提供的职业岗位要受社会制度、经济发展水平的制约。因此，个人对职业的选择不可能脱离社会需要这个现实，我们无法选择那些社会不需要或目标不存在的职业。在我国现代化建设过程中，职业结构在不断地发生变化，不同地区的经济发展也不平衡，人才的自发流动往往不能满足社会发展的需要，这就要求国家进行宏观调控。作为求职者则要从大局出发，服从国家的需要，尤其是当个人需要与社会需要发生矛盾时，要善于寻找个人与社会的结合点。一个具有崇高人生目标的人，会喜欢所有职业，只要这种职业能使他获得应有的人生价值，他会感到这种职业是神圣的，就会对自己的工作岗位产生兴趣，从而干一行爱一行，干一行钻一行，寻找个人和社会的结合点。马克思在《青年在选择职业时的考虑》一文中就曾说过，"如果我们选择了最能为人类福利而劳动的职业，那么重担就不能把我们压倒，因为这是为大家而献身；那时我们所感到的就不是可怜的、有限的、自私的乐趣，我们的幸福将属于千万人，我们的事业将默默地但是永恒发挥作用地存在下去，而面对我们的骨灰，高尚的人们将洒下热泪”。马克思的这段话值得我们在选择职业时深思。

其次，我们强调社会需要并不否认个人特长的发挥。一个人的特长是实现自身价值的基础，也是为社会做贡献的前提。因此，我们在满足社会需要的前提下，要尽可能选择能够发挥个人特长的职业岗位。另外，社会需要又是个人自我价值实现的基础。从这个意义上说，越是社会需要的职业，越能发挥自己的聪明才智，越能为发挥个人特长提供更多的条件和机会。如果选择的是社会不需要或需要不迫切的地方，自己才能的发挥必然受到限制，往往会碌碌无为、虚度年华。可见社会需要与个人特长的发挥并不存在二者必居其一的选择，二者在大多数情况下是相统一的，关键在于人们树立一种什么样的人生观和职业价值观。

（二）个性特点与职业相适应的原则

一个合适的职业对个体非常重要，就像鸟儿需要飞翔的翅膀，它是你梦想开始放飞的地方，能飞多远完全取决于人们是否选择了适合自己的职业。具体来说，人们必须在选择前明白自己的性格、气质、能力和兴趣，了解职业的特性，缺少任何一方面都可能导致职业选择的失误。

某大学一位高材生，她性格活泼好动，是学校的文艺骨干，爱和男生开玩笑，很受教师和同学的欢迎。根据自己的个性特点，她认为在机关工作最能发挥自己能歌善舞、善于交际的长处。但被分配到国务院某部委机关后，她的爱说爱动却被视为“轻浮”而遭非议，造成心理上的巨大压力，影响了其事业的发展和身心健康。这是她对职业的特点，如职业性质、职业活动内容、活动方式、活动特点及其对从业者的要求缺乏了解所致。除此以外，职业的地域特点、行业特点、岗位特点、工作环境和团体规范等，都会影响职业对从业者的要求。对职业了解得越深刻、越全面，就越能避免职业的盲目性。

另外，由于不了解自身特点所造成的择业失误也是屡见不鲜。某大学一位高材生，由于学习成绩突出，毕业后留校当老师。由于他基础好加上勤奋努力，很快就在学校的青年教师中脱颖而出，接连在国家权威报刊上发表文章，教学也很受学生欢迎。因而很快就被破格晋升为副教授，学校也把他作为学校青年骨干加以重点培养，很有发展前途。然而，在一次同学聚会上，他发现好几位原来成绩、表现均一般的同学，毕业后下海经商，发了大财。相比之下，自己每月工资单里的那区区几百元钱，让他感到羞愧，没有面子。在几位同学的怂恿下，他不顾老师和领导的劝告，毅然辞职下海。由于他缺乏组织领导能力，尤其是对市场的变化不敏感，加上受亚洲金融危机的影响，结果不仅没赚到钱，连老本也亏掉了。幸亏他及时悔悟，才避免了更大的悲剧。这是对自己的优势与劣势缺乏正确认识造成的。

因此，选择职业时，既要客观地认识自己，对自己的兴趣、爱好、气质、性格、知识和能力水平、自己的长处和短处有比较全面、深刻的认识，又要全面地了解职业的特点及其对人才素质的要求。只有这样才能从众多的职业中选择与自己的个性特点相适应的职业。

（三）可行与发展相结合的原则

这一原则是指人们在选择职业时，既要考虑到现实的可行性，确立适当的职业期望值，又要考虑到职业的发展前景，树立一种变动的、发展的择业观，能适时调整自己与环境的关系，使个人与社会处于一种和谐状态。职业选择的成功，除了社会需要和个人特长、兴趣之外，还会受许多其他主观、客观因素的影响，如就业政策、职业岗位、竞争程度、地理环境、职业信息、个人的生理条件、信念和毅力等。一般情况下，人们在择业时不能实现自己的职业愿望，最直接的原因大致有3个方面：一是职业期望值过高；二是对就业环境缺乏全面了解；三是个人的择业素质不足。因此，要提高择业的可能性，其择业目标不能太高，也就是说其职业的期望值要适中。要广泛收集职业信息，全面了解就业环境，不断提高个人的职业素质，从而确立自己在就业环境中的位置，增强自己在人才市场中的竞争力，增大择业的可行性。

然而，社会是在不断发展和变化的，职业结构、职业内容在不断地变化，人的职业意识、个性特点、知识与能力结构也在不断发展。因此，我们在强调择业的可行性原则的同时，又要破除一次选择定终身的旧观念，要根据社会需要的变化和自身条件的改变选择最能发挥自己潜能的职业。当今社会，职业越来越不只是作为生存的手段，而是一条人们走向成功的道路。我们在选择职业时，一方面不要只看一时一事，应从有利于事业及自身发展的角度来考虑，如职业的适合性、对口性、领导是否重视人才，考虑单位的实力和所提供的机会、前途等条件；另一方面又要善于根据环境的变化、社会需要的变化和自身条件的改变，适时调整自己的择业目标。

第二节　影响职业选择的因素

职业选择不同于传统意义上的就业。首先，就业只是谋取个人生存的基本条件，而择业是如何选择个人生存模式。其次，从目的上看，择业远比就业层次要高。最后，从形式上看，择业是一个实现求职者的优势与社会需要最佳结合的过程，不同于传统意义上的就业观念。影响求职者进行职业选择主要有客体和主体两方面的因素，客体因素是指职业选择中各种环境因素的总和，主要包括社会环境和组织环境两大类。主观方面主要是心理因素，包括职业兴趣、职业自我价值感和职业价值观，本节主要对主客观因素进行探析。

一、影响职业选择的社会环境因素

（一）社会政治因素方面

国家就业制度及就业政策对职业选择有重要的影响。就业制度是人才资源配置的具体准则，也是毕业生就业过程中所遵循的基本规范。从新中国成立以来至“文化大革命”结束，政府一直以高度集权对就业进行计划性管理，政府权力凌驾于企业和个人之上。在这种统一的劳动就业制度的影响下，劳动者基本没有就业选择的权利和机会。改革开放以来，政府及时抓住机遇对劳动就业制度进行了改革，在国家的统筹规划和指导下，实行劳动部门介绍就业、自愿组织就业和自谋职业相结合的就业方针政策，使得劳动者得以自主择业。这几年，经济体制改革加快，高校不断扩招，尤其是2008年经济危机席卷全球，使得失业问题比历史上任何时候都更加严重。求职者的就业问题成为政府急需解决的一个重要任务，在巨大的就业压力面前，我国政府提出了“劳动者自主择业、市场调节就业、政府促进就业”的方针。我国在2005年就开始陆续颁布了一系列推动就业、扩大就业渠道的就业政策。可以说，现有就业政策将高等院校的方方面面都纳入到了其覆盖范围，一个较为完善的政策框架体系已基本形成。这些政策的出台，为求职者提供了更多的选择和就业机会。

（二）社会经济因素方面

求职者的择业受到国家经济体制、经济发展状况和劳动力提供等多种因素的影响。计划经济时期，国家采取统包统配的就业制度，通过行政手段对劳动资源进行配置，企业的用人自主权、劳动者的自由择业权均受到限制。进入市场经济后，自由竞争机制和市场本身的特点使得劳动者在就业时受到劳动力市场供求关系的影响，就业方向呈现出多样化、个性化的特点，使其自主择业和个人价值的实现成为可能。在现在经济危机和大学毕业生数量日益增加的情况下，求职者应当正确看待当前的就业形势，从自身特点和专业出发，结合社会需求状况，客观、理性地进行职业定位。要清楚地认识大城市的就业环境，虽然那里的硬件条件较好，也有更多培训机会，对自己的长远发展有利，但刚刚走出校门的求职者要想在此立足是有很大难度的。地市级以下等欠发达地区现在的条件可能比较落后，但有更多的机会，人才的相对较少也使得求职者在未来获得晋升的概率提高了。在积累了一定的工作经验，自身能力有所提升之后，毕业生可以寻求机会跳槽，得到进一步发展。

（三）社会文化因素方面

1. 社会评价的影响

20 世纪 50 年代，社会公众对农民职业表现出极大兴趣；60 年代社会兴趣转移到工人身上；70 年代以军人为职业愿望；改革开放后，80 年代行政干部成为热门职业；90 年代随着市场经济的逐步发展，下海经商成为许多人义无反顾的职业目标；到了当前，公务员、教师、医生等这些具有稳定收入和较好的福利待遇的安全型职业成为社会热门职业。现在，很多求职者择业时过多重视社会流行的观念和评价，并以此左右自己的择业标准。将择业依据定为外在的社会地位和经济收入等，以致忽视对自身条件的考虑，增加了择业的盲目性。职业本身并没有高低贵贱的区别，虽然社会评价会影响职业选择，但不能成为阻碍求职者自主择业和发展的不利因素，求职者应从自身条件出发，充分考虑自己的性格、兴趣、能力、价值观等，依据现实情况选择自己热爱的、适合自己的职业。

2. 教育因素的影响

教育主要是指家庭教育和学校教育两种。从个体的差异来说，家庭对一个人的影响是很明显的，学生所受到的家庭教育不同，求职时在职业选择上也有很大的区别。在民主型家庭长大的孩子，自律性较强，遇到问题时会考虑父母的意见，对自己的要求也会采用社会普遍认同的规则；在专制型家庭长大的孩子，与父母的思想交流较少，使得他们在职业认识和工作协调方面缺乏一致性；在溺爱型家庭长大的孩子，主体意识淡薄，职业主动性、创造性较差。学校教育，尤其是职业生涯教育对求职者的职业认识影响也很大，在当前严峻的就业形势下，很多学校都鼓励学生到基层去工作，到祖国需要的地方去奋斗。现在受学校教育和引导的影响，越来越多的学生在毕业以后选择走向基层、奔向西部或服务农村。

二、影响职业选择的组织环境因素

个人所处的组织环境会影响个人的职业发展，组织环境对个人发展有利时，个人获得职业的成功会更加容易一些。求职者在进行职业选择时，应考虑的组织环境因素包括以下几个方面。

（一）区域特征方面

在区域特征方面，主要考虑自然环境、生活条件、民情风俗、地区政策等因素。这些因素中地区政策对求职者择业的影响最大，通常情况下，在就业政策比较宽松、开放的地方，寻找工作的人较多，竞争也较激烈。

（二）行业特征方面

第一，要清楚行业现状，并对其发展前景作出科学、合理的推断。第二，某些行业受国内外重大事件影响巨大，与之相关的职业需求的人数也会受到影响。例如，2003 年“非典”的出现，使得全国卫生系统医疗单位需要的人才量明显增加，需要更多的医务工作者的加入，尤其是对预防专业人才的需求量增加明显。2008 年“三鹿奶粉事件”后，对食品检验检疫等相关岗位的人才需求量也明显增加。第三，求职时也应该考虑行业内部的劳动力需求状况，以医疗卫生行业为例，地区、专业的不同对其需求量也不同。

（三）单位特征方面

求职者在求职过程中了解并分析的主要有单位的性质、经济效益、基本设施、在职培训、福利待遇及岗位要求等。虽然很多因素会影响、干扰求职者进行职业选择，但在长期的学习积累中，求职者应该从第一次选择职业时开始合理分析自身的情况和现实环境，逐渐找到与自己的条件和自己本身相适合的职业。第一次职业尝试后，不管是坚持首选职业还是进行职业修正，都要找到让自己满意的、适合自己的职业。

三、影响职业选择的个体心理因素

职业选择与个体心理发展的关系非常密切，了解影响求职者职业选择的心理因素，对于作好职业选择、实现成功就业具有重要意义。通过研究发现，影响求职者职业选择的心理因素主要有以下几个方面。

（一）个性心理与职业选择

个性心理对职业选择有很大影响。霍兰德提出了职业类型理论，根据个体个性特征不同划分为 6 种职业个性类型：现实型、研究型、艺术型、社会型、事业型、传统型。在求职者个性心理发展中，兴趣、气质、性格、需要等因素影响职业生涯规划和职业选择，如不同的气质类型适合不同的职业类型，不同的职业需要一定的职业性格。求职者要进行行之有效的职业生涯规划，首先必须了解自己的个性心理与职业的匹配程度。了解自我主要包括对自身的个体兴趣、能力水平、气质类型、性格特征等方面的了解。其次是学会进行自我剖析。自我剖析是进行职业生涯规划的前提和基础，自我剖析的核心是分析自己的条件，可以利用心理测验的方法选用人格测试（MMPI、卡特尔 16 种人格测验、艾森克人格问卷等），智力测试（韦氏智力量表、瑞文推理量表等），能力测试，职业倾向测验（库德职业偏好记录、霍兰德职业性向测验等）。通过心理测试使求职者了解自己的职业个性倾向，选择适合自己的职业类型。

（二）就业能力与职业选择

许多研究者在界定就业能力概念的同时，对其维度进行了探讨。普遍认同的是，它是一种综合能力，关于就业能力的因子至今还没有一个定论。Ronald 等（2005）认为，就业能力包括本质属性（如基本社会技能、信赖等），个人胜任力（勤奋、动机、自信等），基本可传递的技能（包括阅读和计算能力），关键的可传递的技能（问题解决的技能、沟通、适应性、工作程序管理、团队工作技能），高水平的可传递的技能（包括自我管理、商业意识、高级技能的掌握等），资格和教育程度，工作知识背景（包括工作经验和职业技能），以及附属劳动力市场（包括目前未就业和就业期限、工作历史等）。Fugate 等（2004）认为，就业能力是一种嵌入个人特性的心理社会建构（psycho-social construct）。这种心理社会建构包括 4 个维度：职业生涯识别、个人适应性、社会资本和人力资本。Robinson（2000）认为，大学生就业能力可归纳为 3 种能力集合，包含听、说、读、写等的基本理论能力，理解、决策等的高级思维能力，以及团队精神、准时高效、自信等个人属性。张丽华和刘晟楠（2005）通过实证研究，编制了大学生就业能力自评问卷，得出大学生就业能力有思维能力、社会适应力、自主能力、社会实践能力和应聘能力 5 个维度。李颖等（2005）的研究得出，大学生就业能力结构分为内在素质、处理工作能力和社交领导能力 3 个维度。赵颂平和赵莉（2004）将就业能力概括为 5 个特征和维度：面向“后单位时代”的素质型就业能力、面向信息时代的持久性就业能力、面向市场经济的技能性就业能力、面向人才市场的竞争型求职能力，以及适应学分制时代的职业规划能力。周敏（2007）等利用层次分析方法评估大学毕业生的就业竞争力，包括个人特质、知识水平与专业技能、学校因素、社会因素。

（三）职业价值观与职业选择

价值观在职业选择和职业评价时的体现就是职业价值观，职业价值观是人生的重要反映，它影响人们的工作态度和工作积极性，制约生产力的发展。从大学生跨入校门起，到完成学业，面临职业的选择，都能体现价值取向的深刻影响。在大学生就业过程中，职业价值观起着导向作用。随着社会的日趋开放，特别是现在大学生自我实现要求的日渐强烈，职业价值观在大学生就业中的影响呈增强的趋势。费毓芳和余新丽（2006）通过研究发现，能发挥自己的才能是毕业生择业时考虑的首要因素，在择业地点上优先考虑大城市、沿海开放城市，择业时的自主性也越来越明显。洪芳和吴谅谅（2007）通过对工作大学生和应届大学毕业生的比较研究发现，大学生职业价值观 6 因素的受重视程度依次是物质、安全、培养、关系、发展、声望。在声望、发展、物质因素上，两组的差异达到显著水平，已工作大学生更重视物质和发展，而应届毕业生则更重视声望。当职业价值观得不到满足时，大学生有延缓就业，或者选择不就业的倾向。

（四）自我效能感与职业选择

自我效能感对大学生求职就业有重要的影响。康力（2005）发现，自我效能感高的大学生与自我效能感低的大学生在求职时会表现出以下几点不同：第一，自我效能感高的大学生都较早地为今后的工作做好了较为充分的准备，他们往往主动在校外寻找实习的机会，历练自己的能力，提高自己对社会的认识。第二，自我效能感低的大学生不太重视信息的收集，而仅仅局限于目前的既得信息，那么自然会认为自己的信息已经充分，尽管实际上也许并不是这样。第三，自我效能感低的大学生更难以发挥自己的优势，一方面在于他们平时所做的准备不够多，另一方面他们本身的优势相对来说也比较少，在面试的时候就更显得没有优势可以发挥了。

（五）成就动机与职业选择

动机是构成人类大部分行为的基础，成就动机作为人类的社会性动机之一对个体的活动有重要作用，对个体的职业选择也具有一定的影响（张林和张向葵，2003）。McClelland 发现，成就动机低的人愿意选择风险小、独立决策少的职业。成就动机高的人喜欢担当富于开创性的工作，并在工作中敢于作出决策。梁丽萍和韩向明（1998）通过对大学生成就动机和成就行为的测查研究发现，大学生对追求成功具有较高期望，其消极的成就动机较弱，成就动机高的大学生在职业观和择业标准上表现出对实现自我价值与理想的强烈重视和关注。薛浩等（2006）的研究表明：成就目标和成就动机对职业心理的影响大于职业心理对成就目标和成就动机的影响，在对大学生进行职业生涯辅导，目标预测，转变大学生成就目标倾向并在提高成就动机的基础上，能够促进大学生职业信念和抉择的改善。王沛和杨金花（2006）研究发现，成就动机中避免失败变量与框架效应的交互作用，对大学生职业决策有显著性影响。

第三节　职业选择过程与策略

一、职业选择的过程

由于我们的个体差异和个人偏好，很难就职业生涯规划或问题解决建立一个精确的按部就班的程序。一般来说，职业选择有以下步骤。

（一）了解自己

职业选择的过程是一个发现自我、认识自我、挖掘自我潜能的过程。因此，当一个人准备选择职业的时候，第一件要做的事情就是多层次、多角度地了解自己，明确自己在择业任务面前的心理定位，以避免在择业过程中失去对自己的把握，造成择业失误，导致今后职业不适，事业无成，枉费自己的青春和其他宝贵资源。

1. 自我总结

自我总结从时间概念上来说，就是对自己的过去和现在的情况进行评价。明了自己当前的状况，有利于自我指导未来的发展方向。通过对自己过去经验的总结，有利于了解自己的现在和推断自己未来的发展。结合当前情况评价与过去情况的评价，个人可以从5个方面对自己进行一个“自我满意度”测试：①自己读大学时的形象与气质；②自己的专业成绩、专业水平与各种能力；③自己的社交圈子与生活方式；④自己将来发展的实力；⑤自己大学生活的整体印象。

在最终决定自己的满意度时，对自己的期望值进行检验，看看是否定得过高或过低，并进行适当的调整。

2. 自我发掘

通过对自己过去与当前情况的总结，进一步对自己进行深度挖掘，有利于发现自己与未来职业发展有关的品质。

（1）明确自己的优缺点

敢于面对自己的优缺点，是一个人心理成熟的标志，在明确自己优缺点的基础上，确认自己的真实形象，有利于自我调整与自我发展。

（2）体察自己的个性

结合职业选择了解自己的个性，可以从3个方面着手：自我能力评价、职业兴趣、职业价值观。

1）自我能力评价。可以采用10分制对自己的下列能力进行评价：语言表达能力、动手能力、领导协调能力、注意力集中能力、感知领悟能力、计算机能力、逻辑推理能力、分析决策能力、记忆能力、创造能力、忍耐力、体力，还有形状知觉能力、运动协调能力、动作灵巧性、手指灵活性等。不过，能力也并非一成不变的，如果自己能在今后的工作中争取锻炼机会，有些能力还是可以获得或提高的。

2）职业兴趣是一个人专注于特定活动或对象的动力来源。了解自己的职业兴趣，选择符合自己兴趣的工作将会影响到以后自己在工作中的投入和相应的成功。

3）职业价值观作为选择与适应职业的价值向导，对一个人的职业态度发挥着关键性的作用。职业价值观有传统的和现代的两大类别 7 种价值观，准备求职的个人可以根据自己的情况对这 7 种价值观排序，以决定自己选择时的侧重点。

传统的职业价值观包括经济价值、安全价值和伦理价值。

现代的职业价值观包括个人身份感、自我价值感、个人成长与成就感、社会交往。如果通过自评，个人还不能确定对自己的个性是否真正全面把握的话，可以求助于专业心理学工作者和职业指导专家，他们可以运用一些标准化的心理测量工具，对求助者的个性特征进行科学、客观、全面的测评。

3. 确定自己的“职业锚”

“职业锚”即职业自我观，由自省的才干和能力、自省的动机和需要、自省的态度和价值 3 个要素构成，其功能是指导、制约、稳定地整合个人的职业。“职业锚”的类型有：技术型、管理型、安全型、自主型与创造型等。

通过理性地自省确定自己一生的职业起点和职业归属，有利于找准“踏脚石”，把自己的人生资源投向某一确定方向，引导自己的“职业航船”乘风破浪，到达成功的彼岸。

（二）了解职业，收集信息

1. 职业信息的内容

职业信息指与个人职业社会有关的知识和资料。职业信息的范围十分广泛，既包括反映整个就业市场的社会职业状况方面的信息，也包括反映特定职业的性质、任务、要求、待遇及升迁机会等具体情况的信息，同时还包括与获得职业资格有关的教育培训信息。一般来说，就业决策所必需的职业信息有如下几种类型。

（1）社会职业状况

社会职业状况反映了一个国家或社区的产业结构、行业结构、职业结构，以及就业制度与就业政策的基本情况。从整体上了解社会职业状况，无论对个人进行有效的职业选择还是职业指导机构有效地从事职业指导，都是十分重要的。

资料链接 4-2

社会职业的状况

《中华人民共和国职业分类大典》是我国第一部对职业进行科学分类的权威性文献。由于它的编制与国家标准《职业分类与代码》（GB6565-86）的修订同步进行，相互完全兼容，因此，它本身也就代表了国家标准。《中华人民共和国职业分类大典》的重要贡献在于，它在广泛借鉴国际先进经验（特别是《国际标准职业分类》ISCO-88）和深入分析我国社会职业构成的基础上，突破了过去以行业管理机构为主体，以归口部门、单位甚至用工形式来划分职业的传统模式，采用了以从业人员工作性质的同一性作为职业划分标准的新原则，并对各个职业的定义、工作活动的内容和形式，以及工作活动的范围等作了具体描述，体现了职业活动本身固有的社会性、目的性、规范性、稳定性和群体性的特征。《中华人民共和国职业分类大典》科学、客观、全面地反映了当前我国社会的职业构成，填补了我国长期以来在国家统一职业分类领域存在的空白，具有深远的意义和广泛的应用领域。

《中华人民共和国职业分类大典》把我国职业划分为由大到小、由粗到细的4个层次：大类（8个）、中类（66个）、小类（413个）、细类（1838个）。细类为最小类别，亦即职业。8个大类分别是：第一大类为国家机关、党群组织、企业、事业单位负责人，其中，包括5个中类，16个小类，25个细类；、第二大类为专业技术人员，其中，包括14个中类，115个小类，379个细类；第三大类为办事人员和有关人员，其中，包括4个中类，12个小类，45个细类；第四大类为商业、服务业人员，其中，包括8个中类，43个小类，147个细类；第五大类为农、林、牧、渔、水利业生产人员，其中，包括6个中类，30个小类，121个细类；第六大类为生产、运输设备操作人员及有关人员，其中，包括27个中类，195个小类，1119个细类；第七大类为军人，其中，包括1个中类，1个小类，1个细类；第八大类为不便分类的其他从业人员，其中，包括1个中类，1个小类，1个细类。

从职业结构看，职业的分布有3个特点：第一，技术型和技能型职业占主导。占实际职业总量的60.88%的职业分布在“生产、运输设备操作人员及有关人员”这一大类，它们分属我国工业生产的各个主要领域。从这类职业的工作内容分析，其特点是以技术型和技能型操作为主。第二，第三产业职业比重较小，仅占实际职业总量的8%左右。三大产业中的职业分布，以第二产业的职业比重最大。第三，知识型与高新技术型职业较少。现有职业结构中，属于知识型与高新技术型的职业数量不超过总量的3%。

为保证各地劳动力市场使用的职业分类与代码的科学和规范，有利于劳动力市场信息联网，劳动和社会保障部在主持编纂《中华人民共和国职业分类大典》的同时，根据重新修订的职业分类国家标准《职业分类与代码》（GB/T6565－1999）和《中华人民共和国职业分类大典》，制定了《劳动力市场职业分类与代码》（LB501－1999），并于2002年进行了修改。新标准《劳动力市场职业分类与代码》（LB501－2002）分为6个大类，56个中类，236个小类，17个细类。

（资料来源：http：//baike.baidu.com/view/109890.htm.）

（2）职业或岗位说明书

职业或岗位说明书是具体、详细介绍某种特定职业（职务或岗位职责）性质、任务、待遇，以及对人员的要求等内容的书面文件，通常从科学严格的工作分析中得来。

职业或岗位说明书一般包括职业（职务、岗位）名称、职务描述和职务规范3个基本部分。

由于每一项工作的工作场所、隶属关系及实际工作内容不同，因此在许多情况下，虽然职务名称相同，但实际工作内容却十分不同。

（3）教育与培训信息

个人为了获得与特定职业相适应的资格（知识、技能与态度），需要在求职前接受相应的教育或培训，因此，教育与培训信息就成为职业信息的重要组成部分之一。有效的教育培训信息应包括这样一些内容：①学习或培训机构的基本情况，包括性质与目标，规模与组织，专业设置，教学条件，教学辅助措施（膳食、奖学金及课外生活等）；②招生情况说明，包括入学条件（入学资格、考试科目、录取标准及其他身体或心理条件），学习与生活费用；③毕业生情况，包括毕业生去向、发展前景。

2. 收集就业信息的渠道

1）国家、地方就业指导部门。

2）学校就业指导机构。

3）新闻媒体。

4）人才市场、职业指导机构与其他职业中介机构。

5）社会关系网络。

6）社会实践（实习）。

7）互联网。

（三）找出可能的职业选项

了解职业，你需要全面地研究可供你选择的职业选项，筛选出可供自己选择的目标。当收集到一定的就业信息后，择业者就要结合自己的情况，依据国家有关的政策、法规，以及社会常识对它们进行去伪存真、去粗取精的筛选，以及有目的、有针对性的排列、整理和分析。

1. 就业信息的鉴别

首先，应该对信息的真实性和有效性进行认真的鉴别，一看信息来源的可靠性，二看内容的明确性与有效性。

一般来说，一条比较好的就业信息应该包含以下要素。

1）工作单位的全称、性质及上级主管部门名称。

2）工作单位的实力、远景规划、在行业中及社会上的地位。

3）对从业者年龄、身高、相貌、体力等生理条件方面的要求。

4）对从业者政治思想、道德品质、工作态度等方面的要求。

5）对从业者学历及学业成绩的要求。

6）对从业者的职业技能及其他才能的特殊要求。

7）对从业者职业兴趣、职业能力、气质等心理特征方面的要求。

8）岗位工作时间安排（包括工作时间的长短、班次安排等）。

9）工作地点（包括工作单位的地址及交通路线）。

10）工作环境（包括室内还是户外、工作场所温度、湿度、有无污染、是否高空从业或水下作业等）。

11）个人收入及福利条件。

12）工作前途（包括工作晋升、进修培训等）。

2. 就业信息的选择

一旦就业信息被确认为真实有效，紧接下来就要鉴别信息的适合性。一般可以从专业性、兴趣爱好及性格特征3方面来鉴别就业信息的适合性。

（1）专业性

专业是否对口，往往是用人单位与毕业生双向选择中的共同标准。专业对口可以缩短个人进入职业后的岗位适应期，使个人更容易发挥专业特长，避免自己专业资源的浪费，也可以减少企业在职业培训中的投入。因此，将选择专业对口的就业信息纳入考虑是适宜的。

（2）兴趣爱好的适合性

由于升学时专业选择并不一定是个人意愿，许多大学生在求学期间仍对自己的兴趣比较专注，因此，在毕业选择职业的时候，专业对口并不一定是自己唯一的考虑。兴趣是一个人在职业中取得成功的重要条件。但是，在作出以自己的兴趣爱好为择业出发点的时候，也需要认真权衡利弊。

（3）性格特征的适合性

充分考虑所选择的就业信息是否与自己的性格相吻合，以便今后更容易适应岗位工作，更容易胜任自己的职业角色要求。

3. 就业信息的处理

(1) 正确、有效地选择就业信息

要正确、有效地选择就业信息，首先需要在较短的时间内查阅大量的职业资料，以便从中选出最有用、最重要的信息；其次，要善于运用查询、核实等方法来鉴别、判断、识别就业信息的准确性与有效性，用关联社会政策与自身特点的方法使就业信息的选择具有可行性。

(2) 善于发掘就业信息

信息是否有价值，往往取决于人们怎样利用。通过认真地分析、综合与推断、假设、验证，发掘信息的价值，对于择业来说，也是十分有利的。

(3) 迅速作出信息反馈

就业信息的时效性很强，及时使用就是财富，过期不用就自动作废。因此，一旦手中掌握了正确、有效、可行的就业信息，就应该及时综合这些信息，进行职业匹配和决策，并及时向用人单位发出反馈，以免坐失良机。

(四) 作出决定，执行决定

根据个体对自己的特点和职业前景的判断，选择确定一个职业目标。通过求职活动将个体的职业决策付诸实施。在实施求职之前，须调整好自己的心态，使自己保持一种中等程度的应激水平，以取得求职的成功。要做到这一点，求职者首先要根据劳动力市场的实际情况适当调整自己的求职期望水平，其次就是要依法办事，规范谋职，并且及时行动。

1. 调整就业心态

(1) 知己知彼，把握机会

个人在择业前需要进行正确、客观的就业形式分析与现实的自我定位。就业形式分析的侧重点，应放在择业环境的变化（国家就业政策、经济发展形式）等方面。自我定位则主要考虑实现就业目标的自身客观条件与有效的方法、步骤等方面。根据形式分析与自我定位，适当调整自己的期望值，只有这样一个人才可能避免“高不成，低不就”的决策误区，实实在在地把握住机会。

(2) 乐观自信，进退有方

相信自己建立在正确、有效、可行信息之上的决策是正确的，充满信心地迎接职业社会的挑战。由于就业是一个双向选择的过程，并不是自己单方面符合条件就能保证成功，因此，在一次求职中未能成功也并不能说明自己不行。始终保持“胜不骄，败不馁”的心态，一个人才会取得最终的成功。

(3) 放眼未来，迎接挑战

要找到各方面都满意的工作是每个人的愿望，但实际上这是不可能的。就是求职前感到满意的工作，进入岗位后也会发觉它其实有许多不尽如人意的地方。处于基层的、艰苦的岗位正是最锻炼人的地方，是更有机会发挥一个人才华的地方。职业是一个人人生的起点，只有全身心投入，勇敢地接受职业生活的挑战，一个人才能在人生道路上成长、发展，获得生活的充实感与满意感。

(4) 志存高远，理性择业中的价值观直接影响着择业心态

如果一个人能够把自己的择业与国家的需要和生活的发展联系起来，不贪图当前的享受，而是放眼未来的发展，这个人一定会理性地选择发展性强的职业，在择业中的心态会更好，今后正在职业中成功的可能性也就会更大。

2. 遵循就业规范

在求职的过程中，求职者如果不熟悉或不完全了解国家有关就业的政策法规，就会造成丧失就业机会、引发就业纠纷或权益受损等方面的问题，因此，在就业过程中依法办事是十分重要的。

(1) 知法守法

为了规范就业市场，保障求职者的利益，国家有关部门制定了一些政策法规，了解这些政策法规，严格按照法规办事，有利于就业过程的有序化。

(2) 依法就业

就业中的双向选择一旦确定，就要依法签订就业协议或劳动合同。

1) 就业协议。毕业生就业协议是毕业生在校时，与用人单位、学校三方协商，按主管部门统一制表格式签订的意向性就业文件，是编制毕业生就业计划和进行毕业生派遣的依据。

2) 劳动合同。与就业协议不同的是，劳动合同一般是在就业协议执行后，毕业生到劳动单位报到后与单位双方签订的，是明确具体劳动关系的协议文件，内容涉及劳动报酬、劳动保护、工作内容、劳动纪律等更加具体的权利和义务条款。

为了避免就业协议与劳动合同脱节或矛盾的现象发生，也为了使就业协议所规定的权利和义务更加明确，目前上海正在试行就业协议与劳动合同合二为一的做法，以确保毕业生与用人单位双方的权益不受侵害。

(3) 依法维权

就业是一件事关国计民生的大事，按照宪法，每个公民都享有劳动和求职的权利。求职者应该知道宪法赋予自己的求职权利，同时也应依法维护自己的求职权利。

二、职业选择的策略

在选择职业时，求职者只有在恰当评估自己的能力、特长、优势，正确把握劳动市场的供求的基础上，才能选择出真正适合自己的职业。所以，求职者

必须对自己的职业选择进行全方位、个性化的评估，使之适应全球化、国际化、市场化和信息化的就业需求。

（一）兴趣是选择职业的基础

从最早的帕森斯开始，职业指导专家就把兴趣当作职业选择的一个重要因素。著名心理学家、职业指导专家霍兰德也提出，人格在职业选择过程中起着非常重要的作用。人格是兴趣、价值观、需要、技能、信念、态度和学习风格的综合体。就职业选择来说，兴趣是人格中最重要的部分，是匹配人与职业的依据。

（二）职业价值观决定个人对职业的满意度

职业价值观是自童年开始长期的教育、家庭和环境影响的结果。职业价值观决定着人们对工作的满意度。如果一个人在职业生活中找到了自己的价值，那么他的工作就会变得有意义、有目的，个体的工作就会是一种乐趣。如果个体的工作价值观没有得到满足，生活就会变得乏味、单调。

（三）能力（技能）在职业选择中的决定作用

能力就是个人成功地做事情或工作的潜能，是先天就具有或通过学习获得的。而技能是经过学习和练习发展起来的，它是在个体从事活动时有效地运用其天资和知识的力量。技能分为 3 种类型，即功能型、内容型和适应型。大学生求职时向招聘企业人员展示的主要就是自己的技能，通过个人的成功故事，将其具体、有说服力地表达出来。企业招聘大学毕业生时，看重的就是其技能。2003 年中国人民大学“中国大学生就业研究”课题组的研究结论表明，招聘时用人单位极看重应届大学毕业生的素质的前 5 项，分别是专业知识和技艺、敬业精神、学习意愿强、可塑性高、沟通协调能力和基本的解决问题能力。这 5 项因素中的每一项都与技能有关。大学毕业生应该借助一些成熟的测评工具，测试自己的能力和潜能，还可以通过回顾自己的成长历程，分析自己的成功故事来发掘自己的技能。“专业对口”的问题就是一个涉及技能的问题。人们在职业生涯中应用的是自己的技能，而不是所学习的专业名称。不同的专业其人力资本的实质差异可能并不像想象得那么大。比如，在现实世界中，经济管理类毕业生经常就业于人事、宣传、组织、行政、秘书等领域，就表明实际上并不存在严格意义上的“专业对口”，每一类职业都是基础知识和专业技能的结合，甚至有很多职业的知识技能种类都可能是一样的，差异仅仅体现于相同的知识在不同职业中体现出不同的重要性而已。考虑工作技能，就是要避免选择远远超出自身能力水平和远远低于自身水平的职业这两个方面的极端情况。前一种情况会使人感到挫败和力不从心，后一种情况则又会很快使人产生职业厌倦感。大学生要通过认真分析自己的技能，清楚自己最擅长和喜欢使用的技能，从而保证在求职时扬长避短，充分发挥自己的优势。

（四）了解职业是合理选择职业的基础

由于中国基础教育长期存在追求升学率的思想，读书被认为是学生的天职，学习是压倒一切的大事。在大学里，评价学生的标准除了政治思想考评仍然还是考试成绩，致使当前的大学生缺乏对社会的深入接触，缺乏对职业的了解。因此，在大学教育中，要强化职业导向意识。学校办学要以市场为导向，以就业为导向，促进学生对职业的了解。在大学生就业指导中积极推行职业测评，帮助大学生缩小职业选择的范围，明确适合自己的职业方向和职业目标，积极引导学生进行有针对性的社会实践。据调查，当前我国大学生获取职业信息的途径是，网络占 50 %，学校公告占 21%，报纸、杂志、电视占 14 %，熟人介绍占 9%，单位公告占 6%。这同国外以熟人介绍为最重要的渠道有很显著的差别。产生这一差别的原因，关键是大学生接触社会太少，接触各类职业人士太少。依赖网络等间接渠道获取职业信息，往往存在信息量过大不容易鉴别、信息失真、信息过期等问题，要引导学生利用直接渠道接触社会职业。要通过亲戚朋友或校友等熟人关系联系自己感兴趣的单位，现场观摩感兴趣职业的真实情况。学校要积极引导和鼓励非毕业班学生利用招聘会来收集职业信息；要教育学生全面了解职业信息，通过人物访谈了解具体职业的工作性质、教育和经验要求、个人素质要求、工资待遇情况、工作条件、行业发展前景、职位晋升前景、该行业工作者的人格特征、工作的不利方面等。只有全面了解职业，广泛收集职业信息，才能找到真正适合自己的职业，才能为职业生涯规划打下坚实的基础。

（五）走好职业生涯第一步

职业生涯是一个漫长的过程，职业的“成功”是长期有价值的积累再加上机遇的结果。当前企业招聘人才时，往往强调工作经验，要求有行业背景经验。因此，大学生初涉职场选择第一份职业时，要考虑职业是否适合自身并具有累积性，这是非常重要的。不应将职业选择的过程看作是工资选择或机会选择，应该选择适合自己个性和能力的职业。大学生在进入职场之前，应该认真地做好职业定位，选准适合自己的职业，为自己的职业生涯奠定牢固的基础。职业选择问题是人生的重大问题，有什么样的职业就有什么样的人生。职业选择又是一件不容易的事情，它要求达到一定程度的职业成熟度，它要求责任、投入、决心和坚持。认识自我、认识职业并把二者有机结合起来考虑，永远是职业选择的基础和前提。不追求热门、不随大流，听从自己内心的声音，自己承担起作职业决策的责任，而不是把选择权交给别人，始终是每一位大学生应有的科学态度。

第四节　个性心理与职业匹配

影响毕业生求职择业意向的因素是多方面的，也很复杂，如国家社会经济的大环境，社会职位的需求，毕业生人数及社会流行的价值观念、价值取向等。学校也比过去更加重视学生的就业率，毕竟现在要向社会公布本校毕业生的就业率。但有些传统的观念做法不是一下子就能改正过来的，如就业的指导思想、指导原则仍较重视社会价值功能取向，认为个人应首先服从于社会，服从于现实；牺牲小我，成就大我；先就业，再择业，这些都还是主流的意见，是指导学生就业的基点。其忽视了学生的个性心理，忽视了个性心理在学生职业选择上的重要影响。有的学生已开始意识到个性心理的作用，但苦于无专业的知识和经验，往往又会过分宣扬个性，追求个性，随心所欲，与社会现实脱节。另外，学生也很少能清楚地了解自己的个性心理，更不用说在职业心理指导师的辅助下，了解哪类职业、哪份工作适合自己的个性心理，更能发挥自己的才能，更能调动自己的潜能和积极性，更有利于取得事业和生活的成功。今天，社会日渐注重以人为本，重视个体，弘扬个性，其深远的影响必须引起学校、教师的高度重视。毕业生求职择业一般实行双向选择、自主择业，学生的职业选择越来越多样化，越来越自由，社会人为的限制也将越来越少，现在是毕业生求职择业协调个性心理的好时候。在美国，毕业生求职前都会做职业个性心理的测试，评估自己适合从事哪些职业、哪些工作，从而指导自己有的放矢，有针对性地寻找工作，规划自己的职业生涯，这很值得我们借鉴和学习。毕业生求职择业只有注重协调个性心理，才能达到社会和个人双赢。

一、职业与气质相匹配

早在古希腊，希波克拉底和盖伦就把人分为胆汁质、多血质、黏液质、抑郁质（神经质）4 种基本气质类型，其中，包含了科学合理的成分，所以一直沿用至今。不同的气质类型在生活和工作中表现为不同的心理活动和行为方式。

（一）胆汁质与职业

胆汁质气质的人一般精力充沛，情绪发生快而强，心境变换剧烈，内心外露，率直热情，果敢，但也易怒易躁，容易冲动，难以自制，具有明显的外向性。

（二）多血质与职业

多血质气质的人活泼好动，富于活力，情绪发生快而多变，表情丰富，思维言语反应灵敏，乐观亲切，喜欢与别人交往，但也容易浮躁、轻率，具有外向性。

（三）黏液质与职业

黏液质气质的人沉着稳重，情绪发生慢而弱，思维、动作、言语迟缓，内心情感很少外露，善于忍耐，但也容易表现出执拗、冷漠，具有内向性。

（四）抑郁质与职业

抑郁质气质的人往往柔弱易倦，情绪发生慢而强，观察敏锐，思虑较多，情绪体验深刻，动作轻缓，反应不强烈，往往胆小忸怩，孤僻，具有内向性。

个人的气质对职业、事业成功具有重要的影响，也是制约人们择业的重要因素。某一种气质类型比较适合从事某种职业工作，如胆汁质和多血质气质的人比较适合从事与人交流沟通，思维言语反应灵敏的工作，比如，教师、导游、律师、记者、推销员、演员等。黏液质和抑郁质气质的人则比较适合从事细致的工作，比如，数学家、计算机软件工程师、会计出纳、资料分析员、核数员等。同样，不同的职业对人的气质也有特定的要求。诗人多属胆汁质或抑郁质，而数学家等科研人员黏液质或抑郁质的气质多一点。选择适合自己气质的职业，就能扬长避短，事半功倍，有助于个人事业成功，生活幸福，一生快乐。我国著名数学家陈景润就是绝好的例子，大学毕业后陈景润到中学做老师，那根本不符合他的气质，当然就当不好老师；实际上，陈景润的气质最适合从事研究工作，好在华罗庚慧眼识英雄，才使陈景润在今后的工作中如鱼得水。

二、职业与性格相吻合

人的性格是众多心理特征所组成的统一体，具有多样性和复杂性，很难把一个人的性格简单归属到某个性格类型。本书在第三章已述及，美国职业指导专家霍兰德把性格和职业指导结合起来，用各种职业对性格的不同要求为基点，以职业与性格两者相互联系、相互影响为出发点，提出了人的六大职业性格类型。

（一）现实型与职业

现实型职业性格的人，讲求实利，追求稳定，真诚坦率，容易服从，动手能力较强，但往往缺乏社交能力，喜欢有规划的具体劳动和需要基本技能的工作，适合从事有连续性的任务需要却很少有社会性需求的工作，如工程师、机械师、车工、电工、修理工、司机等。

（二）研究型与职业

研究型职业性格的人，自信沉静，喜欢智力、抽象、分析、推理、独立的任务，缺乏领导能力与表达能力，适合从事科学研究和实验工作，如数学家、研究员、实验室工作人员、软件工程师等。

（三）艺术型与职业

艺术型职业性格的人，感情丰富，直觉强，易冲动，能反省，富于反叛精神，缺乏耐性，缺乏办事员的能力，喜欢通过艺术作品来达到自我表现，适合做演员、作家、舞蹈家、作曲、编剧、时装设计师等。

（四）社会型与职业

社会型职业性格的人，乐于帮助他人，健谈，善于与人沟通交际，关心社会问题，愿为别人服务，对教育活动感兴趣，往往缺乏机械动手能力，喜欢在秩序井然、制度化的工作环境中发展人际关系和工作，适合做教师、导游、福利机构工作者、咨询员等。

（五）企业型与职业

企业型职业性格的人，性格外向，自信，有雄心，精力充沛，爱冒险，缺乏科学研究能力，喜欢领导和控制他人，适合做行政、律师、厂长、经理、广告宣传员、推销员等。

（六）传统型与职业

传统型职业性格的人，自制力强，友善，保守，喜欢系统的、有条理的工作任务，适合做成本核算员、会计出纳、统计员、秘书、记账员等。

根据霍兰德关于职业与性格的这种对应关系，对照和测试个人的职业性格，使职业与性格相吻合，对毕业生择业具有重要和现实的指导意义。同样，职业性格之所以值得我们如此重视，还因为性格中包含着明显的社会评价倾向和标准，具有好坏之分；每一种职业都要求有与之相适应的特定性格，性格与职业不相吻合，容易受到社会、单位和周围同事的怀疑，甚至遭到排斥，视为异类，这样新人就不容易融入单位，自己也会感到压抑，格格不入，郁郁不得志。很多毕业生刚走向工作岗位都会有这种感觉和体会，这在很大程度上与性格有关，而与才能本事无关，这又是很多毕业生弄不明白的。所以，毕业生择业必须重视职业与性格相吻合。

三、职业与兴趣相结合

兴趣是一个人力求认识、掌握某种事物，并经常参与该种活动的心理倾向。换句话来说，兴趣是人乐于探究某种事物的认识倾向。著名科学家丁肇中先生曾说："兴趣比天才重要。"可见兴趣是人最好的老师，是强大的精神力量，对人的事业成功有一种神奇的作用。当一个人的职业与自己的兴趣能够结合起来时，再枯燥的工作也会变得丰富多彩，趣味无穷，会自觉调动个人的积极性，开拓进取，充分发挥个人的才能，努力挖掘个人的潜能，提高个人工作效率。职业与兴趣结合起来，除能使人自觉努力工作，尽快适应工作外，也能使人对工作保持长期的积极性，这无疑将有助于个人事业的成功。相反，一个人的职业与兴趣不吻合，总会觉得工作枯燥难熬，做什么都提不起劲儿来，只能是做一日和尚撞一日钟，更无从发挥个人的才能和潜力，对个人、单位和社会都是很大的浪费。

了解自己的职业兴趣，选择符合自己兴趣的工作将会影响到以后自己在工作中的投入和相应的成功。

毕业生刚走出校门，还谈不上有什么职业兴趣爱好，但毕业生可以根据个人的气质、性格、专业等要素，在工作实践中去寻找职业与兴趣的最佳结合点，找到个人的职业兴趣。总之，毕业生要高度重视兴趣对工作、事业的强大推动作用。

资料链接 4-3

美国《职业探索指南》的 12 种兴趣模式

美国《职业探索指南》对职业群体归纳了 12 种兴趣模式：

1）艺术兴趣，对情感的思想和创造性表达感兴趣；

2）科学兴趣，对真实世界信息的发现、收集、分析及对科学研究在医学、生命科学、自然科学方面的应用问题感兴趣；

3）植物与动物兴趣，对涉及植物、动物的活动，特别是户外活动感兴趣；

4）保障兴趣，运用权威与权力保护人和事的兴趣；

5）机械兴趣，在现实情景中运用机械原理，使用机械工具、手工工具或技术的兴趣；

6）企业兴趣，对工厂中常规的、具体的、组织的活动感兴趣；

7）经营实务兴趣，对需要精确、深入细节的、组织的、清楚定义的，通常是行政情景中的活动感兴趣；

8）销售兴趣，运用推销技巧，通过劝说影响他人接受自己观点的兴趣；

9）招待兴趣，通常是在服务型关系中，迎合他人需要的兴趣；

10）人道兴趣，以满足他人心理的、精神的、社会的、物质的或职业的需要来帮助他人的兴趣；

11）领导——影响兴趣，运用言语领导和影响他人的兴趣；

12）身体表演兴趣，身体活动的兴趣，通常是面对观众的表演的兴趣。

（资料来源：http：//www.docin.com/p-111577784.html.）

四、职业与能力相促进

无论个体从事哪种职业活动，总要有一定的心理和行为方面的条件保证。这种成功地完成某项活动所必需的个性心理特征，就叫能力。通常我们把能力分为一般能力和特殊能力两大类。

一般能力是指进行各种活动都需要的基本能力，相当于人们通常所说的智力，包括注意力、观察力、记忆力、思维力、想象力等。

特殊能力又叫职业能力，指在从事某种特殊活动时所表现出来的能力。从事任何一种职业都要求具有与之相适应的专门能力，如果缺乏这种能力就难以胜任工作。职业能力的各个要素既互相区别，又相互联系，相互制约。全面发展职业能力，就是要使这些心理条件得以良好发展，防止追求某一要素，而忽视其他要素的发展，造成职业能力结构失调。

因此，了解各种职业活动所需的特殊能力，对于大学生的职业定向，以及有针对性地培养自己某方面的职业能力是非常重要的。一般能力和特殊能力既相互区别，又相互联系、相互促进、相互转化，任何特殊能力都是由多种一般能力组合而成的。

资料链接 4-4

加拿大《职业分类词典》对职业能力的分类

● 一般学习能力，又称智力。它是指人认识、理解客观事物并运用知识、经验等解决问题的能力。它包括记忆、观察、注意、思维、想象能力，其核心是逻辑思维能力。这是人在学习、工作、生活中必须具备，并广泛使用的能力。

● 语言能力。它是指对词及其含义的理解和使用能力，对词、句子、段落、篇章的理解能力，以及善于清楚而准确地表达自己的思想和向别人介绍信息的能力。简单地说，它包括语言文字的理解能力和口头表达能力。不同的职业对人的语言能力要求有所不同。例如，教师、导游、服务员、护士等职业，就必须具备较强的语言能力。

● 算术能力。它是指迅速而准确地运算的能力。大部分职业都要求从业者有一定的运算能力，但不同的职业对人的算术能力要求的程度有所不同。例如，会计、出纳、建筑师、药剂师等职业，就要求工作者必须具备较强的计算能力；律师、历史研究工作者、护士等职业，应具备中等水平的计算能力；而演员、话务员、矿工、打字员、理发员等职业，对算术能力的要求则较低。

● 空间判断能力。它是指能看懂几何图形，识别物体在空间运动中的联系，解决几何问题的能力。如果一个人爱好平面几何及立体几何并且学得较好，这个人的空间判断能力就比较强。与图纸、工程、建筑等打交道的工作，以及牙科医生、内外科医生等职业，对空间判断能力的要求很高；裁缝、电工、木工、无线电修理工、机床工等职业，也要具有一定的空间判断能力；而对会计、出纳、服务员等的空间能力要求就不高。

● 形态知觉能力。它是指对物体或图像的有关细节的知觉能力。例如，对于图形的明暗、线的宽度和长度作出视觉的区别和比较，能看出其细微的差异。对于建筑师、测量员、制图员、农业技术员、动植物技术员、医生、画家、药剂师、无线电修理工等职业来说，对形态知觉能力的要求较高。

● 识别能力。它是指对语言或表格或材料的细节的知觉能力。例如，发现错字或正确地校对数字的能力等。许多工作如经济、记账、出纳、办公室、打字等，都要求从业者必须具备一定的识别能力。

● 眼、手协调能力。它是指眼、手迅速准确和协调地作出精确的动作和运动反应的能力。对于驾驶员、飞行员、牙科医生、外科医生、雕刻工作者、运动员、舞蹈演员来说，这种能力显得尤其重要。

● 手指灵巧度。它是指手指迅速、准确、和谐地操作小物体的能力。纺织工、打字员、裁缝、外科医生、五官科医生、护士、雕刻工作者、绘图工作者等的手指较一般人灵活。

● 手的灵巧度。它是指手灵巧而迅速地活动的能力。例如，体育运动员、舞蹈演员、画家、外科医生等，对手的灵巧度要求较高。而对于教师、播音员、翻译、作家等，这种能力相对没那么重要。

● 眼、手、足协调能力。它是指根据视觉刺激，手、足配合活动的能力。

● 颜色分辨能力。观察或识别相似或相异的色彩，或对相同色彩明暗效果的感知能力。其包括识别特殊色彩、识别调和色或对比色，以及正确配色的能力。

（资料来源：褚宏启，杨海燕．2002．校长专业化及其制度保障．教育理论与实践，11：20～26.）

从某种意义上说，个体所从事的工作是否符合自己的特点，是其在事业上能否成功的条件之一。如果个人的能力和个性特点与工作要求不相符合，就会因不能胜任工作而感到不愉快，不满足，情绪受干扰，生活不协调。这些消极因素反过来又影响工作本身，从而引起人们更大的不愉快，形成“恶性循环”，对社会、单位和个人，都会造成不良影响。因此，大学生确定自己的职业方向，首先要了解自己，特别是自己的职业能力，然后再选择与自己的能力倾向相符合的职业。目前，常用的职业能力检测方法是心理测验法。通过测验还可了解自己的潜能，以便有目的、有计划地培养自己某方面的职业能力，以适应将来职业的需要。

此外，大学生在择业过程中，考虑职业能力这一因素时，还必须弄清知识与能力的区别与联系。其区别有三：其一，两者存在的形式不同。知识是人类社会历史经验的总结和概括，一定的知识在一定的时间内总是表现为静态，因而是一种相对恒定的东西。而能力的发展则呈现为动态的过程，并且远比知识的获得要慢。一般来说，知识随年龄的增长而增长，而能力并不总是伴随年龄的增长而增长，到了一定年龄还会出现能力减退的现象。其二，两者在职业活动中所占的地位不同。知识是职业活动的基础，能力是完成职业活动的必要条件。其三，能力的发展与知识的掌握并不是同步的。大学生在择业过程中，一方面不要认为自己掌握某方面的知识，便具备了某方面的职业能力，而据此盲目选择职业；另一方面大学生在校学习文化科学知识的同时，要注意培养和发展自己的职业能力。但是知识和能力又是相互联系的，能力是掌握知识的基础，它不仅影响掌握知识的速度和程度，也影响对知识的运用，能力的发展也要借助于知识，一般来说，一个人的知识越丰富，相应的能力水平也越高。我们很难想象一个知识贫乏的人会有很高的能力水平，也很难想象一个缺乏能力的人会掌握渊博的知识。因此，把知识与能力截然分开，不重视对知识的掌握，对大学生的成才及职业能力的培养也是十分不利的。

第五节　职业决策与就业

职业发展与个人心理发展同时进行，职业决策作为一个连续的过程贯穿其中。在个人的人生发展中，需要不断地作出职业决策（career decision-making），要面对不同的决策任务和决策情景，更可能会不断地遇到挫折和困难。因此，在职业决策过程中不确定的外部环境和紧迫的时间压力下，认识和了解职业决策困难的特点及影响因素，灵活多变地采用各种决策方式组合成决策策略来应对复杂的、不确定的情景和任务，从而提高个体的自我效能，能够避免和自主解决职业决策困难，最终达成目标。这也应该是每个求职者应该学会的基本能力和最重要的任务。

一、职业决策的含义

（一）职业决策概念

职业决策源于英国经济学家凯恩斯（Keynesian）的经济学理论，逐步被引用到心理学中。职业决策是求职者在职业选择过程中，参照外在环境的现状与发展趋势，依据自身的特性，对预期目标实现可能的判断分析，并作出合理取舍的过程。

（二）职业决策分类

各种职业决策理论，也可依据在决策过程中对待 3 种任务的理解和行为方式的不同加以分类：

1. 完全理性模型

明智的决策者以个体为主，是一个“客观的科学家”，具有系统、逻辑、客观、独立的价值推理，从而能确保最终获得目标的效益最大化。

2. 有限理性模型

这种模型认为人获取和加工信息的能力是有限的，无法按照充分理性的模式去行动，更没有能力去同时考虑到所有面临的选择，决策中只能在有限的理性范围内选择最满意的行为和结果。

3. 非理性模型

这种模型强调决策过程中外部环境的模糊性、不确定性和个体具有直觉的、情感的、主观的、依存性的特点。决策者应着重考虑对本身有意义的环境因素，而非逻辑的推理和计划的执行。

二、职业决策困难

（一）职业决策困难的内涵

罗伯特·洛克（R. Locke）曾经说过，我认同职业选择的重要性，于是准备迎接决策可能带来的后果。当然，这些话说起来容易，做起来难。职业决策困难（career decision-making difficulties）是一个复杂的概念，众多学者从不同的角度作出了不同的解释。在这里，根据 Gaits 等提出的定义，认为职业决策困难是个人在职业发展过程中，面临职业探索、职业选择、职业变更、最后决策的整个决策过程当中可能遇到的各种难题。Gaits 等从理论上探讨了有关职业决策困难的分类，并提出了职业决策困难模型，把职业决策困难分为 3 个维度 10 个方面（图 4-1）。

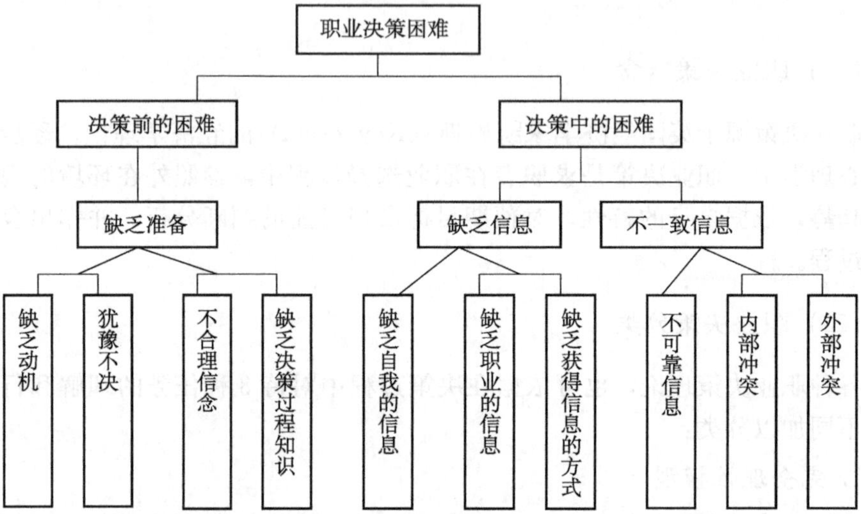

图 4-1　职业决策困难的结构

其一，缺乏准备。包括缺乏动机、犹豫不决、不合理信念、缺乏决策过程知识；其二，缺乏信息。包括缺乏自我的信息、缺乏自我的信息、缺乏获得信息的方式；其三，不一致信息。包括不可靠信息、内部冲突（现实需要和个人偏好的不一致）、外部冲突（自己的决策和他人的不一致）。

（二）职业决策困难的特点及影响因素

1. 职业决策困难的特点

从我国学者对国内大学生职业决策困难的相关研究中，可以发现 3 个基本特点。

1）职业决策困难发展不平衡。不一致的信息、缺乏准备方面的困难相对较多，而缺乏信息方面的困难相对较少。这说明在我国大学生的职业决策困难中，内、外部冲突问题比较突出，对自我和职业认识不完全正确、自我心理内部的矛盾、职业信息内部的矛盾、自我特性与职业特点之间的矛盾、自我认识与他人认识之间的矛盾构成了大学生职业决策困难的主要方面。

2）职业成熟度越高，个体经历的职业决策困难就越少。本科生与研究生相比存在更大的职业决策困难，研究生随着年龄和经验的增长，与本科生相比在心理上更加成熟，职业成熟度更高。大学生工作经历少、自身专业选择考虑因素比较多、对自我的职业兴趣了解程度不高，导致大学生对自我职业去向不够明确。

3）职业决策自我效能感决定着个体对职业选择活动的参与、投入程度及坚定性，从而影响个体潜能的开发及职业目标的实现。自我效能感高的学生职业决策困难小。

学校对大学生的职业指导缺少针对性，导致大学生在进行职业选择时，很多学生表现出犹豫、不知所措，无法作出明确的职业决策，由此而引起一系列的反应，比如，焦虑、挫折感，甚至不敢正视现实、面对未来，这些都是职业决策困难的典型表现。

2. 职业决策困难的影响因素

大学生职业决策困难的心理影响因素主要集中在人格特点、社会文化、家庭教养方式等几个方面。

（1）大学生人格特点与职业决策困难密切相关

在职业决策过程中，决策者的人格特质和他们体验到焦虑和犹豫不安等情绪都会影响决策的结果。目前，学术界将个体的认知、情感和人格等多重维度结合，是进行职业决策困难研究的新取向。国外对职业决策困难和职业决策风格关系的研究表明，职业决策困难量表总分和理性决策风格呈负相关，与直觉决策风格呈中等强度的正相关。直觉决策风格和决策困难的3个具体类别，即缺乏动机、错误的信念与内部冲突呈正相关。国内学者周文霞（2010）认为，神经质人格特质与职业决策困难存在显著的正相关关系：高神经质的个体存在更多的职业决策困难。这主要是因为神经质得分高的个体有心理压力、不现实的想法、过多的要求和冲动。高责任心的个体更加有胜任力、条理性，尽责和追求成就，自律和深思熟虑。因此，他们在进行职业决策时积极主动，准备也更加充分，职业决策困难较小。高开放性的个体更加渴望了解不熟悉的事物的个性特点，他们在进行职业决策时，可能会更加积极寻求与自身及职业有关的信息，职业决策困难也更小。

（2）社会文化影响大学生职业决策困难

职业决策困难不仅与个体风格密切关联，同时也受到性别、专业、文化背景等因素的影响。玛尤研究发现，不同国别的学生在职业决策困难聚类上存在着差异，研究表明亚裔美籍大学生比美国白人大学生报告了更多的职业决策困难。布朗（Brown）认为，文化价值已经被证明是职业决策研究中的重要变量，个体主义文化更有利于培养职业决策的独立性和理性。李西营的研究表明，大学毕业生的职业决策困难存在着性别差异和专业差异。文科毕业生在不确定性、焦虑情绪、专业限制和就业歧视的维度上比理科毕业生感到更大的困难，在进行职业决策时受到社会因素的影响较多。

（3）家庭教养方式影响大学生职业决策困难

家庭教养方式和家庭经济状况对大学生职业决策困难也有较大影响。吕英建的研究认为，大学毕业生的职业决策困难和父母教养方式相关，在父母不同教养方式下的大学毕业生的职业决策，其困难程度也不同。那些得到父母温暖和理解较多的学生，会进行更积极的自我探索，职业决策困难程度也会比较低。李西营认为，不同家庭经济条件的大学生在职业决策困难方面存在显著差异，一般情况下，收入越高困难越小。

（三）职业决策困难的心理干预路径

职业决策困难的干预研究关注点多是实际的操作和技术上的问题，对大学生职业决策困难的指导干预要有针对性和侧重点，应形成特有的职业决策困难心理干预路径。根据大学生职业决策困难的特点和影响因素研究，探索职业决策的自我效能干预、自我决定干预、不合理信念干预和生涯发展干预等心理干预机制，实现对大学生职业决策困难的有效指导。

1. 职业决策困难的自我效能干预

职业决策自我效能是指个体对自己能否成功地处理与解决与职业有关活动的信心程度。职业决策自我效能主要包括 5 方面具体内容：个体对自身的准确认知能力（包括自己的能力、职业兴趣、与职业价值和自我概念的自我评价），获取职业信息的能力，根据自身特点与工作特点进行目标匹配和筛选的能力，对职业决策的具体实施规划的能力，在职业决策过程中应付困难等所需能力的信心水平。对职业决策自我效能感的干预可以通过 4 个途径实现：一是增加社会实践机会，让大学生增强与职业活动有关的亲身经历。实践活动中成功和失败的经历都可能转变为个体的直接经验，这是最稳定也是最可靠的信息源，对职业决策能力判断的影响也越大。二是通过交流学习，增强大学生替代性经验。职业决策效能是一种主体性、认知性的概念，所以个体能通过对他人，尤其是处于相同的文化背景、与个体特征相似的个体或者是模范榜样所从事的职业活动中观察、学习或模仿，结合自身条件与其进行社会比较，形成对自己能力的判断。三是言语说服。来自老师、父母、同伴、权威偶像合理恰当的言语说服、支持鼓励，甚至自我言语激励都有助于提高个体的职业能力信念。四是生理和情绪唤醒状态。个体处在职业活动的未知或不确定状态、压力或危险的环境中时，情绪和生理的反应情况成为个体判断自身的焦虑水平和压力承受水平的重要因素。消极情绪如紧张、恐惧、焦虑等被唤起的水平越高，个体对职业活动能力的期望会越弱。

2. 职业决策困难的自我决定干预

自我决定理论认为，个体有 3 种基本的心理需要，即能力、自主性、归属，这 3 种基本心理需要的满足与否对个体的自我成长、心理健康和幸福感至关重要。心理需求的满足会成为内在动机的促进条件，而当条件阻碍心理需求满足时将破坏内在动机。大学生职业决策困难的自我决定干预可以通过基本心理需要满足和外在动机内化来实现。一是自主支持促进动机内化。动机的内化体现了个体的社会化过程，个体在特定的文化背景下，起初由外部奖赏所控制的行为由于受到他人的推崇，与这种行为有关的态度或信念逐渐成为个体自我的组成部分，使自己的行为由他律走向自律。二是能力支持促进动机内化。自主能力支持促进个体外在行为动机的内化，只有最佳的挑战任务，才能使学习者对活动感兴趣，能力需求被满足，产生积极反馈并增强任务的内在动机。三是关系支持促进动机内化。当个体体验到来自团体或他人较强的归属感时，会自愿地内化其价值观或调节方式；反之，当个体与他人情感上出现隔阂，或在交往中受其忽视与冷淡时，就会因为感受到低的归属感而对其价值观和行为方式产生怀疑，进而出现情感上的疏离。

3. 职业决策困难的不合理信念干预

心理学研究者韦斯勒（Wessler）归纳出了不合理信念的 3 个特征：绝对化要求、以偏概全和极度悲观。完美主义是职业决策困难的一项重要的不合理信念，弗斯特等（1990）构造的完美主义的概念包含 6 个维度，即担心错误、个人标准、父母期望度、父母责难度、行为的迟疑、组织和条理。对职业决策困难的不合理信念干预，包括调整完美主义心态和把握职业决策状态两个方面。首先，要调整完美主义心态，改变拖延习惯。国外有不少研究者曾考察过，完美主义与职业未决有着很大的关系，完美主义者可能会因为想要作出一个完美的职业决策，并且让他身边的重要他人感到满意（包括父母，老师和同伴），而感到焦虑和对失败的恐惧，从而导致职业未决。这种未决可能通过很多种方面表现出来，如拖延职业的选择，或频繁转换专业等。在国内许多经验性论述中，完美主义作为职业决策未决或职业决策困难的一个原因被频频提及。完美主义常常与心态不好、定位不清、目标不明确、拖延等现象联系在一起，似乎成为职业未决的一个重要影响因素。其次，把握大学生人格特质，建立职业环境匹配。鉴于神经质对大学生职业决策困难的显著影响，高校就业指导部门尤其要加强对神经质维度得分较高的大学生的职业辅导，帮助他们做好职业决策的心理准备，鼓励他们积极主动地应对职业决策中遇到的各种困难。尽管人格是一种相对稳定的个人特质，具有不易改变的特点，但是外向性、开放性、随和性、责任心与大学生职业决策困难之间存在的显著负相关，这为高校开展心理辅导工作提供了方向和有益的参考。

4. 职业决策困难的生涯发展干预

一般来说，职业指导的主体干预方式主要有 3 种：一是职业指导课程，二

4. 胡维芳．2007. 职技高师学生职业价值观教育的构想．职教通讯，(7)：63～65，80.

5. 李西营．2007. 国外职业决策理论综述．河南职业技术师范学院学报（职业教育版)，(1)：66～69.

6. 井世洁．2007. 职业决策困难结构的研究综述．人类工效学，3 (13)：56～58.

7. Gaits I，Sake N. 2001. High school students' career-related decision-making diffculties. Journal of Counseling and Development，79 (3)：331～340.

8. Gaits I，Krausz M，Osipow S H. 1996. A taxonomy of difficulties in career decision making. Journal of Counseling Psychology，43：510～526.

第五章

职业生涯

本章要点

- 你希望拥有一个怎样的独特生涯?
- 你了解职业生涯吗?
- 职业生涯发展有哪些主要模式?
- 自我职业生涯规划的内涵、基本原则、步骤和注意事项有哪些?
- 你是否理解职业生涯发展阶段管理和生涯通道管理?

职业生涯活动将伴随着我们的大半生，拥有成功的职业生涯才能实现完美的人生。因此，职业生涯规划具有特别重要的意义。与此同时，从职业组织的角度来看，也应该把组织成员的职业生涯发展计划纳入管理工作的视野。

第一节　职业生涯概述

一、生涯的内涵

要理解什么是职业生涯，首先要对生涯的内涵做一番探讨。

（一）生涯的概念

“生涯”一词由来已久，“生”意为“活着”，“涯”意为“边际”，“生涯”就是“一生”的意思。总体来说，可以概括为狭义和广义两种。狭义的生涯是指个人终生所从事的工作或与职业有关的过程；而广义的生涯是指整体人生的发展，除终生的事业外，尚包含个人整体生活形态的开展。

萨帕认为，生涯是生活中各种事件的演进方向和历程，是统合人一生中的各种职业和生活角色，由此表现出个人独特的自我发展形态。

金树人认为，生涯的发展是一生当中连续不断的过程，包括个人在家庭、学校和社会及与工作有关活动中的经验，这种经验塑造了独特的生活方式。

归纳起来，生涯是指个人所涉及的许多不同角色（学生、工作者、消费者、公民和父母等）的总和，是个人发现自己所处环境（家庭、学校、小区等）的总和，以及人生全程中所发生的各种事件（进入职场、结婚、生子和退休等）。也就是说，人的一生所扮演的不同角色及生活历程就是生涯。

（二）生涯的特征

生涯是个人在一生中所拥有的所有职位、角色的总和，这个总和不只局限于个人的职业角色，也包括学生、子女、父母、公民等涵盖人生整体发展的各个层面的各种角色。它既是一个终身发展的历程，也是一个动态的发展历程，每个人的生涯发展都是独一无二的，是依据个人的人生理想，为了自我实现而逐渐展开的一种独特的生命历程。所以生涯的特性可以概括为以下几个方面。

1. 独特性

生涯是每一个人根据个人的人生理想，为实现自我而逐渐开展的独特生命旅程，也即不同的生涯，在形态上或许类似，但实质上却有所不同。

2. 终生性

生涯是包括一个人就业前、就业中与退休后的整体经验与活动，也即个人终生发展的历程。

3. 发展性

每一个人的生涯都是一种动态发展的历程，也即根据个人在不同阶段的企求而不断蜕变与成长。

4. 总合性

由于个人所从事的工作或职业，往往会决定其生活形态，两者间的确很难区别，因此，生涯应具总合性，涵盖人生整体发展的各个层面，而非仅限于工作或职业。

二、职业生涯的概念

在一个人的生涯经历中，存在着不同的生命周期，主要由社会生命周期、生物生命周期和职业生涯周期组成。在人的总生命空间中，最重要的、有决定作用的职业生涯周期是人生存和发展的前提条件。从任职前的教育和培训，到择业、就业，职业转换，逐步晋升，直到完全脱离职业工作，职业生涯周期占据了人一生的大部分时间，因此，它对个人、家庭都有着十分重要的意义。

（一）职业生涯的内涵

目前，对职业生涯的含义还没有统一的认识，但作为一种客观的存在，职业生涯有其基本含义，并主要包括这样一些内容：①职业生涯是个体的概念，是指个体的行为经历，而非群体或组织的行为经历。②职业生涯是职业的概念，实质是指一个人一生中的职业经历或历程。③职业生涯是时间的概念，意指职业生涯期。职业生涯期起始于最初工作的专门职业学习和训练，终止于完全结束或退出职业工作。实际的职业生涯期在不同个体之间的差别很大，有长有短。④职业生涯是发展和动态的概念，意味着个人的具体职业内容和职位的发展和变化。职业生涯不仅表示职业工作的时间长短，而且内含着职业变更与发展的经历和过程，包括从事何种职业，职业发展的阶段，职业的转换、晋升等具体内容。

（二）外职业生涯与内职业生涯

就职业因素的显性层面而言，职业生涯可以分为外职业生涯和内职业生涯。

外职业生涯指个人在组织内一连串显而易见的与工作结果有关的发展历程，包括从事一种职业时的工作时间、工作地点、工作单位、工作内容、工作职务与职称、工资待遇、荣誉称号、工作年龄阶段等因素。

内职业生涯指从事一种职业时的知识、观念、经验、能力、态度和内心感受等因素的组合及其变化历程。

内职业生涯是我们职业生涯之树的根，内职业生涯的发展程度决定了我们外职业生涯的发展程度；内职业生涯主要靠自己的不断探索而获得，不随外职业生涯的获得而自动具备，也不会因为外职业生涯的失去而自动丧失。外职业生涯通常是由别人给予和认可的，也容易被别人否定或剥夺。

（三）职业生涯的概念

职业生涯指一个人终生职业经历的模式。它是指一个人一生中所有与职业相联系的行为与活动，以及相关的态度、价值观、愿望等的连续性经历的过程。

职业经历包括职位、工作经验和任务，受到员工价值、需要和情感的影响。员工的职业生涯受到个人、组织和环境的相互作用的影响。一个人的职业生涯通常包括一系列客观事件的变化及主观知觉的变化，随着时间的推移，职业生涯是不断向前发展的，并且无论从事何种职业，具有何种晋升水平，工作模式的稳定性如何，所有人都拥有自己的职业生涯。

第二节　职业生涯发展模式

一、发展阶段模式

职业生涯在不同的发展阶段，有着不同的职业需求和人生追求。正确认识职业生涯发展规律及自己所处的发展阶段，对一个人的生涯发展和生活幸福十分重要。我国古代大思想家孔子提出的“吾十有五而志于学，三十而立，四十而不惑，五十而知天命，六十而耳顺，七十而从心所欲，不逾矩”（《论语·为政》）的观点，即是一种对生涯阶段的理解。对于具体阶段的划分，有金兹伯格的三阶段论，萨帕的四阶段论，格林豪斯（Greenhouse）的五阶段论，还有施恩的九阶段论。以上的发展阶段模型，虽然在划分职业生涯阶段时，存在着阶段的起始点、长度、名称和阶段主题的差异，但却几乎都以职业发展进程或生命阶段作为划分依据，在此我们主要介绍施恩教授建立在职业周期基础上的发展阶段理论。

第一阶段：成长、幻想、探索阶段

一般0～21岁的人处于这一职业发展阶段。主要任务有：①发展和发现自己的需要和兴趣，发展和发现自己的能力和才干，为进行实际的职业选择打好基础；②学习职业方面的知识，寻找现实的角色模式，获取丰富的信息，发展和发现自己的价值观、动机和抱负，作出合理的受教育决策，将幼年的职业幻想变为可操作的现实；③接受教育和培训，开发工作世界中所需要的基本习惯和技能。人在这一阶段所充当的角色是学生、职业工作的候选人、申请者。

第二阶段：查看工作世界

16～25岁的人步入该阶段。①查看劳动力市场，谋取可能成为一种职业基础的第一项工作；②个人和雇主之间达成正式可行的契约，个人成为一个组织或一种职业的成员，充当的角色是应聘者、新学员。

第三阶段：基础培训

处于该阶段的人的年龄为16～25岁。与上一正在查看职业工作或组织阶段不同，这一阶段个体要担当实习生、新手的角色。也就是说，已经迈进职业或组织的大门。此时其主要任务一是了解、熟悉组织，接受组织文化，融入工作群体，尽快取得组织成员资格，成为一名有效的成员；二是适应日常的操作程序，应付工作。

第四阶段：早期职业的正式成员资格

此阶段人的年龄为17～30岁。个体在这一阶段取得组织新的正式成员资格。面临的主要任务是：①承担责任，成功地履行与第一次工作分配有关的任务；②发展和展示自己的技能和专长，为提升或查看其他领域的横向职业成长奠基；③根据自身的才干和价值观，根据组织中的机会和约束，重估当初追求的职业，决定是否留在这个组织或职业中，或者在自己的需要、组织约束和机会之间寻找一种更好的配合。

第五阶段：职业中期

处于职业中期的正式成员，年龄一般在25岁以上。主要任务有：①选定一项专业或查看管理部门；②保持技术竞争力，在自己选择的专业或管理领域内继续学习，力争成为一名专家或职业能手；③承担较大责任，确定自己的地位；④开发个人的长期职业计划。

第六阶段：职业中期危险阶段

处于这一阶段的成员的年龄是35～45岁。主要任务为：①现实地估价自己的进步、职业抱负及个人前途；②就接受现状或者争取看得见的前途作出具体选择；③建立与他人的良师关系。

第七阶段：职业后期

从40岁以后直到退休，可说是处于职业后期阶段，此时的职业状况或任务是：①成为一名良师，学会发挥影响，指导、指挥别人，对他人承担责任；②扩大、发展、深化技能，或者提高才干，以担负更大范围、更重大的责任；③如果求安稳，就此停滞，则要接受和正视自己影响力和挑战能力的下降。

第八阶段：衰退和离职阶段

一般在40岁之后到退休期间，不同的人在不同的年龄会衰退或离职。此时个体主要的职业任务是：①学会接受权力、责任、地位的下降；②基于竞争力和进取心下降，要学会接受和发展新的角色，③评估自己的职业生涯，着手退休。

第九阶段：离开组织或职业——退休

个体在失去工作或组织角色之后，面临两大问题或任务：①保持一种认同感，适应角色、生活方式和生活标准的急剧变化；②保持一种自我价值观，运用自己积累的经验和智慧，以各种资源角色，对他人进行“传帮带”。

需要指出的是，施恩虽然是基本依照年龄增大顺序划分职业发展阶段的，但并未囿于此，其阶段划分更多的是根据职业状态、任务、职业行为的重要性。正如施恩划分职业周期阶段是依据职业状态和职业行为和发展过程的重要性，又因为每人经历某一职业阶段的年龄有别，所以，他只给出了大致的年龄跨度。

二、职业生涯发展的职业变动模式

（一）职业流动模式

1971年，施恩通过研究发现，个人在特定组织内有3种职业流动模式。

1. 横向流动模式

这种流动方式是组织内部个人的工作或职务，沿着职能部门或技术部门的同一等级进行发展变动。这种流动方式可以培养掌管全局的管理人员，为以后的纵向发展做准备；同时也可以满足工作丰富化的需要，以平衡部门之间的人员。

2. 向核心地位流动模式

这种流动方式是由组织外围逐步向组织内圈方向变动。通过这种流动，成员对组织情况的了解会更多，承担的责任也会更重大，并且会经常参加重大问题的讨论和决策。

3. 纵向流动模式

纵向流动模式指组织内部的个人工作等级职位的升降。这种流动模式与传统观念中的最佳流动模式很相似，在一般的观念中，只有纵向的上行流动，才能得到发展和肯定。

（二）职业生涯路线

近年来，一些专家和学者在实证研究的基础上概括了人的职业生涯的基本路线。职业生涯路线是指一个人选定职业后，从什么方向实现自己的职业目标，是向专业技术方向发展，还是向行政管理方向发展。在确定职业和职业发展目标后，就面临着职业生涯路线的选择。

1. “V”形职业生涯发展路线

“V”形职业生涯发展路线是根据施恩教授的职业锚理论设计的（图 5-1）。其含义为：假如一个人 22 岁大学毕业，即“V”形图的起点是 22 岁，从起点向上发展，“V”形图的左侧是行政管理路线，右侧是专业技术路线，将路线划分成若干等分，每一等分表示一定的年龄段，并将专业技术的等级、行政职务的等级分别标在路线图上，作为自己的职业生涯目标。此模型提供了两条比较典型的职业生涯发展路径：一条是从事管理活动，比如，行政管理；另一条是从事专业技术活动，如科学研究。

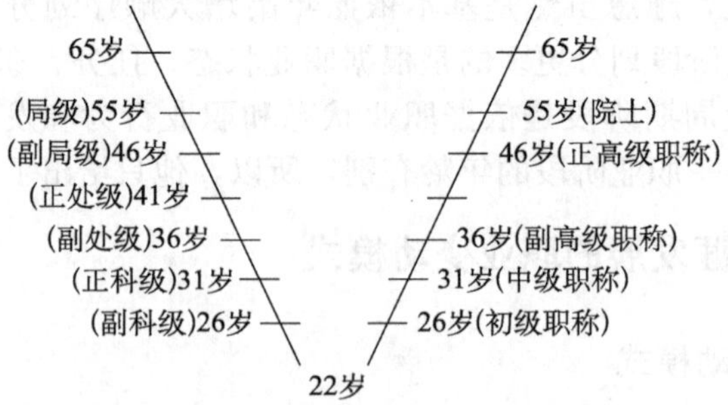

图 5-1 职业生涯路线“V”形图

2. 直线形职业生涯发展路线

走直线形职业发展路线，就是一个人在一生的职业发展中只从事一种职业，不断学习和提高专业技能，积累经验和资历，只在这个职业的一系列职位中发展。直线形职业发展路线只有一个通道，即员工做垂直运动，职业发展目标就是晋升。例如，某本科生到某小企业人力资源部当一名文员，通过2～3年的在职读MBA，到一家著名公司人力资源部任职，1～2年后担任人力资源经理助理，以后逐步晋升为人力资源专员、人力资源主管、人力资源经理和人力资源总监。这就是一条典型的直线形职业发展路线。

3. 螺旋形职业生涯发展路线

走螺旋形职业发展路线，就是一个人在一生的职业发展中从事两种或两种以上职业，不断学习和提高多种技能，不断积累，提升人力资本，在不同职业甚至不同行业中寻求发展。

螺旋形发展路线的特点是，始终以自己的主要价值观为核心，不断地转换职业生涯的角度和内容，但是，同时也在不断地扩大职业生涯的范围。例如，《中外管理》杂志社社长、总编杨沛霆最早是从事情报学研究工作的，他是中国一流的情报学专家，后来研究中国科技发展史，然后研究并讲授领导学。近十几年来，杨沛霆研究推广管理科学，现任《中外管理》杂志社的社长和总编。他的主要价值观是用自己的知识和智慧报效祖国、建设祖国。50年来他从事的职业在发生着改变，但是他的核心价值观始终没有改变。他的工作范围越来越大，他的影响力也越来越大。全国有几百位市长、省长、部长都听过他讲的领导科学。作为管理学专家，全国有几万名职业经理人、企业家听过他的课程，而读过他的文章的人更是不计其数。他现在的影响范围已经扩展到了国际上。

当然，职业生涯路线远远不止3种，而且会出现"W"形（横向转换、起伏形）、跳跃形和自由形等形态。

三、发展的性别模式

一个人的职业生涯有着多种不同的发展可能。不同的生涯，是个人与社会多种因素相互作用的结果，最后形成不同的生涯模式。从社会的角度看，男性和女性的职业生涯发展有着重大的区别，从而形成了不同的模式。

（一）男性的职业生涯模式

据美国社会学家米勒（Miller）和福姆（Forme）的研究，男性的职业生涯发展可以划分为4种基本模式。

1. 标准型

标准型的人，按顺序经过职业生涯的各个时期，这是典型的生涯发展过程，社会上大部分人都属于这种类型。一般来说，他们的素质也是随着生涯的发展而同步发展，逐步提高，最后逐渐衰退的。

2. 稳定型

这是在生涯初期就确定了职业方向或选择期很短、很顺利的类型。属于这种类型的人，通常有较强的职业意识、较高的成就动机、较强的克服挫折的能力，也有较高的专业、职业技能水平，即他们的成功素质较高。他们在学校毕业后，能马上走上早已相中的工作岗位，以后的生涯一般也非常顺利。

3. 不稳定型

不稳定型即数次选择职业的类型。属于这种类型的人，往往徘徊于“职业选择与适应—职业再选择与适应”的过程中，不能使自己稳定于某个职业，他们的生涯波折较多。他们的素质普遍不高，这也正是生涯有所波折的主要原因。

4. 复杂试用型

复杂试用型即频繁变动职业的类型。属于这种类型的人，基本上都是没有受到良好的教育，能力素质较差，而且心理素质也比较差。他们一般没有一个长期的固定工作，而是经常变换职业。其所从事的往往是工作繁重、收入低、社会地位差的职业，所变换的职业间也没有必然联系。该类人员的工作极不稳定、极不可靠，其生活境况往往比较凄凉。

（二）女性的职业生涯模式

日本学者神田道子把女性的职业生涯发展类型划分为完全就业型、前期就业型、阶段就业型、后就业型和不就业型几种。相对于男性来说，女性在青年期和成年期之间多了一个婚育期。在以上 3 个时期都处于就业状态的，称为完全就业型，反之则称为不就业型，仅在婚育期之前就业的称为前期就业型，仅在婚育期之后就业的称为后就业型，仅在婚育期休息的称为阶段就业型。

在经济水平和文化习俗不同的各个国家，妇女“走出家门”从事社会职业劳动的人数比例有着相当大的差异。例如，在一些阿拉伯国家，妇女终生在家，不能参加社会职业劳动；又如，在经济发达国家，许多接受了大学教育的妇女，在子女尚未成年的情况下自愿在家照料，而不是外出就业。我国有着高于许多发达国家的妇女就业率，女性劳动年龄人口趋向于全部就业和全程就业。由于女性在社会与家庭中的角色与男性有较大的差异，因此，对女性职业问题的研究具有重要的社会价值。

资料链接 5-1

性别与职业发展模式的特点

1. 男性职业发展的模式与特点

男性职业发展模式主要表现为直线形职业生涯和螺旋形职业生涯。直线形职业生涯是指终生从事某一专业领域的工作。在线性等级结构中，从低级走向高级不断取得更大的权力、承担更多的责任和获得更多的报酬。螺旋形职业生涯是一种跨专业的职业生涯方式，围绕职业锚这个核心，从事不同的专业工作，不断找到发展的新起点。

男性职业生涯发展的主要特点是：

1）职业辉煌的顶点通常在中年期，职业线为两头小、中间大，如下图所示。

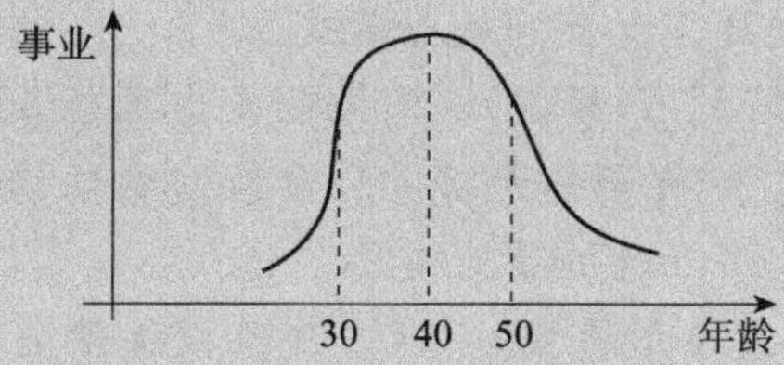

2）成功的年龄与其从事的职业关系密切。例如，社会科学工作者的成功年龄偏迟，通常在40岁之后；自然科学工作者的成功年龄较早，通常在30岁左右，如下图所示。

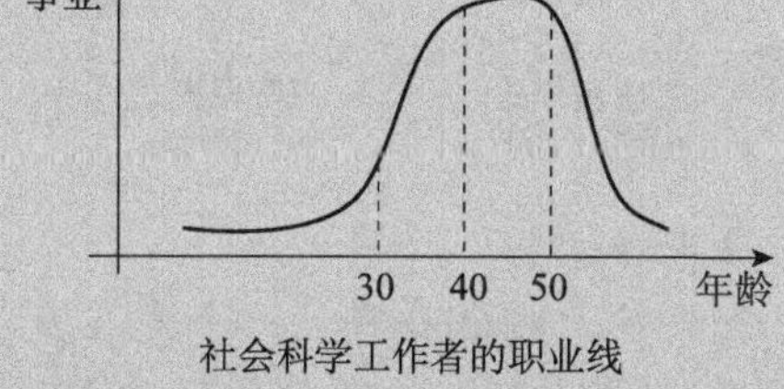

社会科学工作者的职业线

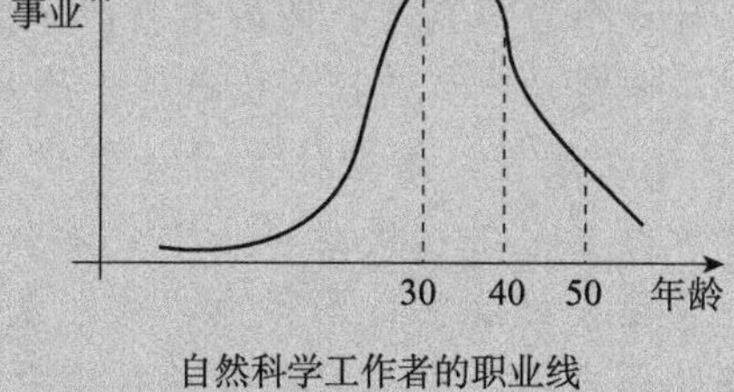

自然科学工作者的职业线

3）职业成功与配偶的教育背景关系小，与个人的教育背景关系大。例如，20世纪三四十年代，我国相当多的著名科学家的配偶是识字很少的家庭妇女。

4）职业成功与个人家庭背景关系较大。这与中国的传统思想有关，即男人承担着“传宗接代、光宗耀祖”的责任，家庭与家族的资源大部分都被用来给男孩子作为事业支撑，甚至不惜牺牲女孩子的幸福为其兄弟提供更多的资源支持。

2. 女性职业发展的模式与特点

女性的职业发展模式主要有以下几种方式：

1）一阶段模式（倒“L”形模式），即从参加工作一直持续到退休。结婚生育后承担工作和家庭双重责任。如大多数中国女性目前的就业模式。

2）二阶段模式（倒“U形”模式），即结婚前职业参与率高，结婚特别是开始生育后参与率迅速下降，男性挣钱养家糊口，女性婚后做家庭主妇，如新加坡、墨西哥等国许多女性的就业模式。

3）三阶段模式（“M”形模式），即婚前或生育前普遍就业，婚后或生育后暂时性地中断工作，待孩子长大以后又重新回到职场，如美国、日本、法国、德国等发达国家许多女性的就业模式。

4）多阶段模式（波浪形模式），即多次阶段性就业，女性根据自身的状况多次进入职场。这种模式是近10年才出现的，如社会福利水平较高的北欧国家就开始流行这种女性就业模式。

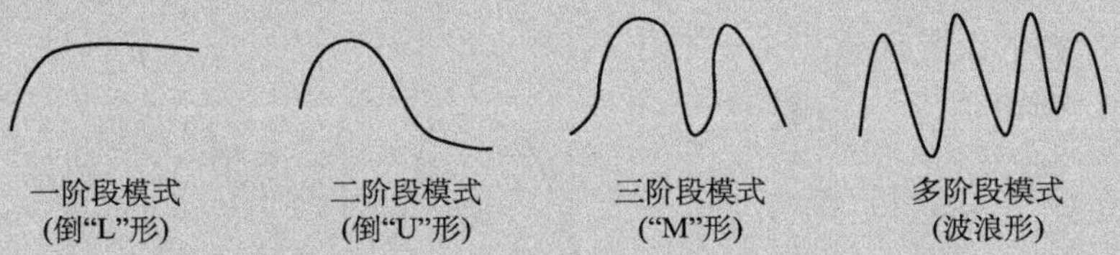

女性职业发展的主要特点为：

1）两个高峰和一个低谷。两个高峰，一个是在女性就业后的6～8年，即女性就业后但未生育前；另一个是在36岁以后的10余年间，此时孩子基本长大，家庭负担减轻，自身精力仍充沛、阅历丰富，事业辉煌通常在此期间。低谷在这两个高峰之间，通常是生育前期和抚养孩子的8年间。

2）就业面窄，发展速度缓慢，婚姻状况对女性职业发展有较大的影响。女性面临的工作角色与家庭角色的冲突是一个十分复杂的社会问题。国际经验表明，缓解这一冲突需要全社会的共同努力，特别是政府应发挥主导性作用。例如，大力发展家政服务业，推进家务劳动社会化，倡导男女平等地承担家务责任，制定有利于女性就业的社会政策，鼓励实行弹性就业制度，改革社会福利制度等。

（资料来源：周文霞．2011．职业生涯管理．上海：复旦大学出版社：176～178.）

四、职业生涯发展的整合模式

因考虑到不同职业间、不同个体间发展的差异性，本模型既没有确定的职业阶段，也没有特定的年龄界限，而且它体现了不同职业阶段模型的共同性质和观念，如表 5-1 所示。

表 5-1 整合模型

阶段	描述
(a) 建立	童年和成年的经历和教育帮助规划职业理想
(b) 职业获取	通过学徒训练、工作培训或参加大学或其他专业培训，可以获得一份职业。即使对于进入工作岗位的合适人选，在工作最初阶段常常还会接受进一步的专业培训
(c) 提高	包括在组织中专业技能和等级层次的提高，或者扩张自己的职业。这个阶段可以表述为持续地提高或者达到稳定期。在今天的职业环境中，这个阶段常常会转换好几次工作
(d) 重新评价	评估职业理想和职业成就之间的吻合性；重新思考工作/角色/职业。重新评价可以是来自内部的感情或需求，也可以是来自外部的力量。经过重新评价后，人们会选择相同的职业发展路径或改变职业发展方向，回到阶段（b）
(e) 加强	在作出决定之后，人们会强化当前的职业或返回到阶段（b），重新建立新的职业
(f) 衰退	大多数人（除了个别人会在整个生命历程中都努力提升自己的职业水平）开始谋划退出职业生涯，这个过程或许很短暂，也许很长，需要几年时间
(g) 退出	离开劳动力市场（不一定就在 65 岁）

整合模型包含了 7 个阶段，而阶段（b）～（e）在许多情况下会多次重复。虽然没有给每一个阶段规定具体的年龄段，但是许多阶段中都会出现指示。第一阶段以正式的学校教育为结束点，在我国，主要包括高中毕业、职业学校毕业、大学本科或是研究生毕业，年龄跨度从 16 岁到 30 岁左右不等。职业获取阶段可能非常短：如果一个人决定从 16 岁或 18 岁开始做邮递员，一个星期之内就可以找到工作。如果一个人希望成为律师，那么他要花 5 年的时间接受基本培训。在某个年龄段会产生某些生活危机，如中年危机。退休的年龄一般在 65 岁，但是许多人在中年时期就开始变得无所事事，典型的情况是 50 岁以后，但是他们找到能为他们提供相似地位的替代性工作非常困难，于是提早退休就很普遍了。

第三节 自我职业生涯规划

一、职业生涯规划的概念

规划是为了实现目标而对未来的一种设计过程，它提供了行动的明确步骤，是一种行动准则。任何行动有了详细、严谨的规划，成功的概率就会越大，否

动安排和相应的督查，并使之程序化。新员工的学习包括自学、讲座、座谈和培训等形式。若整个定向程序有效，则新员工能尽快了解组织，并顺利融入组织文化。

（二）职业生涯中期阶段管理——顺利度过职业生涯高原期与平衡工作、家庭的关系

1. 职业生涯高原期

如果一个员工接受责任日趋重大的任务时显得有些力不从心，我们就可以判定这个员工进入了他的职业生涯高原期。职业生涯中期的员工最容易进入职业生涯高原期。职业生涯高原期对于员工个人和职业组织来说，都不一定是件坏事。处于职业生涯高原期的员工不大会争取职责更大的岗位，但工作表现会达到基本要求。当员工觉得被固着在不利于个人成长的岗位上的时候，职业生涯高原期就会造成员工的心理挫折感与心理功能失调。这种挫折感会导致其产生不良的工作态度、增长的缺勤率，以及工作水平下降。导致员工进入职业生涯高原期的原因主要有：缺少培训；低成就需求；不公平的工资制度或对工资提升不满意；岗位职责不清；由于缺少发展机会而造成的职业组织成长过慢。

管理者可以采取许多方法帮助职业生涯高原期的员工。

满足员工的心理成就感。心理成就感是员工希望从工作中获得的一种重要心理感受。一个有成就感的员工往往是有较高工作满意度和绩效的，组织通过为员工提供培训机会，让他们在工作中更加游刃有余、适时恰当地对员工的成绩予以表彰等，都可以在很大程度上提高他们的心理成就感。

组织还可以安排一定范围内的职位轮换，使工作变得丰富多彩，以提高员工对工作的兴趣。职位轮换可以使员工学到新知识和新技能，为今后的晋升和发展奠定基础。事实证明，当员工被安排到一个新的职位时，面对新的责任和技能要求，他们的一些潜能会得到激发，这样结合他们以往的经验和自身的创造力，往往会给组织带来意想不到的绩效，他们自身的能力和素质也得到了拓展。

扩大现有工作内容也是顺利度过职业生涯高原期的一种有效方法。扩大现有工作内容是指在员工现有的工作中，增加更多挑战或者是更多的责任。主要包括：安排执行特别的项目；在一个团队内部变化角色；探索为顾客提供服务的新途径等。

通过类似的实践，组织可以有步骤地帮助处于职业生涯高原期的员工积极应对发展瓶颈，使他们对自己的工作始终保持充分的热情和兴趣，从而进一步发挥组织中坚力量的作用。

此外，管理者还可以鼓励职业生涯高原期的员工求助于职业心理咨询，以

使他们懂得自己进入职业生涯高原期的原因，以及解决职业生涯高原期问题的方法。要鼓励员工通过与管理者、同事及人事经理讨论来实际验证他们认为能解决自己职业生涯高原期问题的方法是否可行。

2. 工作、家庭关系的平衡

随着经济发展的需要和妇女地位的提高，夫妻双方参加工作的情况在世界各国都越来越普遍，但这种双职工家庭数量的不断增加对职业组织提出了严峻的挑战。职业组织必须仔细考虑如何管理同时关心工作和家庭两个方面的员工。由于员工在不同的情景中需要担当一系列不同的角色（如父母的角色、配偶的角色、员工的角色等），工作角色和家庭角色之间总会有冲突。一些研究表明，双职工家庭、单亲家庭、拥有 5 岁以下孩子的家庭能体验到更多的工作-家庭冲突。

挫折感是工作-家庭冲突的结果之一。这些冲突与员工的身体健康问题、生产水平下降、拖拖拉拉、工作完成率下降，以及心理卫生都有着密切的联系。其实，无配偶、无孩子的员工也一样存在着工作-家庭冲突，认识到这一点是十分重要的。所有员工都有非职业角色和非职业活动，这些都可能与工作发生冲突。

工作-家庭冲突的类型可以分为 3 类：时间冲突、压力冲突及行为冲突。

时间冲突。当工作需要与家庭需要互相牵制的时候，时间冲突就会发生。例如，岗位要求的值晚班、加班、出差总会与家庭活动相冲突。

压力冲突。它主要发生在工作和家庭角色都面临应激的情景中。例如，新生儿干扰了父母的睡眠，其结果是他们在上班时很难打起精神。

行为冲突。它主要发生在员工在职业中的角色与在家庭中的角色不能相互适应的情况下。例如，经理的工作要求他们思维富有逻辑性、不偏执且具有权威性，同时，在与家庭成员的关系中对其的要求就是温和、富有感情、友好。

许多职业组织开始通过制定旨在消除工作-家庭冲突的政策，来对工作-家庭问题作出积极的反应。这些政策强调现实职业需求信息的沟通，工作时间和地点的灵活性，以及日托中心和养老项目支持性机构的建立等。例如，弹性工作时间就是一种有效的办法，它能在员工完成工作的同时，为其提供处理私事的自由。此外，为员工提供子女日托、老人照料计划等帮助也是非常有效的解决办法。

（三）职业生涯后期阶段管理——退休计划

这是职业生涯的最后阶段，从 50 岁左右到退休。由于职业能力与身心条件的变化，这一阶段的员工也呈现出了特殊的职业生涯特征。他们中的大多数人的进取心、竞争力和职业能力明显下降，同时，随着权力责任和中心地位的下降，角色也发生了明显变化。尽管如此，他们仍然有其优势存在，仍可发挥余热，尽职贡献。在职业生涯后期，组织会有针对性地帮助员工制订退休计划，主要表现在以下几个方面。

1. 做好员工的思想工作

组织有责任帮助员工认识并接受退休的事实，可以开展退休咨询，召开退休座谈会，了解员工对退休的认识和想法，有针对性地做好思想工作。此外，组织退休研讨会，讨论如何认识和对待退休，交流退休后的打算，以及如何过好退休生活的经验等，从而使即将退休的员工有充分的思想准备，以减轻退休后所产生的迷茫和失落感。

2. 帮助在岗的老年员工作好职业晚期计划

尽管进入职业生涯晚期阶段的员工在体能、智能方面已明显下降，但他们仍然有着不可替代的优势。他们中有的人对组织感情颇深，深深地融入了组织文化；有的人练就了娴熟的技能，积累了丰富的业务实践知识；有的人积累了丰富的阅历，具有处理工作中复杂矛盾的能力和经验。因此，这一时期的员工完全有能力担当良师的角色。组织应帮助在岗的老年员工作好职业晚期计划，让他们在适宜的工作中发挥自己独有的作用。一般来说，这一阶段适宜的角色主要有：项目顾问、战略计划参谋、新员工导师等。

3. 采取兼职、顾问等方式继续工作

如果退休员工个人身体状况和家庭条件允许，尚可继续参加工作，组织可采取兼职、顾问或其他方式聘用他们，延长他们的职业生涯，使他们有机会继续为组织发挥“余热”，这是社会老年人力资源开发的一个重要趋势，对个人及社会的发展都具有重要意义。

三、职业生涯发展通道管理

（一）职业生涯发展通道的内涵

职业生涯发展通道是指组织为内部员工设计的自我认知、成长和晋升的管理方案。职业生涯发展通道设计指明了组织内员工可能的发展方向及发展机会，组织内每一个员工可能沿着本组织的发展通道变换工作岗位。具体来说，职业生涯发展通道是个体在一个组织中所经历的一系列结构化的职位。职业生涯发展通道通过帮助员工胜任工作，确立组织内晋升的不同条件和程序对员工职业发展施加影响，使员工的职业目标和计划有利于满足组织的需要。

（二）职业生涯发展通道模式

一般来说，组织有 4 种职业生涯发展通道模式：传统职业生涯发展通道、行为职业生涯发展通道、横向技术生涯发展通道及双重职业生涯发展通道。职业生涯发展通道是组织中职业晋升和职业发展的路线，是员工实现职业理想和获得满意工作，达到职业生涯目标的路径。

1. 传统职业生涯发展通道

所谓传统职业生涯发展通道是员工在组织中从一个特定的职位到下一个职位纵向发展的一条路径，是一种基于过去组织内员工的实际发展道路而制定出的一种发展模式。这种模式将员工的发展限制于一个职能部门内或一个单位内，通常是由员工在组织中的工作年限来决定员工的职业地位。它假定每一个当前的职位是下一个较高职位的必要准备。因而一名员工必须从一个职位到另一个更高的职位逐级变动，以获得所需要的经历和准备。例如，某一组织的销售部门的职业阶梯是从下而上设计为销售小组、社区销售、地区销售、全国销售及全球销售 5 个等级。一个销售人员可在 5 年后成为销售组长，10 年后成为社区销售主管，15 年后成为一个地区销售主管，25 年后成为跨国公司在某一国家的销售主管，30 年后成为某一国家的销售总监。传统职业生涯发展通道的最大优点是清晰明确、直线向前，员工知道自己向前发展的特定工作职位序列。但它有一个很大的缺陷，就是它是基于组织过去对成员的需求而设计的，但实际上随着组织的发展，技术的进步、外部环境的变迁、企业战略的改变都会影响企业的组织流程和组织结构，进而影响对人力资源的需求，原有职业需求已不再适应企业发展的要求。

2. 行为职业生涯发展通道

行为职业生涯发展通道，是一种建立在对各个工作岗位上的行为需求分析基础上的职业发展通道设计。它要求组织首先通过工作分析，来确定各个岗位上的职业行为需要，然后将具有相同职业行为需要的工作岗位化为一族(这里的族，是指对员工素质及技能要求基本一致的工作岗位的集合)，然后以族为单位进行职业生涯设计。这样除了传统职业生涯发展通道之外，员工还可以在族内进行职业流动，从而打破了部门对员工职业发展的限制。这种呈网状分布的职业生涯发展通道设计，能够给员工和组织带来巨大的便利。对员工来讲，这种职业发展设计首先为员工带来了更多的职业发展机会，尤其是当员工所在部门的职业发展机会较少时，员工可以转换到一个新的工作领域中，开始新的职业生涯；另外，这种职业发展设计也便于员工找到真正适合自己的工作。对组织来讲，这种职业发展设计增加了组织的应变性。当组织战略发生转移或环境发生变化时，能够顺利实现人员转岗安排，保持整个组织的稳定性。

3. 横向职业生涯发展通道

前两种职业途径都被视为组织成员通向较高管理层的升迁之路。但组织内并没有足够多的高层职位为每个员工提供升迁的机会，而长期从事同一项工作会使人倍感枯燥无味，影响员工的工作效率。因此，组织也常采取横向调动来使工作具有多样性，使员工焕发新的活力、迎接新的挑战。虽然没有加薪或晋升，但员工可以增加自己对组织的价值，也使他们自己获得了新生。按照这种思想所制定的组织职业通道就是横向技术生涯发展通道，它进一步打破了行为职业生涯发展通道设计对员工行为和技能要求的限制和约束，实现了员工在组织内更加自由的流动。这种设计一般也是建立在工作行为需求分析基础上的。

4. 双重职业生涯发展通道

传统的职业生涯发展通道是组织中员工通向较高管理层的升迁之路，而双重职业生涯发展通道主要用来解决某一领域中具有专业技能，但并不期望或不适合通过正常升迁程序调到管理部门的员工的职业发展问题。这一职业生涯发展通道设计的思路是：专业技术人员没有必要也不可能因为其专业技能的提升而从事管理工作，技术专家能够而且应该被允许将其技能贡献给组织而不必成为管理者。他们的贡献是组织需要的，应该得到组织的承认。承认的方式不必是被提拔到管理岗位，而是体现在报酬的变更和地位的提升上，并且处于同一岗位上不同级别专业人员的报酬是可比的。双重职业生涯发展通道有利于激励在工程、技术、财务、市场等领域中有突出贡献的员工。实现双重职业生涯发展通道，能够保证组织既聘请到具有高技能的管理者，又雇佣到具有高技能的专业技术人员。专业技术人员实现个人职业生涯发展可以不必走从管理层晋升的道路，避免了从优秀的技术专家中培养出不称职的管理者这种现象。这无疑有助于专业技术人员在专业方面取得更大的成绩。

总体来看，传统职业生涯发展通道及由其改良来的行为职业生涯发展通道，都是基于晋升而设计的职业生涯发展通道。横向职业生涯发展通道可以增加员工职业生活的多样性，双重职业生涯发展通道可以保证员工在适合自己的岗位上发展。每种通道都有它的特点，组织可以根据自身特色而选择适当的职业生涯发展通道，发挥职业管理的巨大功效。

近年来，双重、甚至多重职业生涯发展通道受到组织的青睐。它实际上向员工传递了一种非常重要的信息，不同职业生涯发展通道的层级之间在报酬、地位和称谓等方面具有某种对应关系，可见组织对各种职业锚类型员工的重视，而且为每位员工提供了足够的发展空间和晋升机会。这样，员工将受到极大的鼓舞，也会获得更多的晋升和提薪的机会，从而大大降低组织优秀人才的离职率。

本章小结

1. 生涯就是人的一生所扮演的不同角色及生活历程。生涯具有独特性、终生性、发展性和总合性。

2. 职业生涯是指一个人终生职业经历的模式。即为一个人一生中所有与职业相联系的行为与活动，以及相关的态度、价值观、愿望等的连续性经历的过程。

3. 职业生涯发展的主要模式包括发展阶段模式、职业变动模式、性别模式和整合模式。

4. 从个人角度来看，自我职业生涯规划（职业生涯规划），是指个人依据职业生涯发展的主客观条件及制约因素，对已经确认的职业起点，结合职业生涯发展的阶段，提出相应的职业生涯发展目标，拟订实现目标的工作、教育、培训计划和行动方案，并赋予确定的时间期限，采取必要的行动实现职业生涯目标的过程。在进行职业生涯规划的过程中，要按照职业导向原则、自我导向原则、统合原则、可操作性原则和发展性原则这 5 个基本原则进行。职业生涯规划的基本步骤有：自我评估、生涯机会评估、确定职业生涯的目标与路线、制定行动方案并实施及评估与反馈 5 个过程。职业生涯规划应注意定向、定点、定位和定心。

5. 从组织角度看，职业生涯规划是组织根据自身的发展目标并结合员工的发展需求，制定组织职业需求战略、职业变动规划与职业生涯发展通道，并采取必要的措施加以实施，以实现组织目标与员工职业发展目标相统一的过程。职业生涯发展阶段管理包括：职业生涯早期阶段管理（实现个人社会化和职业定向），职业生涯中期阶段管理（顺利度过职业生涯高原期与平衡工作、家庭的关系），职业生涯后期阶段管理（退休计划）。

6. 从组织角度看，职业生涯发展通道是指组织为内部员工设计的自我认知、成长和晋升的管理方案。职业生涯发展通道是个体在一个组织中所经历的一系列结构化的职位。职业生涯发展通道模式主要有：传统职业生涯发展通道、行为职业生涯发展通道、横向职业生涯发展通道和双重职业生涯发展通道 4 种模式。

思考和练习题

1. 名词解释：生涯、职业生涯、内职业生涯、外职业生涯、职业生涯规划、职业生涯管理、传统职业通道、职业生涯高原期。

2. 简述职业生涯发展模式。
3. 阐述如何做好自我职业生涯规划。
4. 简述工作-家庭冲突的类型。
5. 组织如何开展职业生涯发展阶段管理？
6. 结合实际，谈谈你对职业生涯发展通道的理解。

拓展阅读

1. 顾雪英．2011．职业生涯规划．北京：高等教育出版社：242～243．
2. 张再生．2007．职业生涯规划．天津：天津大学出版社：66．
3. 周文霞．2011．职业生涯管理．上海：复旦大学出版社：174～178．

第四编　职业心理管理

第六章

职业心理测评

本章要点

- 职业心理可以测量吗？
- 职业心理测评有什么作用？
- 职业心理测评具有哪些优势？
- 职业心理测评如何具体操作？
- 常见的职业心理测评有哪些？
- 如何实施职业心理测评？

近年来，随着国内市场经济的发展，组织人才甄选意识与个人的职业生涯规划意识日益增强，以心理测验为基础的职业心理测评应用日益广泛。职业心理测评是心理测验在职业指导与职业咨询中的运用，旨在了解个人与职业相关的各种特征的方法。它通过一系列的科学手段对被测评者的一些基本心理特征，包括职业能力、兴趣、性格、气质、价值观及职业适应性等进行测量与评估。通过分析被测评者、不同职业及工作的特点，一方面促进被测评者更好地自我认识、自我发展与探索，进行职业生涯规划，做好求职择业的心理与行为准备，另一方面也能更好地识人、用人。

第一节 职业心理测评概述

一、职业心理测评发展历程

职业心理测评兴起于 20 世纪初，在美国军事和工业领域获得了广泛应用，大大提高了职业招聘和培训部门的经济效益。1926 年在美国飞行学校的学员中，有87%的人因飞行不佳而被淘汰，其原因是空中飞行心理适合性不佳。直到第二次世界大战期间及以后，客观的要求促使心理选拔技术不断发展和普及，因飞行不佳而被淘汰的人数才开始减少。美国空军中淘汰率由70%降至36%，在法国，则由61%降至36%，大大减少了培训资源的浪费，也有利于个人的职业生涯发展。

心理测量经过近百年的稳步发展，现已成为最有效、最客观的职业心理测评手段。全球约有3/4以上的大公司在人员甄选、安置和培训方面使用职业心理测评手段，而且越来越多的中小公司也正加入到这一行列中来。美国电话电报公司早在20世纪30年代就启用评价中心技术，采纳许多心理测量的方法用于考察自己的管理者，并取得了一定的成功；摩托罗拉公司也很早接受和采纳了心理测量方法，在员工招聘中进行各种有关的心理测验。

西方许多发达国家从小学开始就会开展各种各样的活动，以帮助学生认识工作、热爱工作并及早进行职业规划。美国的中学生至少要接受一次这样的职业测验。美国在中学和大学还设立了专业的职业辅导咨询中心，由职业心理学家依据专业的职业心理测评技术和规范化的咨询流程对学生进行职业指导。在我国，随着近年来就业形势的变化，职业心理测评也越来越引起人们的关注。有关职业心理测评的信息纷纷见诸媒体，人才中介机构相继开展了职业心理测评方面的服务，各企事业单位也开始将职业心理测评运用于招聘过程之中。联想集团是国内较早在招聘中运用职业心理测评方法的企业，以前联想集团单纯通过面试招人的准确率是40%，而实施职业心理测评之后面试的准确率提高到了60%。但总体上讲，目前我国有关机构开展的职业心理测评活动仍然有很大的盲目性，即使在大学课堂上，也很少能够听到职业规划辅导类的学习内容，通过科学的技术手段和专业化的咨询流程提供职业辅导在我国依然是亟待加强的工作。

二、职业心理测评的含义与作用

（一）职业心理测评的含义

职业心理测评是心理测量技术在职业管理领域的应用，它以心理测量为基础，对人的素质进行科学、客观、标准的系统评价，从而为组织和个体两个层面的职业管理提供参考依据。这里所说的素质，指的是那些完成特定职业活动所需要或与之相关的感知、技能、能力、气质、性格、兴趣、动机等个人特征，它们是以一定的质量和速度完成职业活动的必要基础。

职业心理测评是心理测验的一个分支，是心理学研究的一种工具。所有科学的职业心理测评都是以特定的心理学理论为基础，再经过设计问卷、抽样、统计分析、建立常模等程序编制，最后形成客观化、标准化的问卷。衡量职业心理测评的好坏一般看3个方面：一是效度，体现测验结果的准确性；二是信度，体现测验结果的稳定性；三是常模，即对每一位被试进行心理测验都会得到一个原始分数，通常情况下这个分数没有实际意义，除非这个分数能与别人比较。与此相关的标准便是常模，常模是指有代表性的样本在测验上的分数分布情形。

（二）职业心理测评的作用

职业心理测评的目的是实现人适其职，职得其人；人尽其才，才尽其用。它在研究、咨询、辅导和组织对员工的职业生涯开发中都占据重要的地位，是不可或缺的工具。具体来说，它的功能体现在6个方面：①预测功能。预测个体在教育训练、职业训练及未来工作中的表现。②诊断功能，评估个体的长处和短处，优势和劣势，并诊断个体在兴趣、价值观和职业生涯决策等方面的特质。③区别功能。区别出个体的某些特质最类似于哪一类职业群体。④比较功能。依据测量学指标，将个体素质、能力倾向、兴趣、价值观等与某些效标团体相比较，从而观察两者之间的匹配程度。⑤探测功能。了解个体在职业生涯发展的连续过程中，其职业决策、职业适应性的行为、态度，以及能力方面的一般状况，以便提供必要的职业辅导。⑥评估功能。对职业生涯咨询或辅导的进展情况和效果进行评估。

职业心理测评包括许多功能，企业需要它，各种组织需要它，个人也需要它。它能服务于人力资源规划，为招聘、安置、考核、晋升提供依据，同时也是个人择业的参考，是职业生涯规划与开发的基础。通过职业心理测评，无疑可以达到组织和个人“双赢”的目的。

三、职业心理测评的优势

职业心理测评与其他人事测评相比较，主要有以下优势。

第一，迅捷性。职业心理测评可以在较短时间里了解一个人的心理素质、潜在能力及其他深层的心理特点，这可以为人力资本管理带来很多方便，如招聘等。

第二，科学性。世界上没有一种完全科学的方法，可以在短时间内全面了解一个人的心理素质和潜在能力，而目前职业心理测评能比较科学地了解一个人的基本素质，这种优势已经被国内外很多企业的人事测评工作所证实。

第三，公平性。员工招聘中往往会出现不公平竞争的现象，但是职业心理测评在一定程度上可以避免这种不公平性。因为通过心理测评，心理素质高的员工往往可以脱颖而出，通过作弊或“走后门”成功的概率相对变小；心理素质较低的应聘者也感到心服口服，因为他们知道自己的心理测评成绩较低。

第四，可比性。因为用同一种心理测评方法得出的结果具有可比性，所以通过职业心理测评后，员工的心理素质水平可以相互比较。其他方法往往因为场合不同、地点不同、标准不同等，而没有可比性。

四、职业心理测评的形式

职业心理测评的形式主要包括标准化纸笔测验、投射测验、行为模拟测验、工作模拟情境的综合类测验等。

（一）标准化纸笔测验

在职业心理测评中，标准化纸笔测验就是使用纸和笔就能进行的测验。这类测验在实施过程中，一般不需要借助于其他工具和手段。标准化纸笔测验一般有事先确定好的测验题目、答卷及详细的答题说明，测验题目往往以客观题目居多，但也有一些主观自陈评价题。有的测验限定时间，有的则不限定时间。被试者的人物一般很简单，只需按照测验的指导语回答问题即可。一个标准的纸笔测验系统还包括客观的计分系统、解释系统、良好的常模，以及值得信服的信度、效度和项目分析数据。大多数的智力测验、人格测验、成就测验、能力倾向测验等，都采用标准化纸笔测验的形式。可供选择的测验示例，如表 6-1 所示。

表 6-1　标准化纸笔测验示例

能力类	个性类
韦斯曼人员分类测验（WPCT）	明尼苏达多相人格问卷（MMPI）
工业人事测验（PTI）	卡特尔 16 种人格因素问卷（16PF）
韦克斯勒成人智力量表	艾森克人格问卷（EPQ）
瑞文标准推理测验	爱德华个性偏好量表（EPPS）
吉尔福特-齐默尔曼能力倾向测查（GZAS）	加州心理问卷（CPI）
区分能力倾向测验（DAT）	詹金斯活动性调查表（JAS）
一般能力倾向成套测验（GATB）	控制点问卷
弗兰那根倾向分类测验（FACT）	米伦临床多项问卷
弗兰那根工业测验（FIT）	莱氏品质评定问卷
斯特隆伯格敏捷测验（SDT）	猜人测验
明尼苏达操作速度测验（MRM）	形容词检核表（ACL）
明尼苏达机械拼合测验（MMAT）	情景压力测验
明尼苏达空间关系测验（MSRT）	镶嵌图形测验（EFC）
明尼苏达书面形状测验（MPFT）	社会关系图解法
本纳特机械理解测验（BMCT）	社会距离量表（BSDS）
SRA 机械概念测验（STMC）	瑟斯顿量表（TAS）
明尼苏达文书测验（MCT）	Q 分类技术
一般文书测验（GCT）	斯特朗-坎贝尔兴趣问卷（SCII）

续表

能力类	个性类
计算机程序员能力倾向成套测验（CPAB）	库德职业兴趣评估（VIE）
计算机操作能力倾向测验（COAB）	杰克逊职业兴趣调查表（JVIS）
梅尔艺术鉴赏测验（MAJT）	生涯评估量表（CAI）
格雷夫斯图案判断测验（GDJT）	自我指导探测系统（SDS）
洪恩艺术能力倾向测验（THAI）	吉尔福特-齐默尔曼兴趣问卷（GZTS）
西奈儿音乐才能测验（SMMT）	戈登职业核查表（GOCL）
温格音乐能力标准化测验（TWSTMI）	大五型人格测验（BFP）
音乐能力倾向测验（MAP）	人格与职业价值观匹配问卷
领导能力评估	职业锚测验
多维度非言语智力测验	“价值观研究”量表
吉尔福特创造力测评问卷	哈梅诚实测验
行政职业能力倾向测试（AAT）	罗特内外控个性问卷
企业管理能力倾向测验（MAT）	麦耶思·布瑞格斯类型指标（MBTI）
行政职业能力考试（VI）	
学术能力倾向测验（SAT）	

标准化纸笔测验之所以被广泛采用，是因为它有许多其他类型的测评方法所无法比拟的优点。

第一，方便性。这种测验很容易实施，测验一般有详细的实施说明。一般就单一的测验而言，即使没有受过专门训练的主试者，也可以在较短的时间内学会如何操作测验的施测过程。

第二，经济性。这类测验通常可以团体施测，可以节约大量的时间和精力，在较短的时间内获得被试的大量信息。

第三，客观性。纸笔测验较为客观，它往往有标准化的实施说明、计分系统和解释系统，测评的结果受主试的主观因素影响小，可以在保证公平的前提下进行测评，被试比较容易接受，对结果也比较信服。

当然标准化纸笔测验同样有它的不足之处，主要表现在 3 个方面：①受测验的形式所制约，它无法对被试实际的行为进行测量，如口头表达能力、操作能力等；②纸笔测验的实施较为程式化，只能收集到测试中所考察的信息，而对于测验外的信息就很难知晓；③纸笔测验中有标准答案的测验（如能力测验），并不能完全避免考试技巧和猜测因素的影响，而那些没有所谓标准测验的主观自陈式的测验（如人格测验），也往往无法完全避免应试者掩饰自己真实情况的问题。

这些年来计算机信息技术发展很快，许多传统的纸笔测验都被编成计算机测试程序，这部分纸笔测验也就变成了“人—机对话”测试。与传统的纸笔测验相比，“人—机对话”测试可以使测验更加客观化，便于控制测验程序，具有测验评分便捷等方面的优势。

到目前为止，那些客观化的纸笔测验基本上都有“人—机对话”模式的测验，而主观性的纸笔测验暂时还不能被完全计算机化。但“人—机对话”测试有许多功能开始超过传统的纸笔测验。最突出的是计算机化自适应测验（General Aptitude Test，GAT）和计算机化情景模拟测验。计算机可以根据被试的回答及时调整题目的难度，选择适合被试水平的题目，使项目反映理论、应用于实际成为可能，从而成功实现自适应测验。计算机处理的速度非常快，对于类似于下棋一类的情景模拟测试，可以很快地计算出有哪些路径可以走，而且可以快速判断最佳路径，可以记录被试的每一步操作、判断，能比较好地对被试作出评价，而这种评价过程很复杂，往往是人工很难甚至无法实现的。另外，“人—机对话”测验可以很好地控制题目的呈现方式，控制测验的每一个环节和步骤，使测验过程更加标准化。

（二）投射测验

投射测验主要用于对人格特征、动机等内容的测量。这类内容通常不可能建立具有标准答案的题目，被试主要进行主观评价和自我陈述，其回答并无正误之分。投射技术一词于1939年由富兰克（Frank）首先提出。在20世纪四五十年代，投射测验仍在评价中占主导地位。不过相对说来，投射测验在人事领域中运用得较少，通常用于临床鉴别。

投射测验要求被试对一些模棱两可或模糊不清、结构不明确的刺激作出描述或反应，通过对这些反应的分析来推断被试某些心理或行为方式的特性。其逻辑假定是，人们对外在事物的看法被认为含有丰富的信息量，反映其内在的真实状态或特征。例如，设计一幅没有任何含义、模糊不清的墨迹图，要求被试看了墨迹之后展开联想，回答主试提出的问题。投射测验的3个主要特点是非结构性、掩饰性和整体性。

1. 非结构性

非结构性是指投射测验使用非结构化的任务作为测试材料，即允许被试产生各种不受局限的反应。为了促使被试充分想象，投射测验一般只有简短的指导语，测验材料也是含义不明、模棱两可的。由于测验材料的模糊性，被试的反应较少受到情景线索和他人观点的影响，往往会表现出被试真实的内在感受、需要、个性、情绪、动机、冲突、防御等心理内容。采用投射法可以测出被试人格的真实面貌。

2. 掩饰性

掩饰性是指测验目的的掩饰性，被试一般不可能知道测验的真实目的，也不知道自己的反应将作何分析和解释，减少了被试伪装自己的可能性。当主试者不是专业人士时，他也不知道测验的真实含义，这样测验中就可以避免主试者情绪、表情、话语等主观因素对被试的额外影响，能发挥双盲测验的优势。

3．整体性

整体性是指测验结果的解释重在对受测者的人格特征获得整体性的了解。概括而言，投射测验可以使被试不愿表现的个性特征、内在冲突和态度更容易、更真实地表达出来，因而在对人格结构、内容的深度分析上有独特的功能，它在临床领域有一定的应用前景。但是，对于投射测验也一直存在相当多的批评：一是由于投射测验结果的分析，一般是凭分析者的经验作出的主观推断，其科学性有待进一步考察。二是投射测验在计分和解释上相对缺乏客观标准，人为性强，不同的测验者对同一测验结果的解释往往不同，很难保证心理测验的公平性，并且投射测验的重测信度也很低。三是投射技术是否能真正避免防御反应的干扰，在研究上并没有得到一致的结论。四是投射测验一般为个体测验，不仅测验时间长，分析结果所需时间也很长，实施起来耗费时间和精力。五是投射测验对主试者和评分者的要求很高，一般只能由经验丰富、有专业背景的人担当。这种局限性使一般人员无法直接应用投射测验，测验的传播受到影响。

虽然投射测验面临如此之多的批评，但心理测量学家们并没有放弃在这方面的努力，他们一直致力于使投射测验更加客观化和标准化。例如，经过改进的投射测验利用内容分析的方法评分，对个体的成就动机、亲和动机、权力动机进行评估，使该测验具备了一定的客观性。

（三）行为模拟测验

这类测验自出现以来就受到业界的欢迎，主要原因是行为是外显而可见的，可以直接而客观地说明问题。几十年来，人们一直在设法通过设计各种情境尽可能自然地考察人们的各种行为反应。

其中，在职业心理测评领域，经常用的行为模拟测验有情境压力测验和模拟情景测验两种。情境压力测验是指由主试者向被试布置一定的任务或作业，让被试尽力去完成，借以测评被试在一定情境压力下的行为表现。模拟情景测验是指通过人为地模拟一个尽可能真实的工作环境作为测试情境，要求被试在此情景中完成一定的任务或作业，考察被试完成任务的过程和结果。模拟情景测验和情境压力测验唯一的区别就是，情境压力测验中被试处在真实的严厉情境中，而模拟情景测验中被试处在一个虚拟的情境中，这个虚拟的情境可以根据测验的需要迅速而不断地变化，借以充分地考察被试在不同的情境中的表现。角色扮演测验就是一个典型的模拟情景测验。所谓角色扮演测验，指的是主试者赋予被试一个假定的角色，要求其想象自己成为这个角色，并按照这个角色的要求来完成特定的任务，主试者观察并评价角色扮演的行为过程及其结果。

例如，在招聘中层管理者时，考官可以扮演一个有思想矛盾的基层员工，而要求被试扮演一个调和矛盾的领导者。为了考察被试的实际应变能力，考官还可以扮演各种类型的员工，变换出各种矛盾情境让被试解决。

（四）工作模拟情景的综合类测验

这类测验类似于情景模拟测验，但任务是系列的，目的是抽象和集中地测评被试的综合能力，是考察工作中管理人员掌握和分析资料、处理各种信息，以及作出决策的一种工作活动。公文筐测验是这类测验的典型代表。公文筐测验又称为文件筐测验，是让被试在事先安排好的假想情境中扮演某种管理者的角色，处理一系列的任务和文件，这些文件通常放在公文筐中，公文筐测验由此得名。管理领域中常用此测验来测查被试的计划、预测、决策、沟通等管理能力，其适用对象主要是具有较高学历的人、企业中高层管理者。

公文筐测验的优点主要体现在两方面：一是情境性强，测验时把被试置于模拟的环境中去完成一系列的工作，与通常的纸笔测验相比，其显得生动而不呆板，能反映被试的真实水平与能力。与其他模拟情景测验相比，它提供给被试的背景信息、测验材料（文件材料及问题）和被试的作业（答题），都是以书面形式完成的，一方面考虑被试在日常工作中接触和处理大量文件的需要，另一方面考虑使测验便于操作和掌控。二是综合性强，测验中所使用的材料涉及经营、市场、人事、客户及公共关系、政策法规、财务制度等组织的各方面事务，以及考察计划、授权、预测、决策、沟通等多方面的能力，以此来对高层管理者进行全面评价，不仅可以从多角度评定一个人的管理能力，还能挑选出有潜力的管理人才。

第二节　常见职业心理测评的应用

在实际的职业心理测评中，常常使用一些经典的心理测验，这样做可以节省大量的人力、物力和财力。而且这些测验大都经过长期不断的修订，还进行了本土化的研究，其信度和效度都令人满意。

一、智力测验

智力测验是通过测验来衡量人的智力水平的一种科学方法。智力测验是产生最早也是最引人关注的测验。由于人们把智力看成是各种基本能力的综合，所以智力测验又可以称为普通能力测验。智力测验有团体施测的，也有个体施测的。目前，在职业心理测评中常用的智力测验有以下几种。

（一）韦克斯勒智力测验

韦克斯勒（Wechsler）智力测验，是由美国贝勒维精神病院主任、医学心理学家韦克斯勒于 1955 年根据其 1939 年发表的韦克斯勒-拜诺沃智力测验（Wechsler-Bellevue Intelligence Scale，W-BI）修订而成的智力测量工具，简称 WAIS。由于它适用于 16 岁以上的成人，故又称为韦克斯勒成人智力量表。此表于 1981 年再次修订，名为 WAIS-R，它不仅广泛用于英语国家，而且在其他国家也有修订本。中国的修订本名为 WAIS-RC。这一量表虽经多次修订，但其基本原则未变，历次修订都只是改动了分测验中的某些项目。

韦克斯勒成人智力量表包括 11 个分测验，每一分测验评估一种智力要素或能力。这 11 个测验可分为两类，即言语测验和操作测验。前者是评估以言语来表现的能力，如常识、判断能力、概念掌握、抽象概括、注意集中和瞬时记忆等；后者是评估操作能力，如注意分配、精细观察力、视觉-运动技能、计划能力和空间知觉综合能力等。每一分测验又包括若干不同项目，它们按由易到难排列。

以 WAIS-RC 为例，言语测验的项目包括：①常识测验：主要回答 29 个有关自然、地理、历史和文学上的问题；②理解测验：要求回答 14 个有关理解和判断方面的问题；③算术测验：要求回答 14 个心算问题；④类同测验：要求概括 13 对词的共同性；⑤数字广度测验：要求顺背和倒背一些数目；⑥词汇测验：应对 40 个词下定义。操作测验的项目则包括：①译码测验：要求为 1～9 各数字匹配一定的符号，共有 90 个无秩序的数字，看被试在 90 秒钟内能译出多少相应的符号；②图画补缺测验：内有 21 个人或物的图画，每一图缺少一个重要部分，要求指出其中缺少的部分；③积木图案测验：规定用 4 或 9 个红白两色立方体，分别按照 10 个图案的要求排好积木；④图片排列测验：要求将 8 幅无秩序的图片，按照每幅图片的故事内容排列成有秩序的连环画；⑤拼图测验：要求将 4 幅图形的组块分别拼接起来组成完整的图像。每一被试都得接受所有分测验，在一个分测验中连续失败若干次（各分测验均有规定数目）后，便停止此测验而换另一个分测验。这种按能力分别测验的方法是韦克斯勒成人智力量表的特点之一。

在韦克斯勒成人智力量表中，各项目均有计分标准，从各分测验得到的分数称为粗分或原始分。由于每个分测验的项目数不同，所以原始分值也不同，这就需要换算成量表分或标准分，进而计算出言语量表分、操作量表分和全量表分。在量表手册中，还分列了各年龄组的智商换算表。该表是按样本的量表分制成的，它将各年龄组的量表分都转换成一种以 100 为均数，标准差为 15 的智商分布，然后计算每一被试得分的标准分数，并转换为智商，被称为离差智商。在智商换算表上，可查出被试的言语智商、操作智商和全智商。将几类智商分别计算，是韦克斯勒成人智力量表的另一特点。

韦克斯勒成人智力量表具有广泛的用途，特别是在临床应用上发展很快。它不仅可以评估智力的一般情况，而且可以分别评估各种智能。有人应用它来比较言语智商和操作智商的差异，还有人用它作为判断脑损伤的重要依据。实际上，它现已成为职业心理测验中一个不可缺少的测验。

（二）瑞文推理测验

瑞文标准推理测验（Raven's Standard Progressive Matrices，SPM）由英国心理学家瑞文（J. C. Raven）于1938年创制，在世界各国沿用至今，用以测验一个人的观察力及清晰思维的能力。它是一种纯粹的非文字智力测验，所以广泛应用于无国界的智力/推理能力测试，属于渐近性矩阵图，整个测验一共由60张图组成，由5个单元的渐进矩阵构图组成，每个单元在智慧活动的要求上各不相同。总的来说，矩阵的结构越来越复杂，从一个层次到多个层次的演变，要求的思维操作也是从直接观察到间接抽象推理的渐进过程。

瑞文标准推理测验按逐步增加难度的顺序分成A、B、C、D、E 5组，每组都有一定的主题，题目的类型略有不同。从直观上看，A组主要测知觉辨别力、图形比较、图形想象力等；B组主要测类同比较、图形组合等；C组主要测比较推理和图形组合；D组主要测系列关系、图形套合、比拟等；E组主要测互换、交错等抽象推理能力。可见，各组要求的思维操作水平也是不同的。测验通过评价被测者这些思维活动来研究其智力活动能力。每一组中包含有12道题目，也按逐渐增加难度的方式排列。每个题目由一幅缺少一小部分的大图案和作为选项的6～8张小图片组成。测验中要求被测者根据大图案内图形间的某种关系——这正是需要被测者去思考，去发现的，看小图片中的哪一张填入（在头脑中想象）大图案中缺少的部分最合适，主要用于对智力的了解和筛选。

瑞文标准推理测验在20世纪五六十年代几经修订，目前发展成3种形式，除了上述的标准型以外，还有为适应测量幼儿及智力低下者而设计的彩色型和用于智力超常者的高级型。为了实际测试的需要，李丹等将瑞文标准推理测验的标准型与彩色型联合使用，称为瑞文测验联合型，这样可使整个测量的上下限延伸，适用范围可扩大到5～75岁。

由于瑞文测验具有一般文字智力测验所没有的特殊功能，可以在言语交流不便的情况下使用，适用作各种跨文化的比较研究，5～75岁的幼儿、儿童、成人、老人皆可借此量表粗分智力等级。瑞文推理测验的编制者曾在1947年和1956年对标准推理测验作过小规模的修订，1947年又编制了适用于更小年龄儿童和智力落后者的瑞文彩色推理测验（Raven's Color Progressive Matrices，

CPM）和适用于高智力水平者的瑞文高级推理测验（Raven's Progressive Matrices，APM）。

其适用年龄范围为 6～70 岁；适用人员的范围为不同的职业、国家、文化背景的人都可以用，甚至聋哑人及丧失某种语言机能的病人，具有心理障碍的人也可以用。

测验一般没有时间限制，但在必要时也可限制时间。在个别测验中，如果记录下测试所用时间，并分析其错误的特性，还可以有助于了解被试的气质、性格和情绪等方面的特点，一般人完成瑞文标准推理测验大约需要半小时，最好在 45 分钟之内完成。

被试智力水平用百分比等级表示。一级：测验标准分等于或超过同年龄常模组的 95%，为高水平智力；二级：测验标准分在 75%～95%，为智力水平良好；三级：测验标准分在 25%～75%，为智力水平中等；四级：测验标准分在 5%～25%，为智力水平中下；五级：测验标准分低于 5%，为智力缺陷。

对分数作解释时应注意，由于瑞文标准推理测验强调推理方面的能力，并非完全的智力，目前仅用于智力方面的筛选，因此不能绝对化。

概括起来说，瑞文标准推理测验的主要特点是：①测验适用范围广，适用于 5 岁半以上的儿童与成年人；②能较好地测量被试的流体智力；③该测验为文化公平测验，不受文化、种族、与语言的限制，并且可以用于一切生理缺陷者，可以进行跨文化测量和研究；④测验可以个别施测，也可以团体施测；⑤测验使用方便，省时省力，整个测验一般在 40 分钟左右完成；⑥结果解释简单、直观，具有较高的信度与效度。

（三）其他智力测验简介

1. 奥蒂斯自我管理心理测验

这项测验适用于筛选工作职责范围广泛且智力要求水平较低的申请人，如办公室办事人员、一般操作人员等。该测验主要用于团体施测，不必花费很多时间完成。但是不能在较高的智力范围内进行很好的鉴别，所以在专业性很强和高级管理职位中不太有效。

2. 旺德利克人员测验

这项测验包括 50 个项目，分别测量个体的言语、数字和空间管理能力，难度逐步提高。其测验的程序比较简单，并可用于团体施测。该测验有很多形式，普遍适用于企业挑选工作人员，特别是在办事员等人员测评中，能进行有效预测。

3. 韦斯曼人员分类测验

这是一种团体测验，适用于挑选基层管理人员。它是特别为工业企业所设计的测验，有很严格的时间限制。其总分是在以限定的时间内写出正确的答案来计算的。其内容主要分为两个方面：语文能力和数学能力，且是分别计分的。

二、职业能力倾向测验

职业能力倾向测验就是指一个人所具有的有利于其在某一个职业方面成功的潜力素质的总和，也即为有效地进行某类特定活动所必须具备的、潜在的特殊能力素质，是经过适当学习或训练后，或被置于一定条件下，能完成某种职业活动的可能性或潜力。职业能力倾向可以细分为与特定职业相联系的各种职业能力倾向，如音乐（职业）能力倾向、美术（职业）能力倾向、机械操作（能力）倾向、行政（职业）能力倾向等。

职业能力倾向测验可以有效地测量人的某种潜能，从而预测人在一定职业领域中成功的可能性，或者筛选在该职业领域中没有成功可能性的个体。人们编制了许多针对不同职业领域的能力倾向测验，用于人才选拔、安置和职业设计。例如，在选择计算机操作人员时，我们着重考察被试对数据的处理及加工能力、手指灵活性、手眼协调能力等。

职业能力倾向测验可以同时测查被试多方面的能力倾向，因此，它的测验结果不是一个总分，而是一组不同能力倾向的分数，它显示了个体在不同能力倾向上的强弱分布。职业能力倾向测验考察的是被试的能力倾向，它要涉及广泛的知识，但绝不依赖于具体的知识点，因此，被试想靠死记硬背获得高分是不可能的，保证了测验的公平性。

职业能力倾向测验可以进一步分为多重职业能力倾向测验和特殊职业能力倾向测验。多重职业能力倾向测验是由测查各种不同能力的分测验组成的，可以一般地了解人的能力倾向；而特殊能力倾向测验只能了解被试某一特殊能力方面的情况，如逻辑思维能力等。

（一）多重能力倾向测验

1. 一般能力倾向测验（也称通用性向测验）

一般能力倾向测验（General Aptitude Test Battery，GATB）最初是由美国劳工部自1934年花费了多年时间研究制定的，专门为国家就业服务机构的顾问使用，可用来测量被试多方面的能力倾向，曾风行世界各国，是目前世界上著名的标准化测验之一，是使用最为广泛的多重能力倾向测验。日本厚生劳动省对GATB进行了日本版的标准化，制定成《一般职业适应性检查》（1969年修订版），被日本广泛应用在职业活动的各个领域。上海的戴忠恒等根据日本1983年版本修订出了中国的GATB。

中国版GATB测验共由15种分测验构成，其中11种是纸笔测验，其余4

种是器具测验，需要借助器具来完成。各部分都要在规定时间内完成，GATB测验项目及测验时间限制，如表6-2所示。

表6-2　GATB测验项目及测验时间限制

测验类别	测验编号	测验项目	测验时间
纸笔测验	1	工具匹配	1分钟30秒
	2	名词比较	3分钟
	3	划纵线	15秒
	4	计算	3分钟30秒
	5	平面图判断	2分钟
	6	打点速度	30秒
	7	立体图判断	1分钟30秒
	8	算术应用	3分钟30秒
	9	语文	2分钟
	10	打记号	30秒
	11	形状	2分钟
器具测验	12	插入	（3次）15秒
	13	调换	（3次）30秒
	14	组装	1分钟30秒
	15	分解	1分钟

GATB测验可以测查9个因子的分数，检测以下9种能力，心理学家用9个字母来代表这9种能力。

G——智能：一般的学习能力。对说明、指导语和原理的理解能力、推理判断能力、迅速适应新环境的能力。

V——言语能力。理解言语的意义及其关联的概念，并有效地使用它的能力。

N——数理能力。在正确而快速地进行计算的同时，能进行推理并解决问题的能力。

Q——文书知觉。对词、印刷品、票据的细微部分正确知觉的能力。直观比较、辨别字词和数字、校对或发现错误的能力。

S——空间判断能力。对立体图形及平面图与立体图形的关系的理解能力。

P——形状知觉。对实物或图形的细微部分正确知觉的能力；能够根据视觉进行比较辨别的能力。对图形的形状和阴影的细微差异及长宽的细小差别进行辨别的能力。

K——运动协调。正确而迅速地使用眼和手协调并迅速完成作业的能力。正确而迅速地作出反应动作的能力。

F——手指灵巧。快速而正确地活动手指，用手指很好地操作细小东西的能力。

M——手的灵活度。灵活地活动手腕的能力。拿取、放置、调换、翻转物体时，手的精巧运动和腕的自由运动的能力。

通过GATB可以测查9种不同的能力倾向，基本上可以对一个人的一般能力倾向有比较准确的了解，并据此判定适合被试的职业领域。通过工作分析的方法，可以确定某一岗位对在职者的能力要求，据此可以选择GATB中的不同测验进行组合，测查某些职业能力倾向。例如，通过对某岗位的工作分析，可以发现基本能力、言语能力、文书能力是该岗位所必需的能力，因而选择GATB的4、7、8、9分测验对被试进行考察。

GATB测验的编制者归纳出了15种职业类型群，并列出了不同职业类型对能力倾向的不同要求，如表6-3所示。

表6-3 GATB的职业能力倾向类型（OAP）

能力倾向类型	职业
1. G-V-N	人文系统的专业职业
2. G-V-Q	特别需要言语能力的事务职业
3. G-N-S	自然科学系统的专门职业
4. G-N-Q	需要数的能力的一般事务职业
5. G-Q-K	机械事务的职业
6. G-Q-M	机械装置的操纵、运转及警备、保安职业
7. G-Q	需要一般性判断和注意力的职业
8. G-S-P	美术作业的职业
9. N-S-M	设计、制图作业及电气职业
10. Q-P-F	制版、描图的职业
11. Q-P	检查分类职业
12. G-S-P	造型、手指作业的职业
13. S-P-M	造型、手臂作业的职业
14. P-M	手臂作业的职业
15. K-F-M	看视作业、身体性作业的职业

2. 行政职业能力倾向测验

这个测验是由原人事部①组织心理学、管理学等学科的专家研制而成的，最初的目的是用于国家行政机关招考主任科员以下非领导职务公务员。它是专门用来测量与行政职业上的成功有关的一系列心理潜能的考试，旨在预测被试在行政职业领域内的多种职位上获得成功的可能性，行政职业能力倾向测验经过多年的发展，逐渐形成了自己稳定的结构和体系，在应用中取得了好的效果。因此，它已不再局限于公务员的选拔，已经被许多企事业单位广泛应用于各种人员的招聘和选拔工作中。

行政能力倾向测验所要考察的是稳定性较高、涉及范围较广的行政职业能力倾向，其基本内容、结构及其各部分的测验时间，如表6-4所示。

---

① 现为中华人民共和国人力资源和社会保障部。

表 6-4　能力倾向测验内容结构表

部分	内容	题目数量	时间限制（分钟）
1	知觉速度与准确性	60	10
2	数量关系	15	10
3	言语理解	20	25
4	判断推理	40	30
5	资料分析	15	15
合计		150	90

知觉速度与准确性：考察的是被试对数字、字母和汉字等视觉符号快速而准确地觉察、比较、转换和加工的能力，涉及感觉、知觉、短时记忆和识别、判断等心理过程，是一种典型的速度测验，因而测查时单独计分。这类试题极其简单，如果时间充裕，几乎所有智力正常而又认真作答者均可得满分，但时间紧张时，就可以看出人在信息加工方面速度和准确性的个体差异。

数量关系：主要考察被试解决算术问题的能力，该分测验的回答并不要求有高深的数学知识，但对数字必须有良好的理解，能够正确把握数字所代表的实际内容的含义，并能根据要求，对数字作出加工和运算。

言语理解：考察的是被试对文字材料的理解、分析与运用的能力，它包括字词理解能力、句段意义的理解能力、语法的运用能力、字词的拼写能力。

判断推理：考察的是人的智力的核心部分，它的强弱往往反映一个人对事物本质及事物间的联系的认知能力的高低。判断推理能力涉及对图形、词语概念、事件关系和文字材料的认知理解、比较、组合、演绎、综合判断等能力。

资料分析：主要考察被试对图形、表格和文字形式的统计资料进行准确理解和综合分析的能力。在现代信息社会中，大量的信息往往是通过图标、数字等统计资料的形式来反映的，要正确、准确地作出决策，必须能对信息进行综合分析与加工，能从大量的资料信息中提取出对自己有用的关键信息，即为资料分析能力。

3. 弗兰那根能力倾向分类测验和弗兰那根工业测验

由弗兰那根（J. C. Flanagan）编制的弗兰那根能力倾向分类测验（Flanagan aptitude classification tests，FACT）和弗兰那根工业测验（Flanagan Industrial Tests，FIT）也是比较有效的测验。FACT 是根据第二次世界大战中使用的飞行学员成套测验（Aviation Cadet Classification Battery）研究的结果而编制的。弗兰那根根据工作分析发现，有 14 种特殊工作技能影响许多种职业的成功，于是设计了包括 14 个分测验的性向测验。该测验已由台湾孙敬婉女士主持修订。FACT 的 14 个分测验如下。

（1）检验测验

这种测验测量被试是否具有能迅速、准确地指出一系列细小物件的缺点和瑕疵的能力。

(2) 代号测验

这种测验测量被试把各种名称变换为代号的速度及正确性。

(3) 记忆测验

这种测验测量被试记忆上一代号测验中各种代号的能力。

(4) 精确性测验

这种测验测量被试以单手或双手合作，从事绕细小圆圈的细密动作的速度与正确性，也就是测量被试精密处理细小物体的能力。

(5) 装配测验

这种测验测量被试无需根据实际模型，仅凭想象力去组合机械零件的能力，目的在于测量被试由一物体的许多分散部分看出其全貌的能力。

(6) 坐标测验

这种测验测量被试阅读和了解坐标与图表的速度及正确性。

(7) 协调能力测验

这种测验测量被试协调其手与手臂的运动的能力，看其是否能维持手与手臂的运动，是否能维持手与手臂动作的平稳性。

(8) 判断和理解能力测验

这种测验测量被试能否根据某一情况作逻辑推理、正确判断。

(9) 算术测验

这种测验测量被试迅速而正确地从事数字计算的能力。

(10) 图样模仿能力测验

这种测验测量被试能否精细并正确地模仿、绘制已有的图样。

(11) 组成测验

这种测验测量被试是否能由一个复杂的图形中辨认出各重要的组成部分。

(12) 表格阅读能力测验

这种测验测量被试阅读表格的速度与正确性，一种表格为纯数字的；另一种表格以文字为主。

(13) 机械测验

这种测验测量被试了解机械原理和分析机械运动的能力。

(14) 表达能力测验

这种测验测量被试用字及词组句的能力，以及对各种正误句的直觉和认识，其中一部分是确定每一句话是否合乎语法习惯或有别字，另一部分是采用 3 种不同结构的语句来表达同一事件，按其通顺、简洁的程度，指出哪句最优，哪句最差。

被试要了解自己的职业能力倾向可以接受全体 14 种分测验，也可接受其中几种职业所需的因素测验。测验的结果是将几种分测验的分数综合起来，以判断被试所具有的能力适于从事哪一类职业。不同职业所需要的能力不同，因此所需要施测的分测验种类也不同。

测验的结果要转化成标准 9 分。测验的信度较高，但有关的效度资料还不够。孙敬婉女士修订的该测验，根据对 435～1 031 人的统计，内部一致性系数在 0.38～0.98，均非常显著；效度资料来自工程师、管子工等 9 组人员，人数是 62～239 人，效标为工作能力的评判，所得同时效度为 0.236～0.471，除管子工组外，其余 8 组均非常显著。FACT 的最大缺点是费时，整个测验需要 6 小时施测。

FIT 包括 18 个分测验，它对 FACT 作了部分修改，建立在与 FACT 相同的工作分析之上，并且测量相同的工作元素。其施测时间较短，但常模相对较小，各测验的信度系数是 0.50～0.90，效度资料不足。

（二）特殊能力倾向测验

特殊能力倾向测验是鉴别个体在某一方面是否具有特殊潜能的一种工具。这类测验最初是为了弥补智力测验的不足而编制和使用的，最早出现的特殊能力倾向测验是机械能力倾向测验。由于职业选拔与咨询的需要，各种机械、文书、音乐及艺术能力倾向测验纷纷出现，同时，视力、听力、运动灵敏度方面的测验也广泛应用于工业、军事上的人事选拔与分类。

特殊能力倾向是相对于一般智力而言的，一些传统的特殊能力倾向，如机械和文书，现在都已并入某些多重能力倾向测验中。但特殊能力倾向测验还是很有必要的，原因有两个：一是多重能力倾向测验很少涉及视力、听力、运动技能及艺术才能等领域，因为它们的情况较特别，即使在多重能力倾向测验中包含有特殊能力倾向，如机械、文书等，有时也需要与学业能力倾向测验、特殊能力倾向测验结合使用，因为特殊能力倾向测验有广泛的常模和效度资料；二是特殊能力倾向测验具有很大的弹性，既可以结合使用，也可以单独使用。

1. 感知觉和心理运动能力测验

一般来说，感知觉和心理运动能力测验不属于心理测验，但这些测验能提供给我们有关个体机能的重要信息，当工作成绩的高低依赖于感知觉和心理运动能力时，这种测验也是人员筛选、安置、咨询及诊断的重要依据。

2. 机械能力测验

机械能力测验是最早和最经常用于工业或军事测验中的特殊能力倾向测验。有证据表明，存在着一种不明显的机械能力的一般因素，但大多数机械能力测验测量的能力很广泛，例如，视-动协调因素、知觉及空间关系能力、机械推理和机械知识等。组成分测验的各种机械能力彼此的相关性都较低，但不同的机械能力分测验和总分之间具有较高的正相关。在机械能力测验上存在性别差异，男性通常在空间和机械理解题上得高分，而女性在手部灵巧度与知觉辨别测验上较好，且这种差异与年龄成正比，这可能有文化因素的作用。

(1) 空间关系测验

在20世纪20年代后期，帕特森及其同事在明尼苏达大学对机械能力作了严格的分析，结果产生了3个测验：明尼苏达机械拼合测验（Minnesota Mechanical Assembly Test）、明尼苏达空间关系测验（Minnesota Spatial Relations Test）和明尼苏达书面形状测验（Minnesota Paper Formboard Test）。第一种是工作样本测验，要求被试拼排随机摆放的机械物体，测量其动作敏捷性、空间知觉和机械理解，后两种测验为空间知觉测验。在机械职业中已经发现，空间知觉是非常重要的因素，这种因素主要测量立体视觉及空间操作产生某种具体形状的能力。

1）明尼苏达空间关系测验。其由特拉布（M. R. Trabue）等修订，包括A、B、C、D 4块板，两套几何形状的木块，一套插在A板和B板的凹陷处，另一套插在C板和D板的凹陷处。测验开始时，这些木块是零散摆放的，被试的任务是捡起木块并尽可能快地放入板中的特定凹陷处。完成所有木块所需时间为10～20分钟，成绩按时间和错误次数记分。测验信度高达0.80，测验与特定工作的相关性在0.50左右。

2）明尼苏达书面形状测验。由李克特（R. Likert）和夸沙（W. H. Quasha）修订，为明尼苏达空间关系测验的纸笔形式。题目采用多重选择形式，每题包括一个分解几何图案题和5个拼凑成整体的选项图案。要求被试在5个选项图案中选择一个图案，正好是分解图案拼凑成整体的形状，测验的复本信度为0.80～0.89。研究表明，在测三维空间的立体视觉和操作能力时，这个测验是有效和有用的工具之一，在预测工厂工作和工程等技术课程成绩、上级评定及在检验、包装、机械操作等工业职业的实际成就方面很有用处。虽然编者原意是设计出一个比明尼苏达空间关系测验更有效的修订形式，但结果发现二者的相关相对于它们自身的复本信度要低。

(2) 其他机械能力的纸笔测验

另一种主要的机械能力测验是以机械知识、机械理解或机械推理为主。所谓机械理解，是指被试理解实际生活情境中的机械原理的能力。早期的这类测验是给被试一堆零件，要求他们将其拼成常见的物体。但为一般目的而用的该类测验，目前大多采用纸笔形式。

1）本纳特机械理解测验（Bennet Mechanical Comprehension Test，BMCT）。其由本纳特（Bennet）等编制，是较为著名的机械能力测验。BMCT测量被试对实际情境中的机械关系和物理定律的理解能力，测验题目包括一些有关这种关系和定律应用的图画和问题。这个测验可用于军事和民用方面。现行修订版有两个复本，即S式和T式。题目的难度范围大，适用于高中生、工业与机械工作的应征者和在职者及欲进职业学校的人。常模资料根据教育程度、专业训练或工作类别各有不同。奇偶信度为0.81～0.93，BMCT的效度居中(大约2/3，介于0.30～0.60)，研究结果表明，此测验在机械贸易与工程方面具有很高的同时效度和预测效度。第二次世界大战期间，这个测验是对飞行员的表现最有预测力的测验之一。它的一种形式包括在DAT成套能力倾向测验中。

2）SRA机械概念测验（SRA Test of Mechanical Concept)。其由斯坦纳德(S. S. Stanard）和鲍德（K. A. Bode）编制，包括3个分测验：机械关系、机械工具及使用、空间关系。测验有A、B两种形式，无时间限制。小样本的研究发现，测验对机械操作员、机器维修员和其他机械操作的学员是有效的。

3. 文书能力测验

文书能力测验的特点是强调知觉速度和动作的敏捷性。但在实际的文书工作中，除了需要这两种能力以外，言语和数字能力也很重要。因此，许多文书能力测验包括与智力测验类似的题目，以及测量知觉速度和准确性的题目。文书能力测验又分为一般文书能力测验和测量计算机程序编制与操作能力的测验。

(1）一般文书能力测验

这类测验在内容上既有简单形式也有复杂形式。简单形式为简单的数字和姓名检查，复杂形式包括知觉运动的任务，也包括一般智力测验的任务。

1）明尼苏达文书测验（Minnesota Clerical Test）由安得鲁（D. M. Andrew)和帕特森编制。测验主要用于选拔职员、检验员和其他要求知觉和操纵符号能力的职业人员。测验分两部分：数字比较和姓名比较，要求被试检查200对数字和200对姓名的匹配正误。举例如下：测验以正确题数减去错误题数记分，其重测信度为0.70～0.89，测验分数与教师和上级评定有中等相关。

2）一般文书测验（General Clerical Test)。它由美国心理公司发行的一种综合的文书能力测验，测验包括9个部分，按3种不同的能力分3组记分。这3种能力是：文书速度和准确性，即由校对和字母排列两个分测验组成，目的在于测量一般的文书才能；数字能力，即由简单计算、指出错误、算术推理3个分测验组成，旨在测量被试的算术潜能；言语流畅性，即由拼字、阅读理解、字词和文法3个分测验组成，目的在于测量语文的流利能力。测验时间约为50分钟，测验结果除总分外，还有3个组的分数。

(2）测量计算机程序编制与操作能力的测验

由于计算机在办公自动化中的作用越来越重要，对文书人员也要求具有一定的程序编制和计算机操作能力。在国外已经开始实施考查被试是否具有学习使用计算机的能力倾向的测验。例如，帕洛摩（J. M. Palormo）编制的计算机程序员能力倾向成套测验（Computer Operator Aptitude Battery），包括 5 个分测验：言语意义、推理、字母系列、数字能力和制图能力，主要用于评估和选择学习计算机课程的申请者。在编制过程中，研究者对初学者和有经验的程序员的测验结果进行分析，选择合适的测题编成测验，常模以百分位表示。另外一个测验是计算机操作能力倾向测验，由赫罗威（A. J. Holloway）编制。包括 3 个分测验，用来评估被试在学习计算机操作时重要的能力倾向。这 3 个分测验是：序列再认、格式检查（检查字母和数字遵从的特定格式）和逻辑思维。

（三）专业能力倾向测验

前面介绍的多重能力倾向测验和特殊能力测验多用于职业指导及一般性的职业选拔。还有一些测验还常用于各专业的人员选拔和专业资格鉴定，我们称这些测验为专业能力倾向测验。

1. 专业选拔测验

专业选拔测验可用于选拔那些适合的人员接受专业训练，如普通医学、牙医、护理、法律、商业工程、神学、建筑等专科学校的学生，就需要接受这种测验。这种测验的编制，一般是针对各种专业，分析其所必需的各种能力特质并编成测验，其内容包括一般学业能力倾向测验（大多以测普通能力和学业成就为主）、入学前使用的成就测验，有时也用兴趣测验或其他人格特质测验，自传资料、推荐信、过去的学业记录与面谈等也可作为补充资料。这些内容接近所要测的专业领域，这样做可以提高表面效度，同时，某些证据表明，这些测验的预测效度比一般的智力或学业能力倾向测验高。

美国常见的专业选拔测验有法律学院入学测验（Law School Admision Test，LSAT），可作为专业选拔测验的代表。LSAT 的资料包括测验指南和测题，测验指南有详细的内容及如何选择答案等的介绍。测题包括许多类型的题目，每一类型都有时间限制，最后得到一个总分。LSAT 的测验题多年来在许多方面都有改变，但语文内容却一直保留着。LSAT 包含各种不同形式及层次的阅读理解测验，内容包括人文科学、自然科学、企业管理及通俗写作或演说。LSAT 还包含一个 30 分钟的写作，以前只需写一篇短文，现已改为写两篇内容不同的短文。

LSAT 的《一般信息手册》(*General Information Booklet*，法律学院入学测验中心编)，提供了最近几年受测的全国样本的百分位数常模。LSAT 的信度较高，预测效度还在研究之中。有些研究证明，LSAT 与入法律学院第一年成绩的相关性比大学入学成绩与法律学院成绩的相关性高。但另一些证据表明，大学入学平均成绩对于越高年级反而预测力更高，原因可能是法律学院的成绩受持久性、动机等因素的影响。当然，这些相关性都来自法律学院的在校学生，这些相关性因事前淘汰被降低了。

我国专业选拔测验还有待于进一步发展，比较有影响的是由空军招飞办公室组织专家编制的飞行员心理选拔测验，目前正在完善中。

2. 资格考试

资格指地位、声望、阅历和从事某种活动应具备的条件、身份等。

专业技术资格指可以独立从事专业技术工作的条件与身份。实际上其是一种实力，包括学历、工作实绩与经验、信誉、社会关系、公众承认度等可在工作上产生效益的实力，获得资格的人实际上是获得了就职、升迁、流动、独立开业等权利。

标准化测验可用于资格和执照鉴定，这些测验偏重于测量专业知识，但也包含一般能力测验。在美国，这种测验比较著名的有教育测验中心编制的国家教师考试（National Teacher Examination，NTE），主要用于测量即将成为教师的人的专业准备性，以便发给其证书，以此作为其进入更高等的师范学校接受教育的资格。

在美国和某些发达国家，专门职业者即专业人员的资格考试同公务员考试一样，具有重要地位。总的来说，这些专业资格考试具有以下几个特点。

第一，考试由权威机构管理，如台湾省的专门职业及技术人员资格考试由“考试院”组织实施，“考试院”有正、副院长，下设考试委员会，考试委员会委员由政府机构直接任命。

第二，考试符合社会需要，包括专业知识的成就测验和实际业务能力测验。

第三，对报考者有一定的资格要求（如学历、工作经验、业绩等）。

第四，对免考而获得职业资格者限制较严。

第五，应考人报名、参加考试的程序、准考次数皆有法可循。

第六，资格考试科目多已定型。

下面介绍两种美国专业资格考试。

（1）心理学家资格考试和执照授予

心理学家资格本质上是指有权拥有“心理学家”这个头衔，而执照则是指有权开业进行心理治疗。在美国，各州对心理学家资格考试与执照授予的基本要求大致相同，必须具备心理学博士学位加上指导经验（通常1～2年），参加的考试是全国统一的专业心理学家执业考试（Examination for Professional Practice in Psychology，EPPP），由美国州立心理学协会的考试委员会（Examination Committee of the American Association of State Psychology Board）主办，由专业考试部（Professional Examination Service）进行技术协助。这项测验包含了心理学的实际知识及方法学的内容，同时也要求熟悉心理学家的道德原则，以及相关的专业、政府与司法规定等。

一般这种考试最合适的效度是内容效度，原因在于很难在已获得执照开业的心理学家身上获得相同的效度资料。这也是其他资格考试中存在的共同问题，因此一般资格考试所提供的效度资料都是内容效度。一般来说，资格考试所获得的资格或执照，都是一般性的执照，代表的是达到专业业务所需的最低要求。较高层次的认可由美国专业心理学会（American Board of Professional Psychology，ABPP）执行。刚开始时，ABPP 授予 3 个领域的文凭：临床、咨询和工业组织心理学，后来又增加了学校心理学、临床神经心理学、法律心理学及临床催眠。

（2）美国护士资格考试

美国护士资格考试由全国州护理委员会联合会负责组织。该联合会建立于 1978 年，其中，每个委员皆由所在州立法机关授权。联合会的职责既包括护士管理，也包括护士考试及录用。美国的护士考试分“注册护士”与“经验护士”两种，前者的应考资格为具有学位或州护理委员会批准的护理教育课程毕业文凭，而后者有一定年限的护理经验即可报考。两种护士只可担任指定的部分护理工作。经验护士的工资只是注册护士的一半。这种考试所得到的效度也是内容效度。

我国的资格考试正在发展之中，在人力资源和社会保障部的组织下，现在已有会计师、审计师、律师等专业进行资格考试和授予，我国也有专门的法律规定这种考试。

三、人格测验

人格测验就是通过一定的方法，对在人的行为中起稳定调节作用的心理特质和行为倾向进行定量分析，以便进一步预测个人的行为。下面主要介绍在职业心理测评中使用得较为频繁的，同时也是可以阐明人格测验关键发展的 4 个测量工具，即加州心理测验（California Psychological Inventory，CPI）代表了较好的、经常使用的测量人际功能普通元素的测验；人格研究量表（Personality Research Form，PRF）代表了更新的、更有前景的测量工具；16 种人格因素问卷（Sixteen Personality Factor Questionnaire，16PF）示范了在人格问卷的编制过程中使用因素分析的方法；爱德华个人偏好量表（Edwards Personal Preference Schedule，EPPS）展现了使用迫选的自比形式来解决人格测量问题。

（一）CPI

CPI 由高夫（H. Gough）最早编制，并于 1957 年首次出版，这个量表专门用来测量青少年和成年人常态人格特征。30年以后，高夫（1987）对他的量表进行修订，修改或淘汰了一些过时的、男性至上的，或者不易阅读的项目，而且将整个量表的长度减少到了462个项目。1996年，这个量表又经过了第三次修订，又淘汰了28个项目。这些项目被剔除或者是因为使测验接受者感到不快的、侵犯到个人隐私的，或者是与最近的残疾人权利法案相冲突。然而，无论怎样修订，这个测验的目的依旧不变，也就是说，它还是允许使用者根据人们的人际行为方式将其归为具体的不同类别中，进而预测在特定的情境下他们会如何作出反应。

CPI上的这些项目，被归入到了20个专门来测量关于人际行为方式和社会交互作用的人格特性的量表中。高夫之所以选择这些量表是因为他认为，在所有的文化和社会中，它们都是非常重要而且有意义的人格品质，易被测验使用者理解和解释，而且可以有效地预测将来在相似的社会情境下人们的反应。此外，其中有3个量表还可以提供测验接受者态度和反应定势的信息。尽管有些量表不属于CPI所报告的基本人格量表的一部分，但是在对CPI的使用过程中，还是编制了13个附加的特殊目的量表或研究量表（如领导、管理潜能、焦虑等）。表6-5列出了20个基本量表，以及每一个量表的使用简介。

表6-5　CPI所包含的分量表及其简介

分量表名称	低分	高分
Do（dominance）支配性	谨慎、安静，对采取主动犹豫不决	自信、武断、支配、任务导向
Cs（capacity for status）上进心	缺乏自信，不喜欢直接竞争，对不确定性和复杂性感到不安	具有雄心，希望成为成功人士，兴趣广泛
Sy（sociability）社交性	害羞、拘谨，更愿意在社会情境中处于幕后	好交际，喜欢与人相处，外向
Sp（social presence）自在性	缄默，对表达自己的意见犹豫不决，自我否认	自信，表现自然，多才多艺，言语流畅，乐于探索
Sa（self-acceptance）自我接纳性	自我怀疑，当事情发生问题时易于自责，常常认为别人比自己好	具有良好的自我概念，认为自己是天才并具有人格吸引力，健谈
In（independence）自主性	缺乏自信，寻求他人的支持，努力避免冲突，难以作出决策	过于自信，足智多谋，独立，无论别人是否同意都会追求某一目标
Em（empathy）共情性	不能共情，对他人的意图表示怀疑，对自己的情感和愿望采取防御态度，兴趣范围狭窄	自我满意，易于被他人接受，理解他人的感情，乐观
Re（responsibility）责任心	自我纵容，缺乏纪律，无视个人职责	负责任的，可靠的，对道德和伦理问题有高度的警惕，严肃对待职责和义务
So（socialization）社会化	抗拒法规，不喜欢服从，常常是反叛的，易于惹麻烦，具有不合常规的观点	尽责的，有组织地参加活动，易于接受和服从标准规范，很少卷入麻烦中

续表

分量表名称	低分	高分
Sc（self-control）自制力	具有强烈的情感和情绪，而且不去隐藏自己的情感和情绪，喜欢冒险及新鲜的体验	努力控制情绪和脾气，对自控力引以为傲，压制敌意和情欲
Gi（good impression）好印象	即使会引起摩擦或问题也坚持以自我为中心，对许多情景不满意，常常抱怨	希望有一个良好的印象，努力作出取乐他人的行为
Cm（communality）从众性	视自己为与众不同的，不符合常规的，不服从的，常常是多变的、情绪化的	易于适应，视自己为相当普通的人，很少努力改变事情，通情达理
Wb（well-being）幸福感	担心健康和个人问题，悲观的，往往抱怨遭到了不公平的待遇或没有被顾及	感觉身体良好和情感健康，乐观地看待未来，精神愉快
To（tolerance）宽容性	疑心重，吹毛求疵，常常有敌意和报复性情感	即使与自己的信仰不同或相矛盾，也可以容忍他人的信仰和价值观，通情达理
Ac(achievement conformance）遵循成就	在规章制度严格的情境中难以很好地完成工作，易于被打扰	具有强烈的把事情做好的动机，喜欢在任务和期望明确定义的情境下工作
Ai(achievement independence）独立成就	在模糊的、定义不清、缺乏明确说明的情境下难以很好地完成工作	具有强烈的把事情做好的动机，喜欢在鼓励自由和个体创新的情境下工作
Ie（intellectual eifficiency）智能效率	难以开始认知任务，也难以关注它们直到完成	可以有效地运用智力，当他人进行劝阻时也可以完成自己的任务
Py（psychological-mindedness）心理性（或共鸣性）	对实际和具体事情比抽象事情更感兴趣，更关注人们做了什么而非人们是怎么感觉或怎么想的	富有洞察力，感觉敏锐，理解他人的情感，但不一定提供支持或帮助
Fx（flexibility）灵活性	不可变的，喜欢步调稳定和计划良好的生活，传统和保守的	灵活的，喜欢变化和多样性，容易对常规和日常经历感到厌倦，可能没有耐心，甚至可能反复无常
F/M（femininity/masculinity）女性化/男性化	果断的，行动导向的，具有主动性，不易于屈服，不易动感情，意志坚强	男性的高分者往往被认为是敏感的，女性的高分者往往被认为是富有同情心的，热情的，谦虚的，但是往往也是依赖的

CPI 的 13 个量表是根据经验技术编制的，还有 4 个量表是基于内部一致性编制的。前两种量表编制方法的结合使用产生了剩余的 3 个量表。

CPI 的施测和评分相当迅速而简单，它既可以个别施测，也可以团体施测，而且测验的时间不到 1 小时。评分包括计算每一个量表上所认可的项目数量，以及将原始分数转换到一个测验剖面图上。其常模以 T 分数来表示，意义明白，容易理解和操作。

（二）PRF

PRF 是由道格拉斯・杰克逊（D. Jackson）于 1967 年编制和公开发表。它是试图测量常态 8 个维度的、相对精密的复杂量表的代表。

最初，PRF 具有两组相互平行的形式，只是在项目长度和分量表的数量上有一些差异。简式（A 和 B）包含 300 个项目，主要测量 14 个最重要的人格变量。此外，还引入一个效度指标以检测可能出现的评分误差和草率的测验接受态度（如随即反应）。长式（AA 和 BB）包含有 440 个项目，组成了 20 个人格维度和 2 个效度量表。长式中所增加的第二个效度量表目的在于测量作出社会赞许性反应的倾向。这两组平行形式都主要用于大学生。后来道格拉斯·杰克逊又编制了一个较短的只有 352 个项目的 PRF 形式（形式 E），类似于长式 AA 和 BB，同样可以测量 20 个人格变量和两个效度指标。

表 6-6 列出了 PRF 上出现的所有 22 个量表，以及对每一个要评估的人格维度的简短描述。道格拉斯·杰克逊所设计的量表在本质上是双极的，这就意味着在任何一个分量表上的低分不仅仅表示缺乏这一特质，而且还象征着具有与之相对立的特质。

表 6-6 人格研究量表的分量表及其描述

分量表名称	内容描述
贬抑（abasement）	表现出高度的谦逊；接受责备和批评，即使不是自己应受的；不愿意抛头露面
成就（achievement）	渴望完成困难的任务；为了长期目标维持高标准和高强度工作；喜欢竞争
亲和（affiliation）	通常喜欢和朋友及家人在一起；很喜欢与他人交往；与朋友建立并保持关系
攻击（aggression）	喜欢斗争和争论；易于生气；可能会寻求报复那些被其认为伤害过自己的人；特立独行而不考虑是否会冒犯到他人
自主（autonomy）	试图脱离各种束缚、限制和约束；喜欢独立和自由
变化（change）	喜欢新颖的、不同的经历；不喜欢日常事务并努力回避它；易于适应环境的变化
认知结构（cognitive structure）	不喜欢模糊不清的信息；渴望基于明确的判断而非可能性来决策
防御（defendence）	随时防备着来自于他人的真实的或假想的伤害；容易攻击别人；不易于接受批评
独断（dominance）	试图控制环境、影响或指挥他人；喜欢领导者的角色
忍耐（endurance）	愿意长时间地工作；不会很快地放弃；即使面对困难也不屈不挠
表演（exhibition）	喜欢成为别人注意的中心；可能喜欢引人注目或善于言辞；希望有观众
避害（harm avoidance）	不喜欢令人兴奋的活动，尤其是有些可能会涉及危险的活动；避免那些可能会导致身体伤害的冒险活动
冲动（impulsivity）	倾向于意气用事，而不慎重考虑；易于发泄强烈的情感和愿望；言谈率真
支持（nurturance）	任何时候都尽可能为他人提供同情、安慰、帮助；喜欢照顾他人
秩序（order）	关注于维持个人财产和周围环境的整洁、有组织；不喜欢杂乱、无秩序、错乱

续表

分量表名称	内容描述
游戏（play）	做很多事情都只是为了消遣；喜欢笑话和有趣的故事；对生活有一个从容不迫的、轻松愉快的态度
感知（sentience）	留心嗅、听、看、尝或其他感觉事物的方式；记得这些感觉并认为它们是重要的
社会认知（social recognition）	希望获得熟人的高度尊重；关注名誉及他人的想法；为了获得赞许而工作
求助（succorance）	常常寻求他人的同情、保护、建议和再确认；如果没有他人的支持可能会觉得不安全或无助
理解（understanding）	重视思想的综合、逻辑思维，以及可以证实的概括
赞许性（desirability）	根据期望的评价来描述自己；表现出一个讨人喜欢的形象
罕见性（infrequency）	由于粗心、疑惑或其他原因而以似乎不合情理的或伪随机的方式来反应

PRF已经相当广泛地应用于大量的不同研究之中，从群体差异研究到社会测量研究再到学术成就和创造性调查研究，而且它还越来越多地被应用到临床情境中。随着更通用的形式E的出版发行，PRF已经用于初中和高中学生中，未上过大学群体的职业咨询中，心理健康中心，以及人事选拔和安置中。

（三）16PF

更为熟知的是16PF，16PF由卡特尔（R. Cattell）编制，并于1949年由人格和能力测验协会首次出版发行。卡特尔和他的同事都认为人格测验应该测量最根本的人格维度，而且应该包含成人身上的所有特征和品质。

自从16PF编制以来，它经历了四次修订（1956年，1962年，1968年，1993年）。尽管这个测验的基本性质仍然保持不变，但是研究者对其进行了大量修改以使之不断更新和改善。1993年版本即16PF第五版，包含187个项目，这些项目都要在一个三等级计分的李克特量表（3-point Likert scale）上反映。这些项目被归入到16个根源因素量表中，分别代表卡特尔最初确定的16个人格维度。研究者们对这些基本分量表进行了进一步的因素分析，揭示了代表更广泛人格方面的5个二阶公共因素，并随同基本的根源因素量表对这些公共因素一起评分。此外，16PF也包含一些分量表以测量社会赞许性、默许和随机反应。表6-7呈现了该测验所测量的16个根源因素和5个普遍因素。

表6-7　16PF测验所测量的16个根源因素和5个普遍因素及含义

因素（根源因素）	低分特征	高分特征
A. 乐群性	缄默、孤独、内向	热情、外向、乐群
B. 聪慧性	具体、简单	抽象、深奥
C. 稳定性	易反应、情绪多变	情绪稳定、适应、成熟
E. 恃强性	恭顺、合作、避免冲突	支配、好强、攻击

续表

因素（根源因素）	低分特征	高分特征
F. 兴奋性	严肃、谨慎、拘谨	轻松兴奋、逍遥放纵
G. 有恒性	权宜敷衍、原则性差	有恒负责、重良心
H. 敢为性	害羞、畏缩、退却	冒险敢为、少有顾忌
I. 敏感性	实利主义者、客观、理智	敏感、有审美感、感情用事
L. 怀疑性	信赖、随和、真诚	警惕、怀疑、谨慎
M. 幻想性	现实、脚踏实地、问题解决导向	富于想象、以思想观念解决为导向
N. 世故性	直率、天真、朴实	私密、言行谨慎、精明
O. 忧虑性	自信、镇定自若、自满	忧虑、担心、自我怀疑
Q1. 实验性	尊重传统、依恋家人	自由开放、批评激进
Q2. 独立性	依赖、随群附众	自立、惯于独居、个人主义
Q3. 自律性	纵容混乱、不苛求、随心所欲	至善论者、有组织、严于律己
Q4. 紧张性	心平气和、耐心、镇定自若	紧张、缺乏耐心、精力充沛、心神不宁
因素（普遍因素）	低分特征	高分特征
EX. 外向性	内向、回避外交	外向、善于交际
AX. 焦虑性	焦虑水平低、泰然自若	易于焦虑、易被扰动
TM. 坚持性	感觉敏锐、虚心、直觉	坚定、不易共情、坚韧
IN. 独立性	乐于助人、令人愉快、无私	独立、善于游说、固执
SC. 自控性	不受约束、随心所欲	自控、抑制欲望

16PF 的施测和评分只需要很少的专门训练。除了量表 B，即聪慧性量表是根据反应的正确与否进行 0、1 计分，其他分量表上的每一个项目的反应都被赋值 0 分、1 分或者 2 分。对这些项目值求和可产生 16 个原始分数，再根据指导手册中所提供的与各分量表相对应的常模表，可以将这些原始分数转换为标准分数，即通常所说的标准 10 分（在一个标准 10 基础上的面积转换分数）。然后再用一个测验剖面图表示出每一个标准 10 分，这样就可以显示出个体再用来比较的常模群体中所处的位置。值得注意的是，16PF 有 13 个分量表都没有表现出明显的性别差异，因此，在描述它们时使用了性别合并的常模。剩余的 3 个分量表（因素 A，乐群性；因素 E，恃强性；因素 I，敏感性）表现出了性别差异，由主试者决定是参照性别相同的常模还是性别合并的常模进行评分。

16PF 所使用的剖面图明确地指出了常模群体的常态分数范围，可以注意到这个测验上的分量表都是双极的，因为高分和低分都具有特别的意义。

从心理测量学上来说，16PF 将会一如既往地领导着已经出版的人格测验，它的信度和效度已经在无数的研究中得以充分证明。由于对中学生、大学生及成人群体都分别建立了良好的常模，16PF 已经广泛地应用于研究和临床情境中。例如，它已被职业心理学家用来确定不同职业人群的人格剖面图。它还被用于人事选拔和安置中，以提供关于被试管理风格和将来职业发展的数据。而且，其在测量工人的领导潜能、决策能力及个体主动性中，也表现出有效性。

（四）EPPS

EPPS由艾伦·爱德华（Edward）编制，于1954年首次出版发行，它代表了更新的试图减少人格评估中的社会赞许性影响的量表。艾伦·爱德华首先将默里和他的同事在哈佛心理诊所早期提出的15个潜在人格需要进行操作化定义，在生成一个反映这些需要的项目集后，他将这些项目施测于不同的大学生群体，要求他们根据这些项目的社会赞许性为其排序。确定了这些项目的等级以后，艾伦·爱德华将具有相同的社会赞许性等级的项目两两配对，以测量不同的需要。通过这一程序就产生了一个自比测验，它不仅可以消除社会赞许性的影响，而且可以提供一个相对具有竞争优势的潜在人格特征的测量。表6-8概述了EPPS所评估的15个潜在的需要。

表6-8 EPPS的各分量表及其描述

分量表名称	内容描述
成就（achievement）	向往成功，喜欢解决有难度的谜语和问题，与其他人相比较能够把事情做得更好
顺从（deference）	希望从他人那里得到建议，想了解他人在思考些什么，遵从指导
秩序（order）	书写整齐而有组织，完成一个困难的工作或任务之前往往会制订计划
表现（exhibition）	倾向于讲一些风趣而聪明的事情，说一些有趣的笑话和故事，想引起别人的注意
自主（autonomy）	做自己想做的事情，讲自己想讲的话，不遵循常规行事
亲密（affiliation）	忠诚于朋友，喜欢加入到友好群体中，乐于为朋友效劳
省察（intraception）	分析自己的动机和情感，观察他人，分析他人的行为
求助（succorance）	当遇到困难时倾向于寻求他人的帮助，希望从他人那里得到鼓励、获得同情
支配（dominace）	往往会为自己的观点而辩论，想成为一个领导者，希望说服和影响他人
谦逊（abasement）	当做错事情时会感到自责，当事情出现问题时往往会接受指责
助人（nurturance）	乐于帮助处于困难之中的朋友，帮助那些不幸的人，待人和善友好
变通（change）	希望做新颖的不同的事情，喜欢新奇的经历，倾向于尝试新的工作
坚毅（endurance）	将一个工作坚持到底，往往会完成自己承担的任何工作，努力完成任务
性爱（heterosexuality）	喜欢和异性外出，往往会和异性一起参加社会活动
攻击（aggression）	抨击不同的观点，告诉他人自己对他们的看法，倾向于批评别人
一致性（consistency）	确定被试对一些配对项目的反应是否同一的，并表现出一致性

在这个测验上，每一个需要都将和其他14个需要配对两次。评分过程要计算每一个需要在这28个配对中被选中的总次数。然后再根据代表大学生和一般成人群体的各种不同常模表，将所得到的原始分数转换为相应的百分位数。此外，EPPS还有一个测量反应一致性的附加量表，它可以提供对随即反应的一个检测。它由15个重复的项目组成，通常仔细回答EPPS的反应者在这15个项目中至少有9个或更多项目上的反应是一致的。这个量表上较低的分数预示着存在潜在的解释问题。

EPPS 临床应用的优点在于它所测量的人格维度对于来访者来说是不具有威胁性的，而且，测验结果的公开讨论常常可以促使来访者进一步自我暴露。此外，和来访者一起分享对其测量到的显性需要的解说，也往往可以使这个测试非神秘化，从而可以减小来访者的防御性。

EPPS 可能存在这样或者那样的问题，但它还是相当广泛地被运用于指导中心、职业咨询、学习情境和雇佣情境中。

四、职业兴趣测验

职业兴趣在职业活动中起着重要作用，兴趣不仅影响人们的职业定向和职业选择，还会影响人们的职业适应性。人的职业兴趣可以通过心理测验加以测量。职业兴趣测验的基本原理是，如果一个人表现出与某个职业中那些工作出色的人相同的兴趣，那么在该职业上很有可能获得满足。职业兴趣是人们干好工作的重要条件。因而，职业兴趣测验也是一种常用的心理测验。此种测验是将个人兴趣与工作之间进行匹配，以期从业者在工作中保持主动性、积极性，并获得满足。目前，最为流行的兴趣测验有斯特朗-坎贝尔（Strong-Campbell）职业兴趣测验、霍兰德职业兴趣问卷、库德职业兴趣调查表（Kuder Occupational Interest Survey，KOIS）、自我指导问卷（Self-Directed Search，SDS）等。

兴趣测验大量应用于职业咨询和人才测评中。吉塞利（Ghiselli）在 1973 年的研究中指出，在人才测评的实践中，兴趣测验对预测销售人员的可培训程度及职业潜力有较高的效度，对管理人员、工艺师、驾驶员的预测有中等水平的效度。

（一）霍兰德式中国职业兴趣量表

前文已提及，霍兰德认为，人的人格类型、兴趣与职业密切相关。兴趣是人们活动的巨大动力，凡是具有职业兴趣的职业，都可以提高人们的积极性，促使人们积极、愉快地从事该职业，而且职业兴趣与人格之间存在很高的相关性。每一个人都可以在现实型、研究型、艺术型、社会型、企业型和传统型这 6 种人格类型里划为其中的一种人格类型，并对应于一种职业兴趣。而每一种职业兴趣都有两种相近的职业兴趣，也有一种相互排斥的职业兴趣。

基于这种理论，霍兰德先后编制了职业偏好量表和自我导向搜寻表两种职业兴趣量表。

但职业兴趣是同人们的日常生活、工作和学习密切联系的。因此，职业兴趣量表的编制必须符合本国国情、文化和职业分类体系的特点。因此，中国科学院心理研究所方俐洛等编制了霍兰德式的中国职业兴趣量表，简称 H-C 职业兴趣量表。该测验有活动、潜能、职业和自我评判 4 个分量表，共 13 个项目，其中，霍兰德原量表项目为78个，研究者新增项目为60个，每个量表包含6个因素，分别对应于现实型、研究型、艺术型、社会型、企业型和常规型。该量表有较好的构想效度和效标效度，以及较好的信度。

（二）斯特朗-坎贝尔兴趣量表

斯特朗-坎贝尔兴趣量表（Strong-Campbell Interest Inventory，SCII）是国外最为流行的职业兴趣测验，它被广泛地应用于人才测评中，为企业的选员提供了非常有益的信息。

SCII的1985年最新版本中包括325个项目，构成264个量表，其中包括6个一般职业主题量表，23个基本兴趣量表，207个职业兴趣量表，2个特殊量表，26个管理指标量表。

一般职业主题量表是根据霍兰德职业理论建立起来的。有6个量表即霍兰德的6个职业兴趣种类，每个量表包括20题，共120个题目。统计表明，这6个量表得分存在不同程度的相关。

职业兴趣量表是根据Strong的经验性方法建立起来的。在SCII的1985年版本中，共包括106种职业，除其中5种为男女共用同一常模外，其余各有自己的常模。

特殊量表包括学术满意度量表（Academic Comfort Scale）和内-外向量表（Introversion-Extroversion Scale）两个量表。

管理指标量表是对每一份答案进行常规性统计，以确保在施测及数据录入过程中没有意外情况发生。它包括3个统计量：整体反应指标、异常反应指标和反应类型指标。无论应试者在哪种测验管理指标上出现异常情况，都应引起施测者的注意，查找出产生这种情况的原因。

第三节　职业心理测评的实施

一、职业心理测验主试者的道德规范

在进行职业心理测验时，测验主试者必须具备心理测量专业委员会所认定的资格。在使用心理测验时，主试者应高度重视并遵循科学性和客观性相结合的原则，对待心理测验必须持有科学、严肃、谨慎、谦虚的态度，遵循职业道德。主试者在介绍测验的效能时，必须提供准确的信息，不能夸大其词，更不能故弄玄虚；为了维护心理测验的严肃性和有效性，凡规定不能公开的测验内容、器材、评分标准和测验常模，均应严格保密；主试者应尊重来访者的人格

尊严，对测量中获得的信息资料要加以保密。

二、职业心理测验量表的选择技术

职业心理测验中所使用的心理测验量表或问卷，要保证其科学性和适用性。

第一，所选择使用的测量工具，必须是由相应领域的心理学家按照一定的标准化程序精心编制的，并经过多年探索与修订后趋于成熟和完善的量表或问卷。只有保证测验编制过程的标准化，才能保障测验有较高的信度和效度。

第二，要充分了解职业心理测验的理论基础、性质和功能。职业心理测验量表的内容往往是基于其编制理论的，不同的心理学家在编制量表时所依据的理论基础不同，所测内容的定义、观点、维度及概念系统也不同。即使两个量表的名称相近，看似测量的是相同的内容，也可能针对的是完全不同的心理特点。

第三，要注意职业心理测验量表的适用性。很多职业心理测验量表有其特定的范围，这往往在量表编制时就已经确定。依据测查目标，适合于该测验的被试团体成为目标群体。职业心理测验量表只有被用于所适用的目标群体时，才能显示它的效能。因此，在选用测验工具时，需要考虑其适用人群，还要注意测验工具的本土化问题，尽可能使用本土化程度较高的测量工具，以增加其适用性。

第四，还要注意心理测验常模的“近时性”问题。一般而言，每隔 5 年常模就会失去可比性。如果不注意这个问题，得出的结果肯定会不尽如人意，甚至会贻笑大方。

三、职业心理测验实施的标准化

心理测验的基本原理在于，通过观测被试在测验情境中的行为样本，推断其平日的一般行为。换句话说，根据测验分数，可以预测被试可能会产生何种心理特征，或可能作出哪方面的工作成就。但测验分数不仅决定于测量工具本身，也受到测验过程的影响。职业心理测验主试者要熟练地掌握施测程序，熟悉测验内容，掌握施测步骤和计分方法；熟记测验指导语，并能用自己的语言流利、清楚地表达出来；测验的条件要严格遵照标准化测验的要求，进行心理测验时，务必排除外界的一切干扰；在进行职业心理测验时，应注意稳定被试的情绪，测验主试者可以利用保证测验结果高度保密或鼓励作答等方法来消除来访者不必要的过强的测验焦虑；与被试建立良好的协调关系，施测者应设法努力引起来访者对测验的兴趣，取得他们的合作，以保证其能按照标准测验指导语行事。在做职业能力测验时，应要求被试注意当前的任务，并要求其尽最大的努力来完成测验；在做职业人格测验时，应要求被试坦率而忠实地回答问题；切实保证评分过程的标准化。

四、职业心理测验分数解释技术

职业心理测验只是一种鉴别被试职业心理特点的手段，为后续的职业决策提供依据，而不应成为最终目的。如何向被试报告测验分数，使其更准确地理解分数的意义，是至关重要的问题。在向被试解释测验结果时，要使用被试能理解的语言；要让被试理解，测验分数只是一个估计值，应以“一段分数”来解释，而不应以“特定的数值”来解释；通过解释测验结果达到职业咨询的目的，但不要做过于技术性的专业解释；如果所使用的是常模参照测验，应让被试知道自己是在和什么常模团体进行比较；要考虑测验分数可能会给被试带来何种影响，避免被试因分数不理想而产生自卑心理；报告测验分数时，要设法了解被试的心理感受，并采用适当的措施加以引导，使其能以积极的心态对待测验结果。

五、职业心理测验结果归档保管

在实践操作过程中，职业心理测验的结果要迅速归档，并设专人保管。对无关人员高度保密，以免对被试造成负面的影响。

总之，职业心理测验可以有利于我们更加清楚地认识自我，了解自己的性格特征和职业倾向，帮助我们准确地进行职业定位，找到职业生涯发展的有效起点，扬长避短，在职业道路上事半功倍，走得更远。但是，职业心理测验并不是万能的，它不能解决所有人的所有问题，所以需要正确地对待测评结果。

本章小结

1. 职业心理测评是心理测评技术在职业管理领域的应用，它以心理测量为基础，对人的职业素质进行科学、客观、标准的系统评价，从而为组织和个体两个层面的职业管理提供参考依据。

2. 职业心理测评的功能主要包括预测功能、诊断功能、区别功能、比较功能、探测功能和评估功能。

3. 职业心理测评具备迅捷性、科学性、公平性和可比性等优势。

4. 职业心理测评的形式主要有标准化纸笔测验、投射测验、行为模拟测验和工作模拟情境的综合类测验等。

5. 常见的职业心理测评主要包括智力测验、职业能力倾向测验、人格测验及职业兴趣测验。

6. 职业心理测评的实施过程中，对主试者的道德规范，测验量表的选择技术，测验实施的标准化，测验分数解释技术，测验结果归档保管等方面的问题需要特别加以注意，以保证测验的科学性。

思考和练习题

1. 职业心理测评有哪些主要功能？
2. 简述职业心理测评的主要形式。
3. 结合职业心理测评实践，谈谈在实施职业心理测评中应注意哪些问题？

拓展阅读

1. 陈景秋，王垒．2003. 职业测评——功能与实践．职业，(3)：30～32.

2. 方翰青．2010. 高校职业咨询中心理测验技术应用的探讨．江苏技术师范学院学报，(1)：61～65.

3. 顾海根，张成霞．2003. 职业心理综合测验．心理科学，(6)：1099～1100.

4. 吴冬梅．2007. 西方职业测评理论综述．当代财经，(12)：125～128.

第七章 职业指导

本章要点

- 什么是职业指导？职业指导的定义模式有哪些？
- 职业指导要遵循哪些原则？它的发展趋势如何？
- 高校职业指导的方法和内容是什么？
- 求职应聘需要做哪些准备工作？有什么应聘技巧？
- 组织如何开展职业指导？

职业指导是随着社会经济和职业的发展应运而生的，于19世纪末20世纪初在美国兴起，迄今已有100多年的历史。早在1908年，美国学者帕森斯在波士顿建立了职业局，第一次提出了“职业指导”的概念，并开始实施职业指导。1919年，美国哈佛大学在世界上首开先河，在大学里开设了职业指导课。从此，职业指导成为一项专门的社会服务工作和研究课题。我国的职业指导始于民国初期，尤其以中华教育职业社的职业指导为典型，但由于社会动荡，当时的职业指导工作开展不久又基本上处于停滞状态。新中国成立后，在长期的计划经济体制的影响下，学界对职业指导的专门研究甚少，改革开放以来，随着经济体制的转轨，人力资源配置方式转向市场化运作，就业由国家统包统分向自主择业过渡，职业指导才开始受到社会的重视。

第一节 职业指导概述

一、职业指导的概念

随着职业指导理论和实践的发展，关于职业指导的定义日渐丰富，形成了4

种定义模式，即选择论、服务论、过程论和发展论。

选择论认为，职业指导就是对个人选择职业的指导，这种观点强调每个人都有自己独特的人格特征和能力特点，并与社会上的某种职业相对应。职业指导是指导者根据社会需要和职业结构对劳动者素质的要求，结合每个人的个性特点，帮助求职者选择合适的职业和专业，进行定向培养，帮助用人单位选择合格的劳动者，达到人与职业优化组合的指导过程。

服务论认为，职业指导是一种为求职者提供帮助的社会服务活动。其包括预测和分析人才需求动态，汇集传递就业信息，组织人才交流，以及各种与劳动就业有关的综合性社会咨询服务活动，把为企业推荐人才，为求职者介绍合适的职业当作职业指导的根本任务。职业指导是为选择职业、准备职业，以及在职业过程中求进步而提供知识、经验和技能，它包含学校内的职业定向指导，也包含学校外的社会方面的职业指导；既包含升学指导，也包含就业指导；既包含对一般人的指导，也包含对残疾人的指导。

过程论认为，职业指导是一个动态的过程，主张要有意识地发展学生的职业意识、职业兴趣和职业能力，通过系统的教育，使学生能够根据社会需要和个人特点自觉地选择生活目标，确定升学就业方向，并在毕业前做好升学就业准备。职业指导是通过对个人的职业意识、职业品德和职业能力的培养，来帮助个人根据社会需要、职业需要和自身特点选择职业、适应职业、创造职业的教育过程，是对人的学习生涯、职业生涯进行有目的、有计划的设计和指导。

发展论认为，职业指导是有阶段性的，主张职业指导应该是一个长期的、系统的工程，并贯穿于人生的各个阶段。它把人的职业意识、职业选择、职业适应看成是一个连续不断的长期过程，而不是面临择业时的单一事件。该理论认为，职业指导是社会职业指导机构和各级各类学校运用职业评价分析、调查访谈、心理测试等方法和手段，按照社会求职者和学生的个人条件、求职意愿，以及单位用人要求等提供咨询与指导，帮助社会求职者和学生了解社会人才需求状况、职业结构和有关的人事、劳动政策法规，了解自己的职业志趣、职业能力倾向与个性心理特征，培养其正确的职业价值观、良好的职业道德、综合的职业能力，自主选择适合自己的职业发展方向，最终获得职业的成功并实现“人-职”科学匹配的过程。

我国《中国教育百科全书》中对“职业指导”的定义为：“职业指导，亦称职业咨询或就业指导，指根据社会职业需要针对人们的个人特点，以及社会与家庭环境等条件，引导他们较为恰当地确定职业定向、选择劳动岗位或者转到新的职业领域的社会活动，是沟通求职者和用人单位、教育部门和社会的有效途径。”综上所述，职业指导就是帮助学生和社会求职者了解社会就业形势与当前就业状况，了解社会人才需求和有关的人事与劳动政策法规，认识自己的职业兴趣、职业能力与个性特点的过程，运用职业评价分析、调查访谈、心理测量方法和手段，依据市场人才供求，按照求职择业者的个人条件与求职意愿，以及单位用人要求，提供咨询、指导和帮助，实现“人-职”合理匹配的过程，是沟通求职者和用人单位、教育部门和社会的有效途径。

二、职业指导的任务

改革开放以来，随着市场经济的发展，我国职业教育也得到大力发展，与职业指导相关的理论与实践日趋完善，开始出现对求职者和用人单位的职业指导工作，建起了职业指导室，配备了职业指导员。在职业介绍的过程中，增加了职业指导的程序，使就业服务工作更有效果和效率。早在 1994 年，劳动部曾颁布《职业指导法》对职业指导进行规范，该法规提出职业指导的任务主要有以下 4 个方面。

（一）提供职业咨询，开发职业潜力

职业指导师运用心理学、社会学等多学科的知识，为需要帮助的个体或单位提供包括求职、就业、创业指导、人才素质测评、职业生涯规划、职业心理咨询等一系列相关业务的人力资源开发咨询服务。目前，职业咨询已经成为大中城市白领职业定位的重要标准，他们把自己关于职业蓝图方向不明的种种困惑交给职业咨询专业人士，由专家为自己提供寻找职业，以及发展过程中遇到的有关问题的建议、信息和帮助。

（二）引导择业者树立正确的就业观念，引导用人单位树立正确的用人观念

引导择业者根据自身气质、性格、兴趣和能力等特点，选择适合自身素质的职业，帮助其转变就业观念，克服盲目跟风、好高骛远的择业误区；另外，职业指导有助于帮助用人单位分析人力需求，岗位的设置及素质要求，人员的配备，人力资源的长远规划，制订出适合企业发展的员工战略计划。克服企业在用人时存在的过度消费，过分偏重求职者的学历、学校背景等现象，避免造成不必要的浪费。

（三）指导设计职业生涯

职业指导师在对一个人职业生涯的主客观条件进行测定、分析、总结研究的基础上，根据兴趣、爱好、能力、特长、经历及不足等各方面进行综合分析与权衡，结合时代特点，根据其职业倾向，确定其最佳的职业奋斗目标，并为实现这一目标作出行之有效的安排。职业生涯规划不仅是对于毕业生，而且对于已经入职的员工来说也是极其重要的。

（四）提高求职和招聘用人技巧

求职的过程是应聘者和招聘者之间博弈的过程，有许多技巧可以帮助求职者在短时间内充分展示自身的优点，扬长避短，获得良好的第一印象，顺利被录用。职业指导师通过对应聘者进行指导，帮助其掌握必要的面试技巧与应聘知识，从而实现顺利就业。对用人单位而言，对应聘者进行甄别，找到适合岗位要求的人员也是极其重要的。职业指导师利用各种专业知识和技术，对应聘者的能力素质进行全面评估，为用人单位挑选合适的应聘人员。

三、职业指导的原则

职业指导是一门科学，在实施职业指导的过程中应遵循一定的原则，才能真正具有实效。

（一）全面性原则

全面性原则包括指导对象、指导人员和指导过程 3 方面。

1. 指导对象的全面性

职业指导的对象必须面向学生和社会求职者，对他们的职业指导可以从职业规划和能力准备等方面着手，但更多地应侧重于就业技巧和创业规则等方面。

2. 指导人员的全面性

职业指导是一项系统工程，不仅是职业指导师的事，还需要高校、社会、企事业单位、家庭的密切配合，才能有效地发挥其特有的作用。

3. 指导过程的全面性

职业指导应在职业指导课的基础上，进一步对学生和社会求职者进行个别指导，对职业发展变化趋势进行预测，并指导高校有选择地开设专业，以培养更多满足市场需求的人才。

（二）教育性原则

职业指导与就业指导的不同之处在于，其不仅指导学生和社会求职者如何求职择业，更重要的是要指导他们如何做人，如何设计自己的职业生涯，激发其奋发向上的内在动力。因此，职业指导活动必须从培养具有全面素质和综合职业能力的应用型人才出发，循序渐进地对学生和社会求职者进行职业理想教育，使他们形成正确的人生观、职业观和良好的职业道德。

（三）服务性原则

职业指导工作应树立为学生和社会求职者服务的思想。职业指导不是由指

的中国职业规划师（China Career Development Mentor，CCDM）认证。该职业指导师共设4个等级，从低到高依次为：职业指导员（国家职业资格四级）、助理职业指导师（国家职业资格三级）、职业指导师（国家职业资格二级）、高级职业指导师（国家职业资格一级）。据了解，人才市场、劳动力市场和高等院校中普遍设立了职业指导人员，他们的主要任务是通过职业测评等手段，了解求职者的特点和情况，然后根据求职者的个人兴趣和条件，同时结合就业市场状况，向劳动者推荐合适的职业和工作。

（资料来源：http：//baike. so. com/doc/5742635. html.）

第二节　高校职业指导技术与实施

对学生进行职业指导或生涯规划是学校教育的有机组成部分，尤其是高等教育中的一个重要内容。从入学到毕业，高校的职业指导课程贯穿于整个大学阶段，帮助学生做好入职前的各种准备工作，使其顺利就业，最终实现为国家培养人才的作用。周俊晖对457名大学生的调查结果表明：有42.5%的人接受过就业观念指导，49.4%的人接受过就业信息指导，37.2%的人接受过就业政策指导，35.2%的人接受过求职技巧指导，22.3%的人接受过就业心理指导，6.8%的人接受过创业指导，28.2%的人接受过职业规划指导。可见，大学生在学校接受的就业指导是高校教育的一个重要组成部分。

一、高校职业指导工作网络

全面、务实的职业指导工作目标需要健全的工作网络来保证实施，健全的工作网络不仅仅是高校职业指导部门的组织构成形式，即目标、协作、人员、岗位、相互关系、信息等组织要素的有效排列组合方式，更是高校就业指导部门得以生存和发展的基础。具体而言，这个工作网络就是由高校就业指导中心（职业发展服务中心、就业办等）将高校就业工作委员会确定的工作目标分解到各个职业指导岗位，再把各个岗位综合到相应的部门或院系，然后由这些部门或院系的就业指导机构组成纵向的职业指导管理系统和横向的职业指导协作体系，从而形成一个点、线、面有机结合的、运作灵活的职业指导工作网络（图7-1）。

高校职业指导工作网络在高校职业指导中起着极为重要的作用，只有建立和完善这个网络，高校职业指导中的人力、物力、财力和信息才能顺利流通，

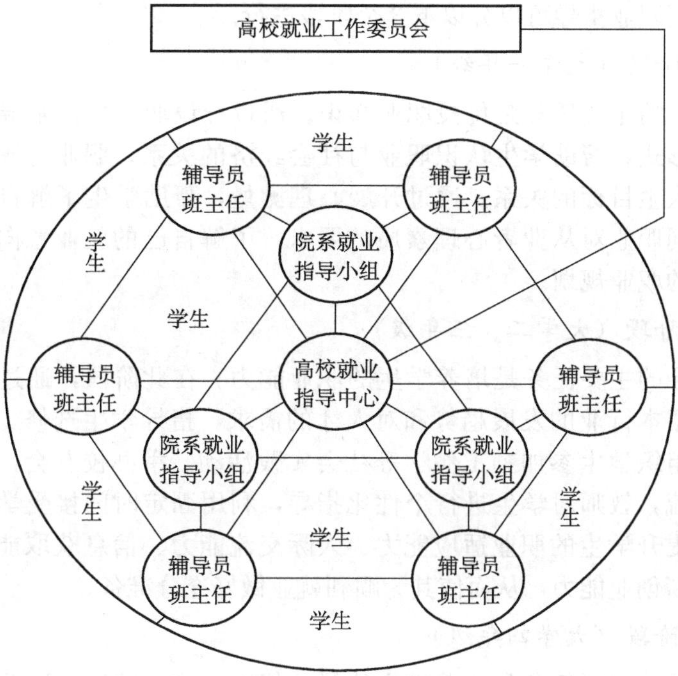

图 7-1 高校职业指导工作网络

高校职业指导工作目标的实现才能成为可能。因此，首先要确立高校就业指导中心在整个职业指导工作中的中心和纽带作用，即对外宣传高校的办学特色，获取用人单位的招聘需求，接受就业市场的办学意见；对内宣传就业形势和政策，反馈用人单位的需求信息和聘用意见，培训和协调相关教师开展职业指导工作；对上接受上级部门和高校就业工作委员会的领导，完成各项职业指导管理和教育任务；对下督促和协调各院系、班的职业指导工作，帮助和教育学生转变观念迎接挑战。其次要重视各院系、辅导员、班主任在学生就业工作中的主导作用。譬如，在各院系中设立就业指导小组，并配备必要的人员和设备等，以指导和推荐学生顺利、满意地就业。

二、高校开展职业指导的方法

高校开展职业指导的方法主要有 3 种，即全程指导法、心理测验法和资源共享法。

（一）全程指导法

全程职业指导是贯穿于大学教育全过程的综合性教育，是对大学生的 4 年学业中渗透职业意识，培养其职业素质的全过程的指导。针对不同时期大学生的特点，全程职业指导可以分以下 3 个阶段进行。

1. 第一阶段（大学一年级）

职业指导的主要任务是传授职业知识。通过开设职业生涯辅导课程，举办专题讲座等形式，帮助学生认识职业与社会经济的关系，职业与所学专业的关系，职业与人生目标的关系。通过开展心理测量，帮助学生了解自己的心理特征，了解不同职业对从业者心理素质的要求，了解自己的就业意向和兴趣，从而作出初步的职业规划。

2. 第二阶段（大学二、三年级）

职业指导的主要任务是培养学生的职业能力。在此阶段，通过邀请不同行业专家来介绍本行业的发展趋势和对人才的需求，指导学生选修、辅修或选学第二学位，组织学生参加勤工俭学等社会实践活动。举办校友会，邀请校友回校与学生交流，教师对学生进行个性化指导，利用固定时间接受学生咨询等方式，培养和提升学生的职业适应能力、人际交流能力、信息获取能力、职业决策能力和创新创业能力，从而使其为顺利就业做好充分准备。

3. 第三阶段（大学四年级）

职业指导的主要任务是培养学生的就业能力。这个阶段，职业指导机构要督促学生对前 3 年的准备做总结，检验已确立的职业目标是否明确，准备是否充分，组织学生参加招聘活动，帮助学生完善求职资料，举办就业政策、就业程序讲座，指导毕业生实习。同时，还要做好市场信息的收集与发布工作，把有效的信息及时传递给学生，从而让学生尽快找到适合自己的工作。

（二）心理测验法

心理测验是一种准确了解人们的心理素质的科学手段，在我国高校职业指导中常用的心理测验的内容主要为职业兴趣测验、智力测验、一般能力倾向测验和性格测验等职业兴趣测验。职业兴趣是指人们对某类职业工作或专业学习所抱的积极态度，职业兴趣是驱使人们工作或学习的原动力，并影响人们对职业或专业的选择。在我国的职业指导中，一般通过职业意向调查和职业兴趣测验来了解学生的职业兴趣，常用的职业兴趣测验有库特尔职业兴趣量表，斯特朗·卡姆贝尔兴趣记录、霍兰德自我指导探索等。

1. 智力测验

智力测验就是通常所讲的测验值与学习成绩一般呈正相关，是学习成绩的一个可靠预测指标，智力测验也有助于学生对专业和职业的选择。由于不同的职业和专业对从业者的智力水平有不同的要求，因此，在职业指导中，也应考虑学生智力水平的适应性。一般来说，技术性较高的职业和专业，对智力水平的要求较高；技术性较低的职业和专业，则对智力水平的要求较低。目前，我国高校职业指导中常见的智力测验量表有瑞文标准渐进测验、韦克斯勒成人智力量表等一般能力倾向测验。国内外有关研究表明，人们的智力和知识只要达到一定水平之后，对工作的效率就不再产生显著的作用。然而，人们的能力水平与人们的工作效率始终有着显著的正相关。人们的职业工作能力越强，工作效率越高；职业能力越弱，工作效率越低。通过一般能力倾向测验，可以帮助学生了解自己的能力倾向，以选择合适的职业和专业。高校职业指导中使用的一般能力测验属于多因素能力倾向测验，它可以测量人们的智力、言语能力、数理能力、书写知觉、空间判断、形状知觉、运用协调、手指灵巧度等。目前，我国常用的是由美国就业服务社编制的一般能力倾向成套测验。

2. 性格测验

性格影响着一个人对职业和专业的适应性，不同性格特征的人应当从事不同的职业工作和进入不同的专业学习。如果个人性格特征与职业和专业特点相矛盾，不但会影响个人素质水平的发挥，降低工作和学习效率，而且会影响良好情感和个性的发展，甚至有害身心健康。因此，在学校职业指导中，十分强调根据学生的性格特点来选择相适应的职业和专业。目前，我国学校职业指导中常用的性格测验，都是根据明尼苏达多相人格问卷、艾森克人格问卷或卡特尔 16 种人格因素问卷等加以改编的。在运用心理测验时，应当注意几个问题：第一，运用职业兴趣测验对学生进行测定，只是了解学生职业兴趣的一种简易方法，有其片面性，如果要完全正确地了解学生的职业兴趣所在，还应当结合其他各种方法，如观察法、谈话法和问卷调查；第二，不能用静止不变的眼光去看待一个人的智力水平，智力只是取得学业成就所需的条件之一，学业成就还与个人的学习动机、学习方法、意志和努力程度有关；第三，一般能力倾向测验有其局限性，如口头表达能力等就难以测定。因此，只有在使用测验法的同时，结合谈话法、调查法 、成绩分析、特长分析等方法，才能对学生的能力倾向作出比较全面、客观的评价。第四，人的性格形成主要受后天生活环境的影响，随着环境的不断变化，人的性格也会相应地发生变化。所以，在对学生进行职业指导时，一方面要帮助他们根据自己的性格特征来选择合适的职业和专业；另一方面还要教育他们在生活中培养健全的人格，从而扩大职业适应范围。

（三）资源共享法

资源共享法实质上就是开展网上职业指导，以互联网作为公共平台，让广大学生共享政策就业资源、需求信息资源、咨询辅导资源、测试技术资源和求职择业技巧资源。网络内容丰富，交流平等，是满足学生个性化、多样化地接受指导，实现社会与学生、教师与学生、学生与学生交流的有效途径。要实现网络资源共享，首先，要建立学校职业指导网站，该网站要与政府人事劳动部门联网，与各大企业和高新技术企业联网，学生通过网站可以把握社会就业政策和方向，可以了解相关企业的用人信息及对人才素质的基本要求，企业可以通过网站了解学校的专业设置、办学特点、学生素质等基本情况，从而做好企业的人才储备。其次，要构建就业政策库、人才需求信息库、学生资料信息库、择业技巧库、咨询辅导库、测试技术库等重要资源库，并适时地对这些资源库进行更新和维护，保证资源信息的时效性。最后，要注意对各种资源的搜集和利用，特别是市场需求信息。在收集市场需求信息时，应注意发挥社会、企业、教师和学生个人的积极性。

三、高校职业指导的内容

高校职业指导的内容主要包括 4 个方面（图 7-2）。

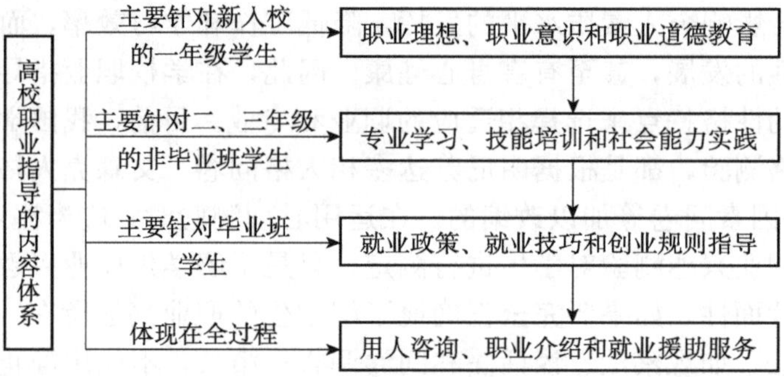

图 7-2　高校职业指导的内容

（一）开展职业理想、职业意识和职业道德教育

高校职业指导的关键在于，帮助还未步入社会的学生做好就业前的准备。高校学生基本上没有太多的社会生活经验，对职业的了解比较模糊，确定职业目标和理想往往带有较大的盲目性。因此，职业指导首先要帮助他们正确地认识自我、认识职业、认识社会，通过开展职业理想、职业意识和职业道德教育，有针对性地引导学生了解所学专业的适应领域及服务范围、本专业发展概况及相关职业的发展趋势等内容，激发他们对专业学习的热情，并帮助他们确定适合自己的职业发展方向，以尽快完成从基础教育到职业教育的角色转换，从而为自己即将开始的职业生涯做好具体而实在的准备。

在开展职业指导中，高校应发挥作为教育者的特长，充分运用各种有效工具，如心理测验、体验测试等，对学生的心理素质、兴趣特长、生理特点进行评估，为学生提供自我表现评价的科学标准，以使他们能发现和发展自己的长处，克服自己的不足，增强职业选择的针对性，从而避免盲目性。同时，高校也应向学生系统地介绍国家的就业制度和政策、人才市场供求状况、职业的种类及分类特点、现代职业的发展趋势，以及各种职业资格要求、社会地位等，以增强学生对职业世界的了解。

（二）指导专业学习、技能培训和社会能力实践

对二、三年级等非毕业班学生，进行专业学习、技能培训和社会实践，是高校职业指导的重要内容。高校在入门教育的基础上，可以引导学生将初步形成的职业理念落实在专业学习和日常生活中，引导学生主动提高自己的思想素质、心理素质、文化素质、身体素质和专业素质，引导学生根据自己的兴趣和特长参加“一专多能”的技能培训，以主动提高其自身的生存和从业能力、创新精神和创业能力、社会适应能力、自我调控能力、不断学习和发展的能力，引导学生强化职业理想，形成持久、稳定、奋发向上的动力。

通过指导学生在校参加科研活动、假期社会实践、日常学生活动等途径，帮助学生及时调整自己的心理，尽早进入新的角色状态，尽快适应环境，适应社会，树立信心和责任感，用自己所学的知识在实际工作中乐业、敬业，脚踏实地地干一番事业。

（三）进行就业政策、就业技巧和创业规则指导

在即将步入社会以前，对毕业班学生进行就业政策、就业技巧和创业规则的指导，是十分必要的。很大一部分学生由于对就业政策缺乏了解，择业时往往在思想上带有很大的随意性和盲目性。通过开展就业政策指导，使学生了解国家及有关部委、各省（自治区、直辖市）制定的行业性和区域性就业政策，以及所在高校制定的具体实施意见。只有广泛宣传就业政策，才能引导他们根据国家需要并结合个人实际，有针对性地选择职业，从而走出择业的“误区”。

就业技巧指导是以帮助学生就业为目标，以传输求职知识和技巧为手段，以调整就业心态为主线，对学生进行必要的职业礼仪、人际关系和挫折教育，使学生充分认识到当前的就业形势，转变不恰当的就业观念，掌握一些自谋职业的方法和途径。同时，高校还应对学生进行适当的创业规则指导，指导应以创业意义教育、综合素质培养、心理障碍预防等内容为基础，以创业的方法和途径、创办小型企业的条件和步骤等内容为重点。

（四）推进用人咨询、职业介绍和就业援助服务

帮助用人单位开展校园招聘活动也是职业指导的一项重要内容。为用人单

位提供咨询服务则是实现该项工作目标的重要手段之一，其重点在于要为用人单位提供招聘方式、建立劳动关系、办理就业派遣手续、学生身份信息验证等一系列咨询服务。同时，高校职业指导人员在热诚为用人单位提供咨询服务的同时，也要充分利用自身拥有的资源优势，积极为在校学生提供职业介绍服务。通过组织校园招聘会、人才市场双向选择等活动，为求职学生提供直接的就业服务。

对于残疾学生、特困家庭学生等需要特别关注的弱势群体，高校职业指导人员还要从实际出发，对这些需要帮助的学生实施必要的援助。这种援助不应仅仅局限在一个技术环节或一种方法上，而应完全体现在一种活动中，以项目实施的方式直接针对求职者的就业问题展开。譬如，根据相关政策指导用人单位吸纳属于弱势群体的学生就业，联系用人单位对就业有特殊困难的学生进行保护性安置等。

四、高校职业指导的目标与实现途径

（一）高校职业指导的目标

高校首先应根据地方经济的发展需要、高校的发展规划和人力资源市场的变化情况等，对学生职业指导工作进行必要的 SWOT 分析（即优势、劣势、机遇与风险分析），并根据分析结果确定高校职业指导工作在未来某一特定时期内所要达到的目标。也就是说，要树立一根开展职业指导时必须全力看齐的标杆，然后再来考虑如何制定相应的策略，以使高校开展职业指导的质量得以逐步改进和提高。这些目标基本包括以下几个方面。

1. 帮助学生及时就业、顺利就业

有效地帮助学生实现及时就业、顺利就业，是高校职业指导人员的首要工作目标，也是最基本的工作目标。许多学生往往存在职业意识缺乏、职业信息匮乏、自我认识不足、职业决策不够等各种有碍于个人就业的问题，这些问题的成功解决自然就形成了职业指导的重要工作目标之一。

2. 帮助学生满意就业、稳定就业

单纯地帮助学生及时就业、顺利就业，已经远远不能解决目前学生的客观需求，从更深层的角度讲，也不符合完成促进就业的使命。许多学生在就业上岗后，由于不能适应岗位要求，或难以融入企业文化等，而造成就业不称心、不稳定的现象比比皆是。因此，高校职业指导也应当随之深入化，要以人为本，注重个人职业的发展，强调过程服务。

3. 帮助学生实现职业生涯的长远发展

如果说帮助学生及时就业、顺利就业、满意就业、稳定就业都是一种必要过程的话，那么帮助个人实现职业生涯的发展，则是高校职业指导的最终目标。解决就业问题，只解决了学生暂时的需要，更重要的则是要促进其健康的职业发展。因此，高校职业指导人员应当牢记这个工作目标，不断探索研究，不断推陈出新，为学生提供优质、高效的职业指导服务。

（二）高校职业指导的实现途径

作为一项整体性工程，高校职业指导系统对于促使大学生确立职业理想、树立职业目标、开展自我认知和职业环境探索、形成自我职业概念等有着重要的作用。面对新形势、新任务和新特点，各高校应充分认识职业指导的重要作用，正视大学生职业指导中存在的问题，发挥高校、省级教育行政机构、各级政府职业指导机构三位一体的作用，以保证高校职业指导系统各构成要素的健康运行。

1. 突出高校的主导性地位

高校的重要使命就是培育人才，服务社会。培育人才，就需要关注社会对人才的要求及标准，关注高校本身的人才培养模式，以及教育教学（包括专业设置、教学计划安排、课程内容设置等）是否与社会需求相适应，并针对现实情况进行调整和改革，促使所培养的大学生达到社会的要求，这样才能实现服务社会的目的。从这个意义上讲，高校在大学生的成长成才中起着主导作用。不可忽视的是，高校所培养的人才必须通过就业的途径进入各个职业领域，才能得以实现个人价值和社会价值，而就业的成败与职业指导又紧密地联系在一起，因此，在大学生的职业指导中，高校同样起着主导性的作用。随着高等教育教学改革的不断深入，高校必须把职业指导作为高等教育的重要组成部分，积极投入人、财、物，在职业指导系统的建设中突出主体性地位。具体的实施措施主要有：着力制度建设，形成长效机制；完善课程体系，提高教育教学质量；加强队伍建设，提供人力保障；开展理论研究，推动创新发展；突出个性化服务，发扬人本精神；建立评估激励机制，构建绩效监控体系，等等。

2. 强化省级教育行政机构的管理和服务功能

这主要有两方面的内容：首先，建立科学的监督和评估体系。科学的监督和评估是省级教育行政机构管理职能的集中体现，而评估的目的在于确保高校职业指导的质量，因此，要着力以制度化的手段逐步构建和完善高校职业指导监督和评估体系。具体而言，就是制定评估标准，运用行政手段，有针对性地对高校开展督查和评估。通过评估的杠杆，促进高校对职业指导系统性建设的重视，并引导高校职业指导的教学与活动朝着规范、系统、良性的方向发展，从而使教育行政部门能比较系统、全面、准确地了解和监督各类高校的职业指导情况，为决策提供可靠的依据。其次，积极推进职业指导“本土化”理论研究。应针对中国的国情、高等教育和大学生的心理特点，结合现实需要，增加科研人力和科研经费，积极推进职业指导的“本土化”理论研究，编写更适合国内大学生特点的基础性教材和辅导性教材，增强高校职业指导的针对性和实效性。

资料链接 7-2

清华大学的就业指导中心

清华大学就业指导中心成立于1988年，是清华大学负责本科生和研究生职业发展教育，以及就业指导、服务和管理的职能部门。目前，已经建立了较为完善的大学生职业发展教育、服务与管理体系，2012年被国务院授予“全国就业先进工作单位”荣誉称号。该中心下设办公室、管理部、服务部、职业辅导部、职业发展教研室和职业行为学实验室（筹）。管理部根据国家的就业方针、政策及学校有关要求，制定毕业生就业工作实施办法；办理就业协议书签约手续，负责毕业生派遣等事宜；负责院系就业工作管理；负责重要会议组织、协调，以及工作总结及宣传等工作。服务部广泛联系和接待用人单位，协助用人单位组织校园招聘、宣讲活动；收集并发布用人单位需求信息；为用人单位提供本校专业设置情况，各专业毕业生数据等信息；引导推荐毕业生赴基层选调、就业；进行就业信息网建设、支持、管理等。职业辅导部设计、开展课外职业发展教育活动；负责学生职业发展协会的管理；开发、管理校外机构职业发展教育合作项目。职业发展教研室负责《大学生职业生涯规划与发展》系列课程的教学管理与建设；面向全校学生提供职业咨询服务，并对职业咨询的有关活动进行管理；结合学校就业工作的目标与需求，开展就业工作调查研究。

（资料来源：http：//baike. baidu. com/view/8795239. htm.）

3. 发挥各级政府职业指导机构的“桥梁”作用

各级政府职业指导机构在人力资源市场中处于极其重要的位置。在大学生个体的职业生涯发展中，各级政府职业指导机构是一个不可忽略的重要元素。对高校在校生而言，它可以帮助其根据市场需要拓宽自己的专业口径，逐步建立理性的就业预期；对离校后的毕业生而言，它可以指导其合理地把握就业机会，并承担对大学生的职业指导与培训任务，发挥着重要的“桥梁”作用。因此，必须重视各级政府职业指导机构的建设，形成不同层次的职业指导网络，促进人力资源的科学化配置。同时，应着力促使各级政府将职业指导机构的指导与培训功能延伸至高校，与高校加强合作，共同推进职业指导系统性的建设。

第三节 求职应聘的技巧

任何一种商品，无论质量有多么优良，都存在着一个形象设计、广告宣传、进行产品推销的问题。同样，一个青年学生从学校走向社会、走上职业生涯，也必须进行自我推销。因此，为了把自己顺利推销出去，青年学生充分准备，提前预演求职前和面试过程中的技巧，将有助于其求职择业的成功。

一、求职准备

（一）思想上的准备

思想上的准备是不自觉的行为，思想上的准备除了做好就业和失业的准备以外，还有一点就是要有职业人的“职业道德”。所谓“职业道德”，就是从事一定行业的人们在其特定的工作或者劳动中的行为规范的总和。各行各业都会根据自己的特点，在社会实践中逐步形成一些公认的衡量职业活动好坏的标准。

首先应该先考虑一下自己是否适合这个行业，是否能够适应这个行业的“职业道德”。如果你从心里认定其很符合自己的特长和性格，那么就需要你干一行爱一行，热爱自己的职业。因为只有这样，你才能够不断地进步，从而取得属于自己的行业竞争力。

（二）知识与能力的准备

掌握知识的程度如何，从某种程度上成了用人单位考核求职者的重要标准。现在的人才市场上，用人单位更喜欢的是拥有广博知识的大学生。很多的工作确实需要有扎实的知识底蕴，但是创新能力成为现在企业考核员工的要点之一。所以，创新能力也是所掌握知识在某时出现灵感和火花的集合。出现火花的频率越高，说明越有创新能力。专家所说的能力，其实包括记忆、观察、思维、想象、创新、社交、组织和审美8方面的内容。只有能力提高了，才能够找到一个适合自己发展的平台，也只有能力高了，才能够更好地抓住机遇。大学生至少要具备以下5种能力。

1. 查阅情报和资料的能力

在这样一个信息的社会里，信息比任何时候都显得重要得多，只有及时地掌握信息，才能够在人才竞争中取得制高点。

2. 创新能力

遵循前人的足迹只能保证自己少走弯路，但却不能取得卓越的成就。于是，只有个体凭自己的真本事做出一点前人没有做的事情，才能够显示出自己的社会价值，才能够说明自己的非同寻常。广博的知识是人们创新的前提，了解仪器设备是个人创新的保障，熟悉发布流程是个人创新的途径，拥有广泛的人脉是个人创新的捷径。

3. 执行能力

纵然个体有新奇的想法，有广泛的人脉，但是如果无法将自己的想法变为现实，这也将是一件极其痛苦的事情。把自己的思维转化成实实在在的东西可不是一个简单的过程，这需要个体克服很多东西，考虑到或简单或复杂的因素。我们不得不承认，在我们的身边就有那么多有思想有创意的人，但是最终却没有取得成功，这其中最根本的原因就是他们没有卓越的执行力。

4. 团队能力

团队能力更多地体现在交流和表达能力上。如果个体有好的想法，但不能把自己的想法或者项目的优势告诉别人，使得别人也认为自己的项目很有前途，那么就将没有办法顺利地实现自己的理想。人是群居动物，无论在生活上还是工作上都是这样的。

5. 影响力

只要一个人有了属于自己的影响力，一些事情对于自己来说就会相对简单许多。这就好像个人的银行卡信用额度一样，有了影响力，别人就不怕与自己合作吃亏，所以就能够团结更多的人与自己一起前进。如果能够从大一的时候就认真准备一篇小说，等到大四的时候这篇小说就相当于酝酿了 4 年，创作了 4 年，修改了 4 年。这篇小说的质量将远远超过自己的预期。

（三）信息上的准备

在信息社会，信息对于求职者来说是至关重要的，这里所谓的信息不仅指招聘信息，而且还包括有关招聘单位的基本信息、岗位的要求，以及单位的用人偏好等信息。

1. 就业信息的搜集、筛选与整合

搜集就业信息的渠道有很多，如学校就业指导中心、校园 BBS、政府就业指导机构、各地人才服务中心、行业协会网站、用人单位网站、专门针对毕业生的网站，以及实习实践活动等。毕业生平常应多关注这些渠道的信息，在此基础上筛选出对自己有用的信息。

2. 全方位了解用人单位的信息

对已经提供面试机会的用人单位有必要进行全方位的了解。包括了解用人单位的企业性质；所处行业、规模、发展前景、地理环境、经营范围、种类；对专业的要求、层次、使用意图、具体工作岗位等；用人单位的福利待遇（薪金、福利、保险、住房、培训、休假等）；用人单位面试的形式及录用偏好，等等。

（四）物质材料的准备

毕业生求职准备除了上述准备之外，还有一类特别需要注意的准备工作，那就是求职材料的准备和着装方面的准备。

1. 求职材料的准备

求职材料的准备被人力资源专家称为“通往面试的护照”。毕业生都要秉承诚信的原则，精心打造自己的“职场通行证”，这些职场通行证包括求职信、简历、学校毕业生推荐表、学习成绩表及各类证书。

2. 着装方面的准备

准备参加面试的毕业生一定要备置一套合乎用人单位文化的行头，不一定是全新的，但必须是干净、得体的。毕业生面试前可去用人单位考察该单位的文化，一般来说，服务行业（电信、移动和银行及政府公务员）要求穿正装，研发和广告设计部门，相对来说不要求很正式的着装。

二、面试技巧

（一）面试中的礼仪技巧

人在第一次交往过程中给他人留下的印象，会在对方的头脑中形成并占据着主导地位，这在心理学上叫作首因效应，也就是我们通常讲的第一印象。在求职面试过程中，通常来说，第一印象是主考官评价求职者比较重要的标准之一。初次见面，主考官对求职者大致的感觉一般取决于前面 30 秒的第一印象，后面的问题更多的是去验证主考官的判断，不断地肯定或否定，最终选择是否能进入下一个环节以致最终录取。

1. 遵约守时

遵约守时是最基本的礼仪，迟到是最忌讳的，最好提前 5～10 分钟到达面试地点。如果面试地点路途遥远，地理环境相对复杂，就一定要熟悉交通路线并选择适当的交通工具，做好最充分的准备，以免延误时间耽误大事。提前赶到后，可以熟悉一下周围环境，稳定自己的情绪。通常面试前总有一段时间要等候，这时一定要耐心等待，做个安静的等待者，切忌东张西望、来回走动、问个不停。

2. 服饰整洁

所谓“先敬罗衣后敬人”，就是初次与人见面，仪表往往左右着招聘者的第一印象，服饰礼仪在求职面试过程中的重要性有时甚至超过实力的作用。因为衣着仪表是一个人内在素养的外在表现，得体的打扮不仅体现出求职者朝气蓬勃的精神面貌，还能体现出求职者的诚意和一个现代文明人所具有的良好修养及独到的品位。优雅的仪容会使你秀外慧中、卓尔不群；衣着并非名牌，只崇尚整洁；容貌非浓妆艳抹，而求素面朝天，却同样能平添人际吸引之魅力；人虽肥胖却称道丰满，人虽瘦小却称叹精神；矮小身材并没有卑微萎缩而尽显敦厚稳重。同时，大学生在进行仪容仪表修饰时，也要考虑所应聘单位的性质及应聘的职位。比如，应聘广告设计、艺术设计等需要创新的职位，装容相对前卫一点、个性张扬一点也无妨。对男生而言，深蓝色或深灰色西装，配上白色衬衣，再系上款式简洁的领带，适合任何面试场合。相对于男生，女生的服装有更多的原则，但大方、自然仍然是最好的原则。首选深色或者中性色的套装，配上半高跟的皮鞋。要注意太高太细的高跟鞋在面试的时候并不是很适合，发型最好不要太张扬，女生可以化点淡妆，切忌浓妆艳抹、香气四射。

3. 举止得体

无声的仪态语言能体现一个人的教养，显现一个人的风度。进入房间前，应在外轻轻敲门，得到对方许可后才可进入。进入房间后要主动与主考官打招呼，礼貌地问候，面带微笑，有力地握手都是自信的表现。走路时不可东摇西晃，姿势要端正，要求步幅匀称，步速适中，挺胸抬头，稳健轻盈，走出如诗如乐的韵律之美。在考官没有让你坐下之前，要站立，站立时要体现良好的精神面貌，男生要站出“T”形体态，透出阳刚之力与美，女生要站出“X”形姿容，尽现阴柔之健与美。当主考官让你坐下时，方可轻稳落座，并保持端直平身，不可以只做在椅子的旁边，那样会显得自己很紧张，正确的坐姿是坐在椅子的 2/3 处，上身挺直，坐出大方闲适的静态之美。与主考官交谈时，要面带微笑，两眉放松，自然专注，不管面试过程怎样，面试结束时，都应微笑起立，对用人单位给予面试的机会表示真诚的感谢，最后，礼貌地退出房间。

（二）面试中的言语技巧

1. 倾听的技巧

面试的实质就是主试者与应试者进行信息交流，从而获得全面评价的过程。应试者要注意倾听，不仅显示对主试者的尊重，而且是为了认真听取面试的问题。只有通过专心致志的倾听，才能抓住问题的实质，否则，就可能不得要领，答非所问。因此，在面试中，应试者除了要注意倾听主试者的提问外，同时还要注意察言观色，根据主试者的表情、体态等的变化，了解其内心活动，以及对自己的认识和态度，从而做到知己知彼，有针对性地应对，变被动为主动。

2. 语言表达的技巧

准确、灵活、恰当的口头表达，是面试的关键环节。应试者在谈话中应着重掌握一些语言表达技巧：①简明扼要。面试中的交谈，受时间和内容的限制，说话要简明扼要，用最少量的话语传递尽可能多的消息。通常要注意3个问题：一要紧扣提问回答；二要克服啰唆和重复的毛病；三要戒掉口头禅。②通俗朴实。通俗朴实是对应试者语言风格的要求，即应试者的语言要通俗易懂、朴实无华。在语言表达时，首先要通俗化、口语化；其次要质朴无华，贵在自然朴实、生动、表达真情实感。③要善于运用生动形象和幽默风趣的语言。让幽默风趣的语言有吸引力，融洽和活跃谈话气氛。在面试交谈中，应试者要尽量使自己的语言生动、形象、富有情趣，给主试者以感染力，增强其对自己的好感和信任。④注意谈话的语速。面试时，谈话的节奏快慢，会影响语言表达的质量和效果，这就是应试者不可忽视的语速问题。在面试中，语速最好是不快不慢，口齿要清楚，说话时要注意句与句的间隔。

面试中如何进行自我介绍，这个问题几乎是每个应聘者都可能面对的问题。一般是应聘者站起来用5分钟的时间面对大家进行演讲。面试官的目的是：了解应聘者的心理承受能力、逻辑思维能力、演讲能力，而其生平介绍却是其次的，因为面试官在他的简历中已经对其有所了解。应聘者应该做到：①介绍内容要与个人简历相一致；②表述方式上尽量口语化；③要切中要害，不谈无关、无用的内容；④条理要清晰，层次要分明；⑤要有训练有素的演讲语气和肢体语言，这是最重要的。

3. 回答的技巧

问答的技巧包括应答技巧和提问技巧两个方面。面试中应试者主要是以回答主试者的提问来接受测评的，同时也应主动提出一些问题，来显示应试者的整体素质。应答时，应试者要根据必须说的内容，用尽量少的时间组织好说话的顺序。一般来说，应先提出自己对问题的基本观点，然后再逐一论证、解释。另外，要扬长避短、显示潜力。每个人都有自己的优势与不足，如何在有限的时间内使自己的优势充分体现，扬长避短，是一种灵活性与掩饰性技巧的体现，更是一种艺术。当然，遇到不便回答的问题时，可以委婉地拒绝回答。提问时，问题要视主试者的身份而定。面试前要弄清楚主试者的职务，并视主试者的职务和身份来提出相关的问题，同时要把握尺度；注意提问的时间，要根据需要有针对性地把不同的问题安排在不同的阶段提出，不要毫无目的地乱提，更不可颠三倒四、反反复复提那么几个问题；要注意提问的方式、语气，要给人以一种诚挚、谦虚的感觉，千万不可以用质问的语气问对方，这样会引起反感，也不要提模棱两可、似是而非的问题。

例如，应届毕业生该如何回答类似“你没有工作经验，如何能胜任这样的工作”这样的问题。面试官提这样的问题的目的是：他并不真正在乎“经验”，关键是应聘者的心态，看应试者是否有克服自身困难的信心和决心，工作是否有责任心。应聘者应该做到：①对这个问题的回答最好要体现出应聘者的诚恳、机智、果敢及敬业；②说出自己的观点：“作为应届毕业生，在工作经验方面的确会有所欠缺，因此在读书期间，我一直利用各种机会在这个行业里做兼职。面试官也发现，实际工作远比书本知识丰富、复杂。但我有较强的责任心、适应能力和学习能力，而且比较勤奋，所以在兼职中均能圆满完成各项工作，从中获取的经验也令面试官受益匪浅。请贵公司放心，学校所学及兼职的工作经验使我一定能胜任这个职位。”

（三）克服紧张心理的技巧

紧张是面试中最常见的情况，特别是没有经验的大学毕业生，更容易紧张，过度的紧张往往会给主试者留下不良的印象。面试时要克服紧张，须做到以下几点。

1. 调整面试心态

面试时之所以会紧张，很大程度上是因为应试者把该次面试结果看得过重。要去除面试中的紧张心理，首先要求参加面试的应试者调整心态，以平静的心态参加面试，否则，压力越大就会越紧张。具体须做到一高一低：士气上高——我肯定比对手强；目标上低——把成功的概率降低。把“一定要上”调整为“不一定能上，尽力而为，过程比结果更重要”，把参加面试权当锻炼自我，这样丢掉包袱，轻松上阵，才能充分发挥。

2. 控制语速

在与面试者交流时，应试者可能会因紧张而使说话速度变快，而这又会加重紧张，由此进入了一个恶性循环。如果故意放慢说话的速度，一则可以减轻紧张情绪，更重要的是，可以让考官仔细倾听你的话语，给他留下更深刻的印象。

3. 忌追求完美

想在面试这一很短的时间内，把问题想得既周到又全面是不现实的。只要能够真实地把自己的想法说出来，把自己最好的一面呈现给考官就是胜利。盲目地追求完美，乃至面试时不尽如人意就出现紧张焦躁的状态是不明智的。

4. 应给自己留下充足的时间到达面试地点

如果风风火火地到达面试地点，一方面会给主考官留下不好的印象，甚至会因迟到几分钟而失去工作机会；另一方面也会因着急而变得更加紧张。相反，如果轻轻松松到达地点，就会比较放松，在面试中发挥出最佳水平。

5. 呼吸调整法

深呼吸是减少紧张的最好办法，如做 3 次深呼吸、转移注意力等。

资料链接 7-3

面试中的心理效应

面试中存在几种心理效应：首因效应、近因效应、晕轮效应、偏见效应、刻板印象和相似效应。如果面试者掌握这些效应，并在面试中加以利用，便可以增加面试成功的概率。

首因效应指的是第一次接触时产生的印象，也叫第一印象。这种心理效应在面试 5 分钟之内即可产生，主要是依据一些外在的衣着打扮、言谈举止等信息形成的，该印象一旦形成很难更改。

近因效应也可称为最新印象，是指对人知觉时，个体往往被自己对他人的最新或最近的印象左右，从而忽略了先前或过去已经形成的对他人的认识。

晕轮效应也叫光环效应，招聘者对面试者的某一优点或长处看得过重或特别欣赏，从而误认为该人员在其他方面也很出出色，这种由一点印象扩大到全面印象的现象就是晕轮效应，即所谓的“一好百好”。

偏见效应与上述晕轮效应正好相反，如对某一缺点放大，有一点扩展到完全否定，即“一坏百坏”。如应聘者的迟到，就很容易让面试官产生该效应。

刻板印象也叫社会定型，是指个体在对人知觉的时候，常常不自觉地把人进行归类，然后把对某一类人的总的看法移植到某一个人身上。

相似效应。面试官与应聘者面谈时，往往会特别体谅、关注应聘者与自己类似的某些行为、态度、思想和经历，如果发现与自己相似就容易产生亲切感。

（资料来源：张莉建 . 2000. 解析面试中的心理偏差 . 中国人才，(11)：52～53.）

第四节 组织中的职业指导

一个组织的资源包括人、财、物、时间和信息五大资源，而在这五大资源中，人力资源是首要的，人是一个组织生存、发展的第一资源。现代管理大师彼得·德鲁克曾经说过："企业只有一项真正的资源——人。"IBM公司的总裁华生也阐明："你可以搬走我的机器，烧毁我的厂房，但只要留下我的员工，我就可以有再生的机会。"由此可见，人力资源对组织具有关键意义，它是组织发展的动力源泉，是企业可持续发展的根本保障，对人力资源的管理是组织管理的重中之重。充分发挥人在组织中的作用，实现组织和人的协同发展，是组织的一项重要工作，如何充分发挥人的潜力，实现"人-职"匹配，离不开组织对员工的职业指导。

一、什么是组织职业指导

组织中的绝大多数员工，其中包括受过良好教育的员工，都有从自己现在和未来的工作中得到成长、发展和工作满意的强烈愿望和要求。他们不断追求理想的职业，并希望在自己的职业生涯中得到顺利的成长和发展，需要人力资源部门指导其制订自己成长、发展和不断追求满意的职业计划。在员工希望得到不断成长和发展机会的强烈需求的推动下，企业的人力资源管理部门为了了解员工个人成长和发展的方向和兴趣，并使其与企业组织的发展和需要协调起来，而相应地开发了一个新的职能——职业指导。

组织职业指导，是指组织为提高员工的职业知识、技能、态度和水平，以改进员工的工作绩效、促进职业生涯发展，而开展的各类有计划、有系统的教育训练活动。职业指导可以是员工为获得工作满意、实现自己成长和发展需要，组织为了满足这种需要，并使其与组织需要和发展目标相适应的指导过程。

如何使组织和员工各自的需要相配合，从而达到双赢，是职业指导要解决的问题。职业指导是组织的需要和目标与个人需要和发展相"匹配"的结合点。按照这一思路，组织职业指导呈现出了以下特征：首先，长期性与持续性。组织职业指导绝非一蹴而就的活动，它需要整合各种人力、物力资源，实现持久的改善。其次，全局性与战略性。组织职业指导不仅需要组织各层、各类人员的参与和支持，其结果也极大地影响着组织的各项工作，人力资源开发与组织的战略性需求的结合日益紧密。再次，"系统思维"将成为组织职业指导的中心。系统强大的功能最明显的体现就是整体大于局部之和，这种增效作用越来越成为组织职业指导的特点。最后，组织生存环境的改变，日益强调在信息化、全球化背景下对组织职业指导的研究。

二、组织职业指导的意义

组织职业指导是一个极为复杂的系统工程，在信息化、全球化背景下探讨组织职业指导的作用，应该说是一种适时而有益的尝试。

（一）是组织建立高素质员工队伍的需要

员工是组织最宝贵的财富，组织的真正价值存在于员工之中，员工是组织绩效和利润的源泉，员工是组织竞争力的核心，员工构成了组织的环境，是制定战略和决策选择的最主要条件。通过职业指导，组织为员工制订的职业发展计划，可以使员工掌握职业发展方法，得到公平、持续、适宜性的发展，有利于保持组织的人力资源优势。进行组织职业生涯规划是当今世界上许多著名公司的人才管理之道，也是吸引人才、留住人才的关键所在。

（二）是满足员工成长发展要求，实现自身价值的需要

知识经济时代，员工拥有的知识与能力是组织最宝贵的资源，创造财富时用脑多于用手。然而信息社会员工的价值取向多元化，工作的价值不仅限于养家糊口，工作必须同时满足员工的多元需求，组织必须尽可能地满足这些需求，以赢得员工的热情和忠诚，以防止组织员工的高流动率。知识经济时代的员工，对成长和发展的需要更加强烈；钱不是万能的，要赢得员工的忠诚和工作投入，很大程度上取决于员工对工作的满意度；对工作的热爱、对工作意义的认同；是否能获得成长和发展机会；个人潜能是否得到充分发挥；一个令人兴奋的工作环境；合理有效的激励报酬体系。而这些需要的满足，同样离不开组织对员工的职业指导。

（三）是新经济时代组织发展和管理知识员工的需要

经济增长的方式发生变化，使企业更加依赖人力资本，未来的工作需要员工具有更多的知识和更强的能力，管理控制方式发生变化，更加注重内在激励，必须把组织的目标和企业的持续发展与员工个人的目标和需要满足结合起来，使双方长期的利益得到保证，实现“双赢”。

三、组织职业指导的步骤

第一，组织应对组织的发展战略、经营目标等组织需求进行深层次分析，指导和帮助员工进行准确的自我评价，包括性格、气质、兴趣、特长（能力、潜力）、需求、价值观等职业心理特征。

第二，帮助员工确定职业生涯目标，制订职业生涯规划。组织应根据组织的发展战略，预测并作出未来可能存在的职位，以及在职位分析方面开展职业指导，通过对员工的分析和组织职位资源的分析，设计职业生涯发展通道，帮助员工确定职业生涯路线和职业生涯策略，并制定相关人力资源管理制度，以支持员工的职业生涯规划。

第三，职业生涯发展离不开具体的生涯实践过程，在职业生涯规划纲领的指导下，组织要为员工提供合适的职位和工作，并给予其在职的辅导和培训、绩效评估和反馈，帮助员工认识自己的不足，促使其改进和提高。

第四，职业生涯规划评估必须经过反馈，以修正员工目标和组织目标之间的偏离，调整员工自我设计的不当。

四、组织职业指导的内容

组织对员工进行职业指导，既是组织提供给员工的优良产品和服务，也是组织人力资本投资的重要方面；既是组织需求与个体需求的有机整合，又是个人发展与组织发展的合二为一，更重要的是，组织性职业生涯规划体现了组织对员工的承诺。组织职业指导主要包括：需求分析、员工培训、职位及能力发展、绩效评价考核、考核结果应用。

需求分析。结合员工的工作情况，通过访谈、宣传、测试等形式了解员工的特点和爱好，分析员工的发展需求，建立员工个人发展档案。

员工培训。结合员工工作情况和发展需求，拟订有针对性的培训、培养计划，为员工发展创造必要条件。

职位及能力发展。结合业务特点，梳理岗位职责，细化岗位职位说明书，明确能力要求，建立职业生涯发展通道。

绩效评价考核。根据管理人员、设计人员的不同特点，分别建立管理人员、设计人员绩效评价考核体系，根据评价考核体系对员工按周期进行评价。

考核结果应用。评价结果用于物质、精神激励，并及时为员工反馈评价结果，让员工明确努力方向。

本章小结

1. 职业指导主要包括选择论、服务论、过程论和发展论 4 种模式。

2. 职业指导的任务包括提供职业咨询，开发职业潜力；引导择业者树立正确的就业观念，引导用人单位树立正确的用人观念；指导设计职业生涯，提高求职和招聘技巧。

3. 职业指导应遵循全面性、教育性、服务性、发展性和实践性等原则。

4. 职业指导的发展趋势主要为系统化、网络化、社会化、规范化和制度化。

5. 高校职业指导的方法主要有全程指导法和心理测量法两种。

6. 职业指导的内容主要包括：开展职业理想、职业意识和职业道德教育；

指导专业学习、技能培训和社会实践活动；进行就业政策、就业技巧和创业规则指导；推进用人咨询、职业介绍和就业援助服务。

7. 求职前要做好思想、知识与能力、信息，以及物质材料的准备工作，面试时注意言语、礼仪和克服紧张的技巧。

8. 组织中的职业指导主要是组织建立高素质员工队伍，满足成员发展和自我实现以及新经济时代管理的需要。

思考和练习题

1. 职业指导有哪些原则?
2. 如何在高校开展职业指导?
3. 试述求职应聘的技巧。
4. 组织如何开展职业指导?

拓展阅读

1. 廖轶涵 . 2007. 职业与职业指导概念探究 . 中国职业技术教育，(5)：15～16.

2. 赵文晶 . 2005. 职业指导教育的意义原则与方法 . 人民教育，(11)：10～11.

3. 张月铭，刘宇雷 . 2010. 大学生就业中求职技巧分析与指导 . 南京理工大学学报（人文社会科学版），(3)：117～121.

第八章

职业咨询

本章要点

- 什么是职业咨询？它与心理咨询之间有什么区别与联系？
- 职业咨询理论模型有哪些？
- 职业咨询的过程包括哪些方面？
- 职业咨询有哪些基本模式？
- 如何有效地开展职业咨询？
- 职业咨询师应完成哪些工作职责？
- 职业咨询师应具备哪些知识、技能和人格结构？

近年来，随着就业和职业竞争的加剧，职业咨询的社会功能日益凸显，逐渐成为奠定人力资源发展，提升人力资源素质，促使人力资源适应社会变迁的基础。无论从促进个体发展的角度看，还是从发挥社会功能的角度看，职业咨询都有其不可替代的作用。在社会急剧变迁、职业性质结构不断变化、生活方式变得多元的背景下，职业咨询提供的服务更强调职业决策能力的培养、职业自我概念的发展、个人价值观念的澄清、对外界变迁的适应等。因此，职业咨询是一项专业性极强的工作。

第一节　职业咨询概述

一、职业咨询与心理咨询的区别与联系

（一）职业咨询与心理咨询的区别

1. 含义不同

心理咨询（psychological consultation）是咨询心理学的实际业务之一，是

指来访者（client）就其自身存在的心理不适或心理障碍，通过语言文字等交流媒介，向有专业素养的职业咨询师（counselor）进行诉说、询问与商讨，在其支持和帮助下，通过共同的讨论找出引起心理问题的原因，分析问题的症结所在，进而寻求摆脱困境与解决问题的条件和对策，以便来访者恢复心理平衡，提高对环境的适应能力，增进身心健康的过程。广义的心理咨询往往还包括心理评估和心理治疗。不同国家和地区的咨询心理学家对心理咨询的解释、定义、翻译并不一样，如我国香港、台湾地区将其译为“咨商”，把学校情境中的心理咨询称为心理辅导。严格来讲，心理咨询既不等于心理辅导（counseling），也不等于心理治疗（psychotherapy）。心理咨询就其本质而言是一个“助人自助”的过程。

所谓职业咨询（career consultati or counseling），主要指针对咨询对象（来访者、咨客）在职业选择、职业适应、职业发展等方面遇到的问题，以平等交往、商讨的方式，运用心理学、管理学（人力资源管理）、社会学（职业社会学）的理论和心理咨询的方式、方法，启发、帮助、引导咨询对象正确认识社会需求、正确认识自己，从心理和行为上更好地完成学习、工作与生活角色转变的过程。

职业咨询的业务范围包含职业规划（针对员工）、职业指导（针对一般就业者）和就业指导（针对大中专学生），职业咨询师经常借助职业心理测评（人才测评、职业测评）帮助来访者进行自我探索。广义的职业咨询也叫生涯辅导，在香港地区，也有同行把它称为就业辅导、事业辅导或事业咨询。

2. 称谓与学科基础不同

有人提出职业咨询应当包含在心理咨询之中，职业咨询只是心理咨询的实际业务之一，职业咨询应当叫作职业心理咨询。但如果分析一下两者的学科基础，就不难发现两者并非一回事。职业咨询师除了必须具备一定的心理学知识与心理咨询技能外，还需要懂得人力资源管理学、微观经济学、职业社会学、法学、教育学等方面的知识。虽然两者均需要心理学背景，但心理咨询师显然需要具有更复杂、更深厚的心理学背景。职业咨询往往是一个即时或阶段性的助人过程，而心理咨询则是一个长期乃至漫长的助人过程，有效的心理咨询几乎没有一次能够结束的。面对有人格障碍的求助者，心理咨询师往往需要付出持续的、艰辛的努力。两者在称谓、学科基础上的区别，具体如表 8-1 所示。

表 8-1　职业咨询与心理咨询在称谓、学科基础等方面的比较

比较项目	职业咨询（生涯辅导）	心理咨询（心理辅导）
对寻求帮助者的称谓	求询者	来访者、来谈者、求询者、当事人（学校）、患者、病人（医院）
对提供帮助者的称谓	职业指导师、职业规划师、职业咨询师、职业辅导师	心理职业咨询师（三级）、心理咨询师（二级）、高级心理咨询师（一级）

续表

比较项目	职业咨询（生涯辅导）	心理咨询（心理辅导）
学校情景中	就业指导、职业指导	心理辅导
社会情景中	职业规划（企业）	心理治疗（医院）
主要学科基础	个性心理学、成功心理学、发展心理学、心理测量学、人力资源管理学、职业社会学	咨询心理学、健康心理学、变态心理学、心理测量学
学校情景下的载体	职业生涯发展教育	心理健康教育

3. 理论基础、咨询的内容与方法不同

职业咨询的主要理论基础有：帕森斯的特质-因素论、达维斯（Dawis）和洛夫奎斯特（Lofquist）的工作适应理论、罗伊的亲子影响理论、鲍亭（Bordin）等的心理动力理论、霍兰德的类型理论、泰德曼的生涯决定理论、格特弗兰德森（Gotthedson）的职业抱负理论、克鲁姆伯尔兹的社会学习理论、克内菲尔坎姆（Knefelkamp）和斯列皮兹（Slipitza）的认知发展理论、舒伯的生涯发展五阶段理论等。职业咨询理论可以划分为职业选择理论、职业与生涯发展理论两大类。而心理咨询主要以精神分析心理学、行为主义心理学、格式塔心理学、人本主义心理学、认知与信息加工心理学、生理心理学等作为理论基础，并没有专门的心理咨询理论。

职业咨询的主要内容有：职业准备咨询（知识、技能、信息、资料、心理等方面的准备），职业选择咨询（个人的兴趣、期望与社会需求、发展的统一；个人素质和职业、职位特质的匹配；确立适度的职业发展抱负水准即职业定位），职业适应咨询（如何实现职业理想、兴趣、能力、性格、价值观与职业需求尽可能和谐一致），职业发展咨询（创业、敬业、勤业、立业及职业流动）等。而心理咨询针对的内容主要是适应障碍、行为障碍、人格与性心理障碍、情绪情感障碍、神经官能症等。职业咨询常用的方法与技术有：个人SWOT分析法、生涯幻想技术、模拟个案研究法、情景模拟法、职业家庭树分析等；而心理咨询实际上借助于心理治疗的方法，只不过层面比较浅一些，主要有精神分析法（包括自由联想、催眠、释梦、意识化），理性情绪疗法，行为主义的方法（如系统脱敏、厌恶疗法、暴露疗法、放松训练等），来访者中心疗法，森田疗法，生理心理学的方法（如药物治疗、电疗）等。

此外，职业咨询的咨询对象数量大、比例高；咨询对象的顾虑少，阻抗小；咨询过程见效相对快。而心理咨询的咨询对象数量小、比例低；咨询对象的顾虑多，阻抗大；咨询过程见效慢。理论上讲，心理咨询有发展模式、障碍模式、医学模式 3 种，但日常所说的心理咨询主要指障碍咨询模式。

（二）职业咨询与心理咨询的联系

1. 咨询目标与基本过程相似

职业咨询的目标主要有：帮助和引导咨询对象进行自我探索，正确认识自己；了解工作世界，正确认识职业社会；消除职业选择与职业发展困惑，协助来访者进行生涯决策；促进工作（job）向职业（vocation）转变、职业向事业（career）发展。而心理咨询的主要目标为减轻来访者的压力和焦虑，适应某种环境变化，协助来访者看到自己的适应模式，引导他们为自己的消极行为负责，并发现其他选择的可能性，协助来访者重新选择，并且乐于负责，接纳自己与他人，帮助其认识自己的心理问题的实质并分析其原因，鼓励其自己解决心理问题，最终帮助其成为一个快乐、成功的人。

职业咨询的基本过程有：建立咨询关系，正式或非正式评估，确定生涯发展问题，商定咨询目标，收集资料，分析讨论解决问题的途径与方法，结束与跟进。而心理咨询的基本过程则为：建立良好的咨询关系，收集资料，探讨来访者求助的问题的实质；深入探讨来访者的心理与行为问题，发掘问题的根源，减轻来访者的心理压力；共同商议行动方案并鼓励当事人自主解决问题，结束咨询并回访。初次心理咨询的 5 个基本环节如下：建立咨询关系；帮助来访者确定问题的性质；帮助来访者解决心理问题；结束咨访关系；整理会谈记录。

从表面上看，职业咨询与心理咨询的过程与环节描述得不一，其实抽象一点说就是 3 个环节：是什么？为什么？怎么办？贯穿咨询过程始终的是必须建立并保持良好的咨访关系，良好关系本身就具备影响与治疗功能。

2. 主要原则与服务方式基本相同

职业咨询与心理咨询的共同原则有：保密原则、自愿原则、限定时间与感情原则、真诚原则、无条件尊重原则、不替来访者作重大人生决定原则、价值中立原则等。

两者的服务方式从服务对象的数量上看，包括个别咨询、小组咨询和团体咨询 3 种；从服务途径看，包括面询、电话咨询、书信咨询、电子邮件咨询、手机短信咨询、互联网视频咨询。不同的咨询方式都可能使用心理测验，只是所用量表不一样，前者大量使用职业兴趣（如 HVPI）、能力、性格量表（如 MBTI），而后者大量使用心理健康评估量表（如 SCL-90、MMPI）。

3. 谈话技术基本相同

不管是在职业咨询还是在心理咨询中，谈话是主要的手段。在咨询会谈中，两者都会使用倾听技术、重复技术、询问技术、解释技术、内容反映技术、情感反映技术、通情达理技术、影响技术、结构化技术等。在身体姿势与面部表情的运用、咨询环境的设定与布置上，职业咨询与心理咨询几乎相同。

总之，在学校情景中，心理咨询与职业咨询既不是包含关系，也不是平行关系，更不是同一关系，而是交叉关系。从世界范围看，两者均源于美国的职业指导和心理测评运动，但发展速度与服务领域不一样。基于心理咨询与职业咨询的心理健康教育与职业发展教育正在成为新的学科与专业。

二、职业咨询中的几种理论模型简介

（一）人格与环境类型理论

人格与环境类型理论是霍兰德于1959年提出的。他认为人格大致可分为6种不同的类型：现实型、研究型、艺术型、社会型、企业型和传统型。环境和人格一样，也可分为这6种类型。人寻求的是能发挥自己的知识和技能，并展示自身态度与价值、与自己相适应的职业环境；人一般选择适合自己人格类型的职业道路，不同的人格类型有集中于不同职业群的倾向，即人格类型与环境类型是一种对应的匹配关系。例如，在现实型的对应关系中，环境是机械的、技术性的、实际操作的、解决具体问题的职业，对应的人格是富有技术能力、喜爱具体实际的行动、人际关系或与人交涉的技能较弱，重视权力、金钱的价值，性格有内向、顺应的倾向。工作满意度与人格和工作环境的一致性程度有直接的关系。如果人格与职业不匹配，会引起个人在职业和生活中的一些不适应问题。因此，人格与环境类型理论提出了一些干预对策。首先，可以让当事人填写自我指导研究表（Self Directed Search）或职业兴趣强度调查表（Strong Vocational Interest Inventory），以确定其人格类型，在此基础上让当事人认识到自己人格类型与环境类型之间的不一致性，并尽力取得二者之间的和谐对应。让当事人了解有效的工作分类体系，从而能寻找到一个更加适合的工作领域。其次，对于存在心理健康问题的当事人，如患有抑郁症等，可辅以药物或认知疗法，改善其人格状况。

（二）工作调整理论

工作调整理论也承认人格与环境类型之间的对应关系，但更多的是从行为主义的角度看问题。该理论认为，工作取决于个体与环境的相互作用。环境要求个人具有一定的技术，能完成具体的任务；个人则要求环境为自己的工作表现和优先的工作条件作出补偿；环境与个人之间必须保持一种相互满足的作用关系，这种满足程度可称为一致性。工作调整就是达到并保持这种一致性的过程。工作调整体现在个人与环境之间的彼此满意程度上，任职期限是工作调整的主要标志，可以从个人的人格类型与工作环境之间的一致性程度来预测其任职期限的长短。该理论认为，对工作的不满意感在于工作历程中个人没有得到充分的强化，以致个人的职业需要远远得不到满足。工作调整理论主要是从行为主义角度，对个人与环境之间的不一致性加以干预的。一种治疗方式是教给当事人一些调整工作的技术，例如，学习新的工作习惯可以对工作环境产生更多的满意感，通过认知重构法改变观点，可以对自己更满意。工作调整理论还注重教授各种强化技术，使当事人能更主动地调整自己的行为以适应环境。通过干预，期望当事人能从被动的受环境限制者的行为模式，转变为积极主动地建构自己的职业命运的行为模式。具体表现为：增强对自己职业情境知识的了解；设计一个职业计划，以提高人与环境之间的一致性；更加了解自己的“强化系统”；学会运用自我强化技术。

(三) 职业自我效能理论

作为社会认知理论的一个分支，职业自我效能理论主要关注个人对自己及自身能力的认知。例如，是什么样的认知观点和经历，使当事人没能实现人与环境之间的和谐一致；是什么样的环境因素或有破坏效能的经历，使当事人过早地把一些看起来更好、有价值的职业观点排除掉。类似于这类问题的答案，从自我效能理论的角度看，是非常重要和有意义的，这样可以构建一个初步的框架，以提高个体的效能期望值和信念。

社会认知理论认为，自我效能受直接经验、替代性经验、生理唤醒和社会性说服 4 个因素的影响。职业自我效能理论试图从这 4 个途径进行职业指导。例如，可以有针对性地让当事人参加符合其人格类型的活动，使当事人在活动中获得直接的经验；用有说服力的替代性经验，鼓励当事人朝着与自己的人格类型相对应的职业形象发展；对当事人施以积极的认知疗法，使其接受社会性说服，明白该如何对以前消极错误的认识和信念重新进行归因。在提高当事人的自我效能时，鼓励其把成功的经验归因于内部稳定的因素（如个人的能力），而不是内部不稳定的因素（如努力）或外部因素（如运气），这也是非常重要的。

三、职业咨询过程分析

职业咨询师在咨询中往往反映出个人的风格、信念、认知形态、理论依据，以及人际互动的取向。每一位职业咨询师处理问题的方式，常会因不同的问题和个人的专业理念、训练背景的不同而有所差异。职业咨询是一种互动的过程，也是来访者和职业咨询师双向沟通的过程，所以职业咨询的过程在不同的案例上是有所不同的。一般来说，职业咨询的过程大约可分为：建立咨访关系、收集并分析资料、寻找解决问题的可能方案、执行所商讨的方案、评估结果及结案5个阶段。

（一）建立咨访关系

初步接触和寒暄后，咨询师便会开始与来访者建立适宜的关系及期望。咨询师必须和来访者作充分的沟通，理清来访者的需要，并清楚地表明可提供的资源和帮助。通常情况下，职业咨询师与来访者要建立良好的关系，必须彼此共同设定目标与期望，充分表达开放与弹性的尊重态度。

职业咨询的分类很多，如对来访者的择业指导和对招工单位的用人指导，对劳动者的个体指导和群体指导，等等。顺利实施这些指导，则要求在指导者与被指导者之间建立良好的咨询关系。从心理学的角度讲，至少应做到以下3点：①真诚相待。职业咨询师首先要对来访者表里如一，不隐瞒、误导和欺骗求询者。另外，也要以生活中真实的自我与来访者接触，坦率地与其分享成功和失败的经验和体会，并提供其所需要的各类信息。职业咨询师通过自我探索和模拟演练等方式，可有效地训练自己在实际咨询工作中的真实感。②积极反应。它是指职业咨询师要能深入了解来访者的内心世界，就好像了解自己一样了解对方的心理感受。一方面要注意倾听对方的陈述，同时观察其言外之意，如表情、动作等，从中体会谈话内容，以及明显和暗藏的问题线索。另一方面也要注意不要将“共情”与“同情”联系在一起，这将会使来访者担心咨询师是否能帮助他真正地解决实际问题。③无条件地积极尊重。无论来访者所表现出的思想感受和反应是否正确，一律给予无条件的接纳。全面地接纳、关心、尊重来访者，可以提高其自尊心与自信心，同时可以使来访者真正从内心放松，畅所欲言，与职业咨询师交融在一起，促进问题的解决。这一点在咨询指导过程的初期是非常重要的，严格来讲，接纳的应当是当事人本身而非当事人的观念与问题。

（二）收集并分析资料

在这个阶段，重点应放在界定问题和了解症结上，并且发展出适当的目标、计划和理想中的结果。为了帮助这个阶段的推行，往往必须使用面谈、心理测评或者文件档案记录等技术与工具。对劳动力市场信息的采集与处理是职业咨询工作中的基本内容，职业咨询师对职业分类与职业变迁要比较熟悉，同时要了解不同职业对人的素质的要求。除此之外，职业咨询师还要熟悉各种新闻媒介的发布形式和特点，便于结合工作形势，使职业咨询工作能获得更广泛的影响和支持。信息的采集与处理工作涉及的内容较广，技术性很强，是职业咨询师要重点做好的工作。

在职业咨询中一个关键的问题，就是要解决哪些人适合做哪些工作。职业咨询师首先要能帮助来访者真正地了解自我，解决这个问题常用的技术就是职业心理素质测评技术。目前，常用的心理测评，按照与职业咨询工作相关的内容进行划分，一般分为职业能力测评、人格测评、职业兴趣测评、气质测评、职业价值观测评等几类。随着测评技术的发展，目前人们开始使用情景测评技术。例如，建立一个无领导者的小组，对某一个问题进行讨论，通过言语沟通，小组成员之间互相测试等方法，调动被试发挥自己各方面的潜能，以便对被试在组织、协调、人际交往等方面作出有效评价。

（三）找寻解决问题的可能方案

该阶段常用的方法是脑力激荡。在了解来访者的问题表征后，职业咨询师必须重新审视问题，确立目标，只有如此，职业咨询师与来访者的想法及结论才能切合问题的核心。在决定这些方案的可行性方面，职业咨询师最好与来访者一道或参与制定方案，该环节的实质是针对来访者个人特点及相关背景，为其进行职业设计。职业咨询师可以采用自省分析、对比分析等多种方法指导来访者真正了解自己的实际情况，并分析自我职业取向的合理性，为来访者确定未来工作领域的发展方向，并能对不同择业群体进行宏观职业取向分析。

（四）执行所商讨的方案

在实行方案的阶段，基本上要让所有参与的人了解自己的责任、职务、资源和时间进度计划。因此，建议在正式实施之前，要提供理念使参与者有完整的心理准备和增加咨访关系紧密性及敏感度，仿佛是将所有目标和进度列成明细表。当然，实施后的结果反馈也是同样重要的，因为评估结果和实行方案并非绝对分离的两件事，适时作一下评估，可以使方案实施得更为完善。如果在反馈信息中显示出方案有所缺失，便可修正方案的计划与做法，以使方案更加适宜和完整。帮助的实施是帮助来访者获得职业成功的关键一步。一方面需要职业咨询师具备建立良好咨访关系的基本素质；另一方面还需要运用劳动力供需信息资源，为来访者与用人单位空缺岗位进行合理匹配。能够适当地促成来访者与用人单位开展面谈，及时掌握面谈结果，并对其进行有效的跟踪服务。要注意量力而行，避免因力所不及而收效甚微，要有明确的目的性和工作重点，并要强调工作时效。

（五）评估结果及结案

评估不一定要等到终了时才进行，也可以在执行方案的过程中随时进行。通过评估活动可以获得系统性的、连续性的反馈资料，使职业咨询师决定合适的执行过程，并能很快地认清问题的新动向。对整体结果的评估，则有助于了解目标达成与问题解决的程度。结案其实是相对的，职业咨询经常具有连续反馈性。

因而，职业咨询的主要特征可以概括为：①咨询过程大多以语言方式进行沟通，职业心理测验并非必不可少；②职业咨询师和来访者之间具有动态的交互作用，双方以平等的立场进行持续的沟通，在这一过程中双方共同参与，发展良好的咨询关系，良好的咨询关系往往具有治疗功能；③咨询技术的运用必须考虑来访者的期望与咨询的目标，因此，职业咨询师必须保持弹性咨询处理；④职业咨询最终的目标是必须促进来访者的自我了解，提高来访者的职业发展决策能力。

资料链接 8-1

咨询案例一则

Mike在大学期间主修营销专业，本科毕业后的第一份工作是做保险销售，做销售极富挑战性，但是十分辛苦，而且福利保障不多。所以，后来Mike选择了跳槽，来到一家五星级酒店，但他很快发现，酒店虽然很高档，企业文化却很压抑。Mike觉得这份工作虽然风光，但不适合自己，于是不久后他再次跳槽，到了一家运输公司。经历过两次跳槽，Mike变得谨慎，所以尽管运输公司的工作他仍不是很喜欢，他却不肯再轻易起转行的念头。

不过Mike还是很不甘心，希望可以找到一份真正喜欢而且适合自己的工作。他弄不明白一点，就是为什么每次跳槽之前的设想都很好，然而一旦进入该行业之后，却总是看到事实不像想象得那样。如此一来，心理落差不可避免，人也容易变得沮丧。

一个偶然的机会，Mike认识了一位职业咨询师，他之前从不了解，竟然还有人将专门为别人提供职业咨询作为自己的专职工作。然而与这位职业咨询师进行了几个小时的交谈后，Mike却有一种茅塞顿开的感觉，觉得视线变得明晰了——他确定了自己的职业发展目标：既然自己是学营销出身的，又的确很喜欢这一行，那就继续做销售好了。虽然目前只能做一个小小的销售专员，薪酬不高，但是他可以在掌握丰富的实践经验之后，继续求学深造，然后让自己的销售事业上到一个新的台阶，行行出状元，只要自己一直努力下去，总会有成功的一天的。

（资料来源：北京纽哈斯国际教育咨询有限公司．2007．职业咨询业发展现状．中国大学生就业，(9)：35～37.）

第二节 职业咨询的模式与方法

一、职业咨询模式分析

(一) 指导咨询模式

这种模式重视了解咨询服务对象或来访者的生长发展史，重视对其进行诊断和个案分析。在整个咨询过程中，还注意职业咨询人员与来访者双方的合作，注意根据服务对象的需要提供信息和援助。必要时，便直接向服务对象提出建议。威廉逊是该派的重要代表。通过长期实践，他把职业咨询分解为6个步骤。

一是分析，通过主观和客观的方法，搜集和分析咨询服务对象的态度、兴趣、家庭背景、学历和能力倾向等。

二是综合，运用个案研究法来整理、概括得到的资料，突出咨询服务对象的主要特点。

三是诊断，将咨询服务对象的个人情况与职业因素进行对比，找出存在的问题。

四是预见，以诊断结果为基础进行预测，帮助咨询服务对象选择行动方案或调整职业计划。

五是磋商，向咨询服务对象解答有关的各种问题，以帮助其了解自身，了解职业和择业准则等，就服务对象怎样达到自己的目标，共同商量。

六是重复，当新问题出现时，重复上述5个步骤。

(二) 来访者中心咨询模式

该咨询模式的假设前提为：来访者或咨询服务对象如果能够得到最大的心理满足，他们就可以自己解决求职择业中所遇到的问题，便不会把所有的问题带到职业咨询人员这里来。因此，这一派的职业咨询人员特别强调在咨询过程中双方能相互理解、相互接受，要求形成一种和谐的交往气氛。他们还认为，主动向咨询服务对象提供职业信息的必要性不大。因而在进行职业咨询时，应遵循如下原则：一是只有咨询服务对象主动提出要求时，才向他们提供职业信息。二是职业咨询人员不能用职业信息来操纵和影响咨询服务对象做决定，但应鼓励他们从各种出版物、用人单位、在业人员那里获得职业信息，以便增加其责任感和发挥其创造精神。三是在咨询过程中，允许咨询服务对象抒发对某种职业的感受，并针对这些感受进行“治疗性”开导。总的说来，这种咨询模式重视的是来访者当时的情绪，以及当时提出的问题，不重视对其他有关情况的了解，不重视诊断和提出具体建议。于是，仅局限于这种咨询模式，整个咨询过程没有一定的程序，便会成为一种较简单的双方交谈、讨论的过程。

（三）心理动力咨询模式

这种模式以心理分析理论为基础，着重分析人的心理动机、需要和潜在的职业欲望，强调职业咨询人员要找出咨询服务对象作出决策的根源，即他们是根据怎样的内在动机来做决定的，而不仅仅分析一般的兴趣、态度等因素。待找到这种内在根源后，再用各种手段进行测试与诊断，了解他们的各种素质特性。在要求个体与职业高度一致的前提下，建议咨询服务对象应选择何种职业。

（四）发展咨询模式

这种模式要求咨询人员根据咨询服务对象过去和现在的表现，以及这些表现将意味着什么，即从发展的角度预测服务对象将来可以采取何种行动去求职择业等。该种模式认为，人既有理性，又有情感，职业咨询人员要为咨询服务对象提供表现这两个方面的机会。比如，可以向他们提出“我认为自己是什么类型的人”，“对我自己这种类型的人我怎么看”，“我喜欢成为什么类型的人”，“我的价值观和需要是什么”，“满足我的价值观、需要、兴趣等的出路是什么”之类的问题。再让他们回答这些问题。待其充分表现后，才对他们进行引导和帮助。

（五）行为主义咨询模式

这种模式看重咨询服务对象的反应敏感性、学习心理，注重分析他们对环境的反应，以此来确定他们的意向和强项，进而就是了解和分析咨询服务对象的行为弱点。然后，再建议他们在行为上应怎样扬长避短，还应学哪些知识、技能及其他的东西，并引导服务对象自己去解决求职择业等过程中遇到的问题，以帮助他们去实现职业目标。

（六）折中主义咨询模式

在实施职业咨询的过程中应采用何种模式，运用哪些方式、方法，折中主义这一派的主张不拘一格。他们认为应根据具体情况，取各派之所长，以便让职业咨询产生更好的效果。因此，该派主张咨询人员除了要与服务对象建立良好的合作关系，让来访者探究自身，评价自己所遇到的问题等之外，还应给予其他方面的帮助和引导。而要做到这一切，多方面了解咨询服务对象，进行诊断、预测和提出建议等，均不可缺少。

二、职业咨询的方法

和其他类型的咨询一样，职业咨询须有良好的咨询关系、积极倾听、尊重咨询对象、真诚接纳、同理心等。职业咨询作为心理咨询的一部分，共享心理咨询的理论与技术，但职业咨询又有其特殊性，有的技术在职业咨询中运用较多，职业咨询人员可以依据咨询对象的问题和需要，选择采取一些特殊的咨询技术。以下介绍一些常被职业咨询人员采用，并有实证资料支持，具有效果的特殊技术。

（一）个人SWOT分析法

SWOT分析原本是市场营销管理中经常使用的功能强大的分析工具。S代表strength（优势），W代表weakness（弱势），O代表opportunity（机会），T代表threat（威胁）。市场分析人员经常使用这一工具来扫描、分析整个行业和市场，获取相关的市场资讯，为高层提供决策依据。其中，S、W是内部因素，O、T是外部因素。

职业咨询师可以采用这一工具指导来访者对自己进行一番从里到外的体检，然后帮助当事人解决求职、转行、跳槽等职业发展问题，具体步骤如下。

第一步：分析自己的优点和弱点，仔细评估出自己所感兴趣的职业机会和威胁所在，并将那些自认为很重要的强项和弱势标出来。列成四格表，左上S是长处、优势、喜欢做的事情，右上W是缺点、弱势、不太喜欢做的事情，左下O是感兴趣行业或公司具有的外部机会，右下T是意向行业或企业面临的或潜在的威胁。

每个人都有自己独特的技能、天赋和能力，在社会分工日益细微的市场化社会里，人可能在某一或某些领域游刃有余，但不可能样样精通。找出短处与发现长处同等重要，因为基于自己的长处和短处可以做两种选择，一是努力提高现有的技能和优势去弥补弱势；二是放弃某些对自己不擅长的技能有很高要求的职业。

不同的行业（包括这些行业里不同的公司），都面临着不同的发展机会和威胁，这些机会和威胁会影响谋职和今后的职业发展。如果公司处于一个常受到外界不利因素影响的行业里，很自然，这个公司能提供的职业机会将是很少的，而且几乎没有职务升迁的机会。相反，充满了许多积极的外界因素的行业将为求职者提供广阔的职业前景。列出感兴趣的一两个行业，比如，保险、金融服务或者电信，然后认真地评估这些行业所面临的机会和威胁。

第二步：提纲式地列出今后5年的职业目标，并列出一份5年期的职业行动计划。职业目标可以是想从事哪一种职业，去什么地方发展，想管理多少人，希望拿多少薪水，达到什么样的职位、职称，等等。时刻记住，必须竭尽所能地发挥出自己的优势，使之与行业提供的工作机会完满匹配。拟出一份实现上述每一目标的行动计划，并且详细地说明为了实现这些目标，要做的每一件事，以及何时完成这些事。如果觉得需要一些外界帮助，也请说明需要何种帮助和如何获取这种帮助。

（二）幻想技术

职业咨询师与咨询对象就所收集到的资料进行分析之后，常发现资料所能提供的信息是有限的，所以在职业咨询的实务上，将“幻想”技术用于解决职业选择的困扰上。

1.“幻想”的内容

摩根（Morgan）和斯科霍尔特（Skovholt）列举出了一些“幻想”的方法：①荣誉庆典的幻想。幻想自己正接受一个特殊荣誉的庆祝酒会，而这项荣誉是因咨询对象拥有的特殊能力所获得的。这一类幻想是为了帮助咨询对象使目标具体化，并思考自己的动机。②异性角色的幻想。幻想自己正在担当通常是由异性担任的工作。③异族的幻想。本活动促使封闭的咨询对象开放心态，幻想自己由小到大一直是在异族中长大。④职业中改变的幻想。与来访者探讨改变职业的可能性，并刺激其思考。⑤退休的幻想。青年人、老年人均可使用，此活动要求咨询对象回顾性地去幻想他的工作职业、兴趣、能力、价值，来决定职业的安排。

2. 幻想技术的实施过程

幻想的技术可在个别咨询的情境下进行，也可在团体咨询的情境下进行。幻想的主题基本上可由职业咨询师和咨询对象共同决定，而有效的幻想技术需职业咨询师做适当的引导，其进行的过程如下：①职业咨询师以口头或使用录音带的方式，温和、柔顺地引导咨询对象调整自己的姿势，放松身体，使咨询对象的身心、情绪松弛。②职业咨询师以低柔的声调、缓慢的语句，引导咨询对象进入想象的世界。在引导的过程中，避免用可能限制咨询对象思考的话语，尽可能给咨询对象保留最大的活动和思考空间，使其自由扩展思考方向与内容，越具有分歧、丰富的想象，越能产生有价值的幻想体验。③职业咨询师可引用其他语句引导咨询对象进入不同的情境。④幻想活动结束后，职业咨询师与咨询对象或团体成员共同分享整个幻想过程与感受，并讨论幻想经验与个人职业发展的关联。

“幻想”技术在职业咨询上，可协助咨询对象探索不同的可能性，并从中预先体验各种选择的可能后果，有助于职业探索和对职业决策的评估。

（三）模拟个案研究

在咨询情境中，要求咨询对象投入某种情境，认同其中某一角色，了解、体会、思索问题解决的过程。模拟个案研究要求咨询对象以个案研究的方式，针对某一咨询对象的情况，分析其问题背景，并为其考虑各种可能解决的途径，其过程犹如身临其境，但能从客观的立场学习整个解决问题与作决策的过程，因此效果非常显著。模拟个案研究的过程如下。

第一步：职业咨询师介绍问题解决与决策技术，让咨询对象或团体成员了解并练习作决定的过程与方法，待有初步基础后，即正式进行活动。

第二步：职业咨询师向咨询对象或团体成员说明“个案”的各种情形及活动的目标、内容。

第三步：职业咨询师在准备“个案”时，应注意提供和引导成员收集以下资料：①咨询对象的目标与问题；②影响个人职业发展的因素，如家庭、个人的能力倾向、兴趣、经验、身体状况等；③环境资料，包括各种相关职业和教育环境；④咨询对象的生活形态、发展方向。

第四步：职业咨询师将“个案”的所有资料提供给咨询对象或团体成员，由他或他们自行进行个案研究。职业咨询师可以补充资料，并协助或引导咨询对象或成员寻求正确的研究方向，掌握分析的方法。如果是团体咨询，每位成员均须提出研究报告，说明他所作的决定及其理由。

第五步：完成作业后，咨询对象各自分别提出报告，并与其他成员分享作决定的经验，职业咨询师就其方法及经验之优缺点与特色，进行讨论。

（四）情境模拟

情境模拟就是由职业咨询师制造出一个与工作环境类似，但充满学习与个人发展气氛的环境。而这个环境的营造就是使咨询对象能适应其所处的组织环境。情境模拟可以达到如下目的：①改变个人的行为。给予咨询对象一个与工作相类似的环境，在其中他可以尝试许多不同的行为，来协助自己去面对工作。②为那些在学校、家庭和现实社会中，不能真正得到职业发展方面帮助的个体，提供一个较好的教育与体验环境。

在情境模拟过程中，职业咨询师除了要了解咨询对象的家庭、文化背景，还要求咨询对象对自我进行分析，并且在情境模拟中能有所改变。有时职业咨询师还要与咨询对象有关的其他人员，如家人、教师和老板等进行沟通，了解他们对咨询对象的期望，以便安排适宜的环境来协助咨询对象的职业咨询，共同促进咨询对象的职业发展。

（五）职业家庭树

家庭对个人职业选择乃至职业发展都有着深远的影响，职业家族树（occupational family tree）即以图画方式，刺激咨询对象评估家族的影响，促进咨询对象的职业认知。

具体方法如下：①在树梢处填上个人偏好的职业（可填数种）。②将家族中各人的职业分别填入树的枝干上（各枝干代表家族成员，标出称谓）。由于各个人的职业可能会有所变动，因此可同时填上目前的职业与先前担任过的重要工作，并将与咨询对象有直接关系的重要人物圈起来。③将家族人员职业的共同特点填于树根处。④职业咨询师与咨询对象共同讨论“职业家族树”，可将下列问题作为引导：

一是对家族中各个的职业有何感觉（骄傲、尴尬、羡慕、不屑等）？

二是如何知道他们希望自己要选择何种职业？

三是家族中在兴趣、能力、体能、外貌等特质上，与我最相似的是谁？他们从事的职业与自己的偏好有何关联？

四是自己的家庭成员在工作上感到最满意的是什么（如休闲时间、生活条件、家庭气氛等）？

五是家族中哪些工作习惯与特质造成满意或不满意的结果？经过上述讨论，职业咨询师可以进一步引导咨询对象，探讨各人各种职业的优点与缺陷（如普通的职业对个人与社会的正面价值，或高层次的职业的负面情况等）。

由于职业咨询的范围相当广泛，所以咨询人员所扮演的角色是相当重要的，他所应具备的专业能力和技术要求也是相当高的。作为一个职业咨询师，应该了解几个主要知识领域，包括人类成长与发展、社会与文化基础、如何建立助人的关系、小组活动、生活形态和职业发展、鉴定、研究与评价和职业适应等，并应随着社会的发展与变革，不断学习和丰富自己的知识，在实践中提升自己的咨询能力与技巧。

第三节　职业咨询师的工作职责与能力结构

随着就业和职业竞争的加剧，职业咨询的社会功能日益凸显，逐渐成为奠定人力资源发展，提升人力资源素质，促使人力资源适应社会变迁的基础。无论从促进个体发展的角度看，还是从发挥社会功能的角度看，职业咨询都有其不可替代的作用。在社会急剧变迁、职业性质结构不断变化、生活方式变得多元的背景下，职业咨询提供的服务更强调职业决策能力的培养、职业自我概念的发展、个人价值观念的澄清、对外界变迁的适应等，因此，职业咨询是一项专业性极强的工作。职业咨询师必须以专业的知识和技术，通过各种途径提供有效的专业服务。下面我们具体阐述职业咨询师的工作职责，详细分析职业咨询师应具备的知识、技能和人格结构，以期对职业咨询师专业化建设起到一定的作用。

一、职业咨询师的工作职责与角色定位

早在1973年，全美职业教育学会（American Vocational Association，AVA）与全美职业辅导学会生涯辅导与职业教育委员会（National Vocational Guidance Addociation Commission on Career Guidance and Vocational Education，NVGA）所作的联合声明中指出，职业咨询人员的职责有：协调职业辅导的方案；提供教职员对职业辅导的必要理解，以协助每位学生获得完整的能力本位的学习经验；协调获取与利用合适的职业、教育与劳动力市场的信息；帮助教职员理解人的成长与发展过程，以及评估个体的需要；帮助教职员规划学生所需职业发展的学习经验；协调开发与使用综合的、有积累的学生资料系统，以供所有学生随时取用；寻找与协调运用激励生涯发展所需要的学校与社区的资源；协调学生学习经验的评估，并运用其结果以提供学生咨询、与教师及家长协商及调整课程的用途；为学校统合就业安置方案，并提供工作适应的咨询；提供个人及团体咨询与辅导，以使学生在整个人生的成长与发展的过程中，得到及时而持续、系统的培养自己的知识、技能与判断力，增加经验，并使这些产生相互关联（姚栋华，2005；张梅，2001；王秀芝和梁永革，2004）。

在加拿大，高校职业咨询师是整个社会职业咨询师队伍中的一个分支，其主要的工作角色是为大学生开展职业指导和咨询服务，促进学生的职业发展。包括10项工作内容和职责：一是开展个人和团体咨询，帮助学生明确人生目标和职业目标；二是开展测试和调查，评估能力、兴趣和其他因素，以帮助学生明确职业倾向；三是通过学习设计和计划来开展职业探索活动；四是利用职业规划系统和信息系统来帮助学生更好地了解工作世界；五是提供学习职业决策的机会；六是帮助学生设计个人职业规划，教授职业策略和技巧；七是帮助学生了解工作和其他生活角色的特点，给经受压力、变化的人提供支持；八是对相关服务内容进行评估；九是为教师和学生的父母提供咨询；十是参与到学校办学的各项活动中。根据职业咨询师承担的工作，可将其角色归为3类：指导、咨询和测评。但在实际工作中，职业咨询师的工作角色和内容要复杂得多，有非常细致的工作角色分工，包括职业教育、职业咨询、就业指导、职业信息、合作教育、企业招聘管理、项目管理等。

美国高校职业咨询师的工作内容主要包括以下几方面：①指导学生进行自

我评价，确定专业走向和择业目标；②开展职业技能培训；③为学生提供就业信息；④指导学生参加实习和见习活动；⑤为供需双方提供全方位的服务；⑥举办校园招聘会。

参考美国、加拿大等国高校职业咨询师的工作职责，我们认为，职业咨询师的工作范围相当广泛，主要工作职责可概括为：①进行个体与团体咨询，以帮助来访者弄清生活或职业生涯目标；②实施测验并作解释，以评估来访者的职业能力、职业兴趣、职业人格特征等，由此确定其生涯选择；③通过见习与实习等，鼓励来访者参与试探性的职业活动；④利用职业生涯规划体系与职业信息系统，协助来访者更深入地了解工作世界；⑤协助其发展个性化的职业生涯规划；⑥传授寻找职业的策略与技能，并协助来访者撰写履历表和求职报告；⑦为学校统合就业安置方案，并提供工作适应方面的咨询；⑧为教师和学生的父母及其他职业人群提供咨询。

资料链接 8-2

职业教育咨询

职业教育咨询，作为职业咨询业的一个分支，目前正在飞速地发展着，而且拥有十分广阔的市场前景。职业教育咨询主要是面对在校大学生和毕业生，现今大学生就业形势严峻，很大一部分原因是大学生在校期间缺少职业规划意识，行业概念模糊，而且职业素养相当不足，难以满足用人单位的需求。所以，在高校的专业教育体系之外，专门为大学生提供职业规划和求职技能方面的培训，就成为高校教育的一种发展趋势。不过目前国内高校在这方面做得还不是很充分——虽然大多数高校都设立了就业指导中心，不过就业指导中心的服务很大程度上还停留在求职信息拓展阶段，很少能够为学生提供专业的求职培训。所以，目前的职业教育咨询的发展主要还是依靠行内的一些企业。

拿目前发展得比较成熟的求职培训公司——北京纽哈斯国际教育咨询有限公司来讲，他们已经做得比较成熟的业务主要有这样几个方面：一是开设商业课程，为大学生提供行业指南、职业规划、求职技能等培训服务；二是与高校合作，在高校内部开设培训课程，将求职培训课与高校专业课结合起来；三是与企业合作，针对不同企业的要求，筛选潜质优秀的高校生，对他们进行专业培训并向企业推荐。职业教育咨询服务的模式不仅仅局限于专业培训，比如，HiAll 团队除了发展线下课程，还利用现今大学生对网络的熟悉和依赖，开设网络课堂；此外，还通过出版专业书籍的方式，将职业教育的先进理念在社会上进行广泛的传播。

随着职业教育咨询业的发展，其行业的市场还有很大的拓展空间，因为需要接受职业教育的人群绝不仅仅是初出茅庐的大学生。比如说，很多做过多年高级管理工作的人，在准备跳槽的时候，竟然发现自己不会写简历；或者跨行求职的时候，不了解其他行业的发展规律和精神内核，甚至不知道具体的应聘流程和面试的关卡——而这些问题的解决，都需要职业教育咨询从业者的帮助。

（资料来源：北京纽哈斯国际教育咨询有限公司．2007．职业咨询业发展现状．中国大学生就业，(9)：35～37．）

二、职业咨询师的能力结构

国际标准的职业咨询师认证资格 CDF（Career Development Facilitator）获得者必须具备 12 种基本能力：①帮助的技巧；②提供劳动力市场信息；③测评技巧；④了解多元文化及多样化的人群；⑤完善职业伦理和遵守法律；⑥了解职业发展模式；⑦具备找工作的技巧；⑧善于培训客户和同事；⑨项目管理和协助实施，理解培训项目和项目的实施，并且在协作的各种关系中充当联系者；⑩进行宣传和促进公共关系；⑪熟练掌握相关技术；⑫乐于协商。

我国有学者认为，职业咨询人员的专业能力应该包括：职业发展理论；个人与团体的测评技巧；提供信息和资源的能力；提供辅导的能力；为多元对象服务的能力；督导，熟悉职业伦理、法律、法规和政策，研究和评估的能力；人力资源管理，等等。

《加拿大职业发展标准和指南》从核心能力、专业、道德规范 3 个方面勾画出了职业咨询师的能力要求。职业咨询师的核心能力有 4 项：一是专业能力，包括遵守道德规范和规范的决策模式、致力于专业发展、使用分析技能、工作管理 4 项具体能力要求；二是人际能力，包括尊重差异、有效沟通、发展与客户的有效交互关系 3 项具体要求；三是职业发展知识；四是评估与转介，即在需要的时候把客户转介给其他适当的专业职业咨询机构。职业咨询师的专业能力有 6 项：一是评估，包括指导客户评估的能力；二是个别与团体辅导，包括拥有关于促进学习、辅导学习、团体辅导的能力；三是职业咨询，包括拥有职业咨询的知识，具备与来访者互动的实践方法；四是信息和资源管理，包括开发并且维护信息和资源，提供客户信息；五是工作开发，包括为客户开发工作机会；六是社区沟通，包括加强与社区合作，争取更多资源的能力。职业咨询师需要遵守的道德规范包含道德原则和规范的决策模式。道德原则有 3 条：一是关于专业能力和行为的道德原则，包括自我提高，清楚自我能力的边界，有质量责任，尊重他人，遵守道德规范和法律，使用信息和沟通技巧等原则；二是关于客户关系的道德原则，包括正直、诚实、客观、保密、信息授权、多重关系、兴趣冲突处理等原则；三是专业关系道德准则，包括咨询、尊重其他专业人士的原则。规范的职业决策模式采取 5 个步骤：一是认识存在的困境；二是辨认存在问题的全部方面，作出恰当的反应；三是审查每一个可选行动的风险和利益；四是选择一个方案，采取行动并评估结果；五是从情境中学习。

由上述可知，职业咨询师应具备的能力包括知识和技能两个方面。在知识方面，主要回答"一个咨询师应当知道什么"的问题，而在技能方面，则是回答"一个咨询师应该能做些什么"的问题。但是，在咨询工作中，良好的理论和技术通过咨询师自身健康的人格而起作用，咨询师的人格状态决定其运用技术的心理能力。

就实践层面来说，职业咨询师的知识、技能和人格结构都应是可评价、可测量、可督导的，否则就容易流于虚妄，难以操作，而且这也体现了职业咨询师专业化的具体而明确的要求。

（一）职业咨询师的知识结构

1. 职业咨询理论

职业咨询师应掌握的职业咨询理论主要包括以下几个方面。

（1）职业咨询概述

其主要包括：职业咨询起源及发展的历史；职业咨询的含义、内容、目标、实施途径及主要特性；职业咨询的意义。

（2）职业咨询的理论渊源

其主要包括：心理动力、行为主义、人本主义等流派的基本理论；小学、初中、高中、大学、工作、退休不同时期人的心理发展特点和面临的人生基本课题；职业咨询理论的发展过程与特点。

（3）职业咨询理论的整合与发展

其主要包括三大理论。职业发展理论：施恩的职业动力论；金兹伯格的职业发展理论；萨帕的职业发展理论；泰德曼的职业自我概念发展理论。职业心理与职业指导理论基础：帕森斯和威廉姆逊的特质-因素论；霍兰德的人格类型论；罗伊的需要论；鲍亭等的心理动力论；金兹伯格和萨帕的职业选择发展论；克鲁伯尔兹行为论；伽勒特和乔普森的决策论。职业生涯发展理论：霍尔（Hall）的三阶段职业发展论；达尔顿（Darlton）和汤普森（Thompson）的四阶段职业发展论；施恩的多阶段职业发展论。

2. 职业咨询的测评理论

职业咨询师应掌握的心理测评基础知识包括：心理测验的历史、性质和种类；心理测验的误差、心理测验的信度与效度、测验的项目分析；测验分数的合成与解释；测验的选择与实施、测验的应用与管理；心理测验使用的原则；心理测验在职业咨询中的地位和作用；心理测验在职业咨询中的实施与应用的步骤。

3. 职业咨询的人力资源基础知识

职业咨询师应掌握的人力资源基础知识包括：人力资源的内涵和特征；人力资源管理理论的形成与发展，关于人的管理哲学——人性假设、人力资源管理的模式；工作分析的定义、目的和意义，工作分析的方法，个体差异与管理；人员选拔的基本原则和方法；人员培训的意义与范围，学习理论与学习原则，人员培训的方法，培训效果的评价。

4. 职业咨询的法律法规

职业咨询师应掌握的职业咨询相关的法规、法律主要有：《中华人民共和国劳动法》、《中华人民共和国宪法》、《中华人民共和国个人独资企业法》、《中华人民共和国公司法》、《中华人民共和国外商企业法》、《中华人民共和国中外合资经营企业法》、《中华人民共和国工会法》等。

（二）职业咨询师的技能结构

1. 职业咨询过程的操作技能

职业咨询师在职业咨询过程中的操作技能主要包括两个方面：一是职业咨询一般过程的操作技能；二是信息的采集与处理技能。

（1）职业咨询一般过程的操作技能

职业咨询一般过程的操作技能要求是：掌握一般职业咨询服务程序、内容及其注意事项；了解职业咨询的一般业务范围及其注意事项；熟知职业咨询师的职业道德和伦理规范；了解规范填写表格的要求；掌握倾听与提问的技巧；掌握信息咨询的主要范畴、类别和详细内容；掌握建立咨访关系的原则、方法、技巧及其典型案例分析；掌握问题澄清的原则、方法、技巧及典型案例分析；掌握咨询目标的种类与判断原则及其典型案例分析；掌握解释、引导的原则、技巧及其典型案例分析；掌握问题解决的步骤、方法和注意事项；掌握职业生涯规划、就业指导、升学指导、创业指导的原则、内容、方法及其典型案例分析；了解招聘方式的种类、适用范围及其特殊情况处理；了解岗位用人标准、特点及其特殊情况处理，以及典型案例分析。

职业咨询一般过程的操作技能的内容主要包括：①接待登记。对来访者进行服务程序引导；对求职者简要介绍职业咨询的工作范围；指导来访者正确填写有关表格，完成咨询登记。②信息咨询。准确判断求职者信息咨询的各种要求，为来访者及时提供全面的信息咨询。③诊断咨询。与来访者建立稳定的咨访关系，迅速弄清来访者的问题；在复杂的情况下，为来访者确立咨询目标；为来访者进行有效、及时的解释和引导；为来访者提出较系统的问题解决建议。④择业指导。开展系统的职业生涯规划、升学、择业、创业指导。⑤用人指导。提出合理的招聘方式建议；指导用人单位规范岗位用人标准；指导用人单位与求职者建立劳动关系；向劳动、人事、监察等部门提出建议。

（2）信息的采集与处理技能

信息的采集与处理技能的要求是：了解一般性的职业咨询涉及的统计图表的设计原则；掌握问卷的设计和实施及典型情境练习；了解统计图表的种类及制作原则；了解一般统计原则及方法；了解广告媒体和实施策略及内容、预算设计；了解大型活动组织的原则和注意事项。

信息的采集与处理技能的操作内容主要包括：①采集方案的设计与实施。设计较全面的信息报表；设计、实施问卷调查；利用网络等手段采集就业市场信息；与用人单位或有关政策、信息部门保持稳定的联系。②信息整理与分析。对就业市场信息进行登录、审核、分类整理；制作就业市场信息系统及图表；对就业市场信息进行描述统计分析。③信息发布。进行广告策划；选择合适的媒体渠道发布信息；建立信息发布制度；组织供需交流会。

2. 职业咨询的咨询技能

职业咨询的咨询技能主要包括：咨询关系建立的要领；注意倾听的技巧；影响对方的技巧；会谈中的非言语性技巧；团体咨询的组织及实施。

3. 职业咨询的测评技能

职业咨询测评技能的基本要求主要包括：掌握常用测评目标设置的原则和要求；掌握简单测评维度设置的原则和要求；掌握常用测评方法的种类和适用范围；掌握多种测评方法组合与实施的一般原则；掌握测评结果呈现的基本方式及要求；掌握各种测验的构成、施测、计分和结果解释；掌握不同测评方式的结果之间的关系，以及测评结果与测评维度的关系；掌握测评报告的格式和撰写方式及典型案例分析。

职业咨询测评技能的操作内容主要包括：①设计测评方案。识别和确定测评的目标；确定测评的维度体系；选择适宜的测评方法；设计测评实施的步骤；确立测评结果的呈现方式。②使用标准化测验。使用多种能力倾向测验、人格测验、职业兴趣测验；使用计算机辅助测验。③用面试和其他测评方法。对应聘者实施面试；熟悉评分方法；掌握面试技巧。④写测评报告。理解各种测评方式的结果；撰写复杂的测评报告。

4. 职业生涯设计技能

职业生涯设计技能的基本要求主要包括：了解自我评估的内容和方法，了解环境评估的内容和方法，掌握个人的优势与限制分析；了解我国的职业分类和对人的具体要求，了解社会对劳动力的需求分析，了解我国劳动就业的特征与任务，掌握我国劳动力的市场分析：了解人生目标的确立，掌握职业目标的定位，了解短期目标、中期目标、长期目标的制定；了解实现目标的途径分析、可供选择的具体职业，掌握生涯策略方案的设计；掌握职业生涯规划评估的方法，了解生涯策略、方案调整的方法；掌握生涯规划的实例设计及典型案例分析。

职业生涯设计技能的操作内容主要包括：①职业取向分析。协助来访者探索自己的价值取向，并对现有取向的合理性进行系统的分析和判断；为来访者提供宏观职业取向分析。②培训项目设计。对培训项目、培训的规模及形式进行宏观引导设计；协助求职者和用人单位设计、调整、确定培训项目。

5. 培训组织实施的技能

培训组织实施的技能的基本要求主要包括：了解组织就业市场的一般规则、注意事项，以及跟踪服务的基本要点；掌握跨行业就业市场举办的一般规则及注意事项；了解实施培训的内容及问题；了解小企业、社区服务方面的有关政策、信息；了解特殊群体、待业就业人员的特点、条件和相关政策，掌握相关的法律。

培训组织实施技能的操作内容主要包括：①组织供需交流。运用就业供需信息资源为求职者和用人单位进行合理匹配，并合理安排求职者与用人单位开展面谈；并对面谈结果进行跟踪服务；组织举办就业市场；组织跨行业就业市场。②实施培训。选择合适的培训项目和培训形式；与职业培训机构建立联系；组织实施培训。③就业援助。为创业的人员在创业选项、投资、生产、经营等方面提供咨询等服务；运用政策法规，就特殊人员就业问题，与用人单位及有关部门进行协调；积极主动地为待就业人员做好指导与服务。

（三）职业咨询师的人格结构

咨询心理学家科米尔（Cormier）认为，最为有效的职业咨询师是那些可以把人格因素和科学的理论、方法加以完美结合的人。换言之，就是可以在人际关系和咨询技术之间寻求最佳结合点的人。她提出一个优秀的职业咨询师应具备 6 项品质：智力，即具备完整的知识结构，熟悉各种咨询理论，对新知识具有强烈的学习愿望与能力。精力，即职业咨询师在咨询过程中充满活力与感染力。适应力，根据咨询对象的需要能采取适当的理论和方法，而不是只用某一种特殊的理论和方法。支持与鼓励，支持咨询对象自己作出决策，帮助他们发挥自己的潜力，避免强制行为。友善，以良好的意愿帮助咨询对象重新构建新的生活方式或行为方式，促进咨询对象的独立性。自我意识，对自己的知识结构、态度与情感有明确的认识，并能认识到对这些情感和态度产生影响的因素。

临床心理学、咨询心理学、美国心理学会临床心理学者培养计划中对临床心理学者的人格特性作出了要求：优秀的智力和判断力；独创性和变通的才能；“新鲜感”和“好奇心”；关心、尊重人；能洞察自身的人格特性；有较强的心理感受能力；宽容；与他人确立温和的、信赖关系的能力；勤奋且能对抗压力的能力；与他人的协调性；情绪稳定；有辨别伦理价值的能力；有教养；对心理学感兴趣。

日本心理学家伊东博将职业咨询师须具备的人格素质归纳为：情绪稳定；健全的、乐观的人生观；民主的人际关系；真诚地关心来访者；不断改善自我；为理解人的本质而不懈努力；与人协作配合的能力；亲切、和蔼、平易近人。

我们认为，职业咨询师应具备以下完善的人格结构。

第一，职业兴趣。职业咨询师应该对人的工作感兴趣，喜欢研究和探讨人的问题，喜欢与人沟通，了解他人，喜欢处理人与人之间的关系，在交往中帮助他人。

第二，机智和灵活性。职业咨询师应善于灵活地选择适合来访者需要的咨询方法和策略，对他们的帮助因人而异，在一种方法或措施效果不好或失败后，能够寻求替代的新方法或措施。

第三，敏感性和洞察力。职业咨询师应有较强的敏感性和洞察力，能比较迅速地发现来访者的职业问题及其症结。

第四，自信和乐观。职业咨询师应对自己的专业能力充满自信，相信自己能帮助来访者，并能把这种信念传达给来访者，使他们与自己配合。高校职业咨询师应积极看待生活，从平凡的生活中寻找乐趣，富有成就感、成功感。

第五，自知和自控。职业咨询师应对自己的知识结构、态度、情感、能力有清醒的认识，发挥、利用自己的优势，并善于在职业咨询过程中把握自己，有较高的自我控制能力。

第六，热情、真诚。职业咨询师应对来访者时要热情、尊重、关心、友善、仁慈、富有爱心，以良好的愿望支持、鼓励使来访者自己作出决策，帮助他们解决职业问题，发挥自己的潜力，提高他们的职业幸福感。

第七，感情移人。职业咨询师应善于理解别人，设身处地为来访者着想，体验他们的感情，富有同情心。

第八，心理健康。职业咨询师应该情绪稳定，心胸开阔，有较强的心理承受力，能够控制忧愁、抑郁、紧张、恐惧、烦恼、悲伤、敌意、嫉妒、自责、自卑等消极情绪，保持积极的心理状态。

本章小结

1. 职业咨询是指针对咨询对象（来访者、咨客）在职业选择、职业适应、职业发展等方面遇到的问题，以平等交往、商讨的方式，运用心理学、管理学（人力资源管理）、社会学（职业社会学）的理论和心理咨询的方式、方法，启发、帮助、引导咨询对象正确认识社会需求、正确认识自己，从心理和行为上更好地完成学习、工作与生活角色转变的过程。

2. 职业咨询与心理咨询的区别主要表现在：含义不同；称谓与学科基础不同；理论基础、咨询的内容与方法不同等。它们之间的联系主要表现在：咨询目标与基本过程相似；主要原则与服务方式基本相同；谈话技术基本相同等。

3. 职业咨询的理论模型主要包括：人格与环境类型理论；工作调整理论；职业自我效能理论等。

4. 职业咨询过程主要包括：建立咨访关系；收集并分析资料；找寻解决问题的可能方案；执行所商讨的方案；评估结果及结案。

5. 职业咨询的模式主要包括：指导咨询模式；来谈者中心咨询模式；心理动力咨询模式；发展咨询模式；行为主义咨询模式；折中主义咨询模式等。

6. 职业咨询的方法主要有：个人 SWOT 分析法；幻想技术；模拟个案研究；情境模拟；职业家庭树等。

7. 职业咨询师的工作职责主要包括：①进行个体与团体咨询，以帮助来访者弄清生活或职业生涯目标；②实施测验并作解释，以评估来访者的职业能力、职业兴趣、职业人格特征等，由此确定其生涯选择；③通过见习与实习等，鼓励来访者参与试探性的职业活动；④利用职业生涯规划体系与职业信息系统，协助来访者更深入地了解工作世界；⑤协助其发展个性化的职业生涯规划；⑥传授寻找职业的策略与技能，并协助来访者撰写履历表和求职报告；⑦为学校统合就业安置方案，并提供工作适应方面的咨询；⑧为教师和学生的父母及其他职业人群提供咨询。

思考和练习题

1. 简述职业咨询与心理咨询的区别与联系。
2. 简述职业咨询的理论模型。
3. 试分析职业咨询的过程。

4. 简述职业咨询的主要模式。
5. 职业咨询的方法有哪些？
6. 职业咨询师的工作职责主要有哪些？
7. 试分析职业咨询师的知识、技能及人格结构的要求。

拓展阅读

1. 方翰青．2007. 高校职业咨询的设计与操作．重庆工学院学报（自然科学版），(6)：132～136.

2. 方翰青，谭明．2012. 我国职业咨询理论与实践的研究综述．人大复印报刊资料（职业技术教育），(4)：11～16.

3. 解光夫．2002. 职业咨询中的几种理论模型简介．职业技术教育，(10)：68.

4. 李洁．2006. 职业咨询漫谈．职业教育研究，(9)：46～47.

5. 夏岩宾，李灵．2008. 个人职业生涯规划咨询流程探索及实践应用．中国健康心理学杂志，(11)：1311～1313.

6. 姚栋华．2006. 高校职业咨询与辅导人员培训工作研究．思想理论教育（上半月，综合），(10)：66～69.

第九章

员工帮助计划

本章要点

- 什么是EAP？它包括哪些内容？有哪些模式？
- EAP的发展历程是怎样的？
- EAP有哪些应用领域？
- EAP在中国的应用和发展情况如何？

发达国家多年的实践证明，员工帮助计划（Employee Assistance Programs，EAP）是解决职业心理健康问题的最优方案。在19世纪80年代，约有30万家美国企业推行该项目，EAP已被广泛地应用于各种不同类型的组织机构。研究显示，《财富》杂志评选出的世界500强企业中，大约90%都建立了EAP项目，大约有1/4的美国雇员享受到心理援助服务。最初产生的EAP项目是为了解决美国企业中生产线工人因酗酒、吸食大麻和药物滥用等影响个人工作绩效和组织绩效的问题，并且人们已经了解酒精和毒品依赖是一种疾病，而不是精神的问题。随着经济社会的发展，EAP的内容不断丰富，并与企业员工福利内容相整合，在解决影响员工绩效的问题、降低组织相关成本等方面发挥了重要作用，有效地提高了组织的生产效率，因此越来越受到组织的广泛重视，在美国其已经普及到企业、学校、政府、军队等领域。

第一节　EAP的含义和内容

一、EAP的含义

EAP是美国19世纪70年代以来企业界推行的一种福利方案，以帮助员工解决社会、心理、经济与健康等方面的问题。它以应用心理学为支撑，最终的落脚点为管理学。

EAP的中文翻译为员工援助计划、员工帮助计划、员工辅助计划或员工关怀计划等，是当今企业文化建设创新实践过程中引入国外企业管理方法提出的一个新概念。它主要是指由企业、（政府）组织运用科学的方法，积极主动地通过规划、宣传、调研、辅导、干预、评估等精神福利服务，长期免费提供给员工及其家属在家庭、社会、心理、管理与健康等方面问题的专业心理咨询支持项目，最终达到发掘员工潜能、提升工作满意度和工作绩效、提高员工工作、生活质量，完善组织的管理和形象，构建良好的组织文化模式。在EAP中，专业人员（心理学家、医师、管理学家）协助组织诊断团队和个体存在的问题，提供专业指导、培训和咨询，及时、有效地解决他们所面临的各种与工作相关的心理和行为问题。简言之，EAP是组织用于管理和解决员工个人问题，从而提高员工和组织绩效的途径或机制，是组织层面的心理辅导与心理训练。关于它的准确定义，目前还没有一个统一的认识。

国际员工帮助计划协会（Employee Assistance Program Association，EA-PA）对其的定义是："员工帮助是企业可以利用的资源，它通过核心技术，预防、识别和解决个人及生产率问题，增强员工和工作场所的有效性。"它是一项基于工作场所的支持计划，该计划旨在帮助工作组织处理生产效率问题，以及帮助"雇员客户"甄别和解决个人所关心的问题，这些问题包括但不限于健康、婚姻、家庭、财务、酒精、法律、情感、压力，以及可能影响工作绩效的问题。

Sharer等认为，EAP是由雇主提供的福利，帮助员工处理与工作、个人和行为健康相关的诸如婚姻、家庭、情感、工作压力、药物和酒精、法律和财务问题等。

Maxi也认为，EAP是一个专业评估和推荐项目，也是为有酒精、药物和感情问题而可能影响工作绩效的雇员提供的短期咨询服务。

时勘提出，EAP是一项为工作场所中个人、组织提供咨询的服务项目。它帮助管理者识别员工所关心的问题，并且提出解决方案。

谷向东等认为，EAP是由组织为员工设置的一项系统的、长期的服务项目；通过专业人员对组织的诊断和建议，以及对员工及其亲人提供的专业咨询、指导和培训，旨在帮助改善组织的环境和气氛，解决员工及其家庭的心理和行为问题，以及提高员工在组织中的工作绩效，并改善组织管理。

王雁飞认为，EAP是组织为员工设置的一套系统的、长期的福利与支持项目，它通过专业人员为组织、员工提供诊断、评估、培训、专业指导与咨询，帮助员工自身及其家庭成员解决各种心理和行为问题，目的在于提高员工在组织中的工作绩效和身心健康，并改善企业的组织气氛与管理效能。

张西超在综合了国内外相关研究和文献后认为，EAP 是组织为员工设置的一套系统的、长期的服务项目；通过专业人员对组织的诊断和建议，以及对员工及其直系亲属提供的专业咨询、指导和培训，旨在帮助改善组织的环境和氛围，解决员工及其家庭成员的各种心理和行为问题，以及提高员工在企业中的工作绩效。

还有很多学者从不同的角度提出了自己的观点，但综合各种文献，尽管 EAP 的定义不尽相同，但至少都具有这样几个共同特征：①这种服务是由组织聘请专业人员，免费提供给员工及其家属的一种基本的、系统的、长期的福利项目和支持计划。②目标明确。组织通过专业人员对员工个人和组织实施全面的诊断，针对员工个人和组织的问题，提出改善的建议，从而提高员工个人和组织的生产绩效水平。③具有综合性、前瞻性的整合功能。EAP 不是单一的计划，而是由一系列方案组成的，从最开始的咨询、诊断，一直到最后问题得到解决，是一个系统工程，并且通过对现实问题的剖析，提出前瞻性的改善措施。④具有保密性。根据行业的职业道德标准，在咨询中获得的任何涉及个人隐私的事项都要受到严格的保护。一般情况下，在没有得到咨询对象书面授权的情况下，咨询人员不能向任何人员透露。⑤聘请组织外部专业服务公司执行 EAP，有助于组织更加客观、有效和具体地付诸实施。⑥专业服务公司在合同期内（通常为 1 年）会定期、持续地向组织书面报告 EAP 的执行情况，并在结束时进行效果评估。

二、EAP 的服务内容与流程

（一）研究者角度和认识不同，EAP 的内容也不尽相同

EAPA 认为，EAP 的核心内容包括：①提供咨询、培训和援助给那些力图管理处于困境的雇员、改善工作环境、提高雇员工作绩效，并培养雇员和家人了解 EAP 服务的工作组织的领导者。②为雇员客户所关心的个人问题，提供保密和及时的问题甄别及评估服务，这些个人问题可能会影响工作绩效。③运用建设性的面谈、激励和短期干预的方法，帮助员工客户处理可能影响工作绩效的问题。④为员工客户推荐诊断、治疗和援助服务，以及案例监控和跟踪服务。⑤在工作组织与提供治疗和其他服务的供应商之间建立和保持有效关系，以及在管理供应商契约方面提供咨询。⑥为工作组织提供咨询，鼓励适用医疗和行为问题（包括但不限于酗酒、药物滥用、精神和情感紊乱）的健康保障的实用性和可获得性。⑦鉴定为工作组织和个人工作绩效提供的 EAP 服务的效果。

CONSAD 研究公司出版的 EAP 手册总结了 EAP 的内容，主要包括：①作为一种资源提供给有个人问题的管理者；②为培训和发展提供援助；③为使雇员发挥最大潜力提供援助；④在控制成本的情况下，最大限度地使用福利费用；

⑤为提高和保持多产和有效率的工作环境提供援助；⑥使组织的社会责任最大化；⑦作为一种资源为协会代表服务；⑧保证照料的质量。

Bridge 等认为，尽管没有标准的 EAP，但大多数 EAP 都有公共部分的内容：①鉴别被削弱的工作绩效；②咨询援助；③建设性的面谈；④与个人系统、有计划地接触；⑤与组织长期、系统地接触；⑥提高工作绩效。

George 认为，建立一个 EAP 必须有 4 项基本内容：政策和程序、对员工的教育、对管理者的培训、咨询和临床治疗。

李金平、陈维政认为，EAP 为员工提供很多方面的需求，可以划分为咨询类、教育类、申诉类、福利类、休闲类和其他类。

综合各家之言，我们不难发现，EAP 系统的服务内容是全方位的，并富有层次性，可以说，始终坚持“预防在先，补救在后”的宗旨，实行具有针对性和高效性的积极干预。其内容紧紧围绕 7 个方面展开：一是应对心理压力的原则和方法；二是维护和增进心理健康的原则和方法；三是维护和干预职业心理健康和职业问题；四是优化职业生涯规划发展的方法和构建快乐的职业生涯的途径；五是改善有效沟通的理念和技术、人际关系或组织关系改善的策略；六是如何拥有一种健康的生活方式，有效地调制饮食紊乱和合理减肥；七是及时干预心理危机，积极应对突发事件，制定预防和应急预案。

（二）EAP 有效实施必备的要素

1. 来自管理层的支持

组织高层领导的认同和参与，可以为整个组织提供典范，是推进和实施 EAP 的关键要素。企业的竞争就是人才的竞争，员工要充分发挥能动性，才能保证企业有效运行。在项目的执行过程中，前期的论证、方案的设定、组织实施、效果评估的各个环节，都要与高层管理者保持高度的、充分的交流和沟通，才能确保项目实施有效性的最大化。因此，来自高层管理者的深度认同、密切关注和积极支持，是推进和实施 EAP 项目的关键要素之一。特别是在 EAP 项目的初期导入阶段，中层管理者的参与可以为项目的执行提供基本的支持和协助，但如果不能得到高层管理者的认同，EAP 项目也很难达到预期的成效并且持续进行下去。这一点，无论是对于大到拥有数万名雇员的巨人企业，还是对于小到只有 50 名员工的公司，都是一样的。例如，国家开发银行 EAP 项目就是在其机关党委的支持和协同下开展和实施的。

2. 来自工会组织和其他职能部门的支持

工会组织和其他职能部门的参与可以增加 EAP 的可信度，推进项目的顺利实施。在美国，EAP 项目得到了全国范围的工会的积极支持，同时工会与管理者之间的协作对 EAP 专家来说也非常重要。此问题在北京西门子通讯网络股份有限公司 EAP 项目中得到了有效的验证。这一项目开始就由工会进行导入，工会的领导和工作人员为了顺利实施这个项目，做了大量积极、主动的工作，广泛调动员工参与，并尽量安排好员工的工作、生活，使其不与项目实施发生冲突。

3. 明确的政策和程序说明

实施 EAP 的组织，都必须提前向员工公开政策和程序，有利于员工了解组织的诚意和目标，减少负面影响，并自愿参与其中。强调员工是组织的宝贵财富，同时，所有接受 EAP 的员工资料都将受到严格的保密。例如，有些公司把政策的执行程序编制说明手册发给员工，还将其寄给员工家属以示郑重。另外，还应将执行的步骤、享受的服务范围及注意事项、相关的工作流程等一一说明，强化员工的参与意识。

4. 保密

保密是 EAP 实施的基础，所有员工都有权利为自己的隐私寻求帮助并获得保密的承诺。对于专业服务公司来说，对取得的任何一位员工的所有资料必须做到严格保密，这是 EAP 取得成功的关键。因为在 EAP 实施的各个环节，都有可能在无意间透露员工的隐私。

在 EAP 保密工作中，需要重点避免的情况有：①预约时间安排不够周密。绝不能因预约时间不当而泄露隐私。②严格限制时间。一般而言，EAP 服务保证 24 小时开放很重要，特别是对于有固定咨询对象的咨询师，必须保证其有灵活的咨询时间。③对来访者进行随机分组。这种方式可以很容易地破坏组中和新进的来自相同公司的员工的隐私。④让治疗机构亲自确认雇员的问题所在。医院和治疗中心很愿意接受转来的员工，但他们通常会打电话给当事人所在的组织，以了解情况，这样就会使当事人处于一种尴尬的状况。为此，EAP 项目咨询师必须与相关机构充分沟通，为员工扫清障碍。⑤回访。这个方法是扩大 EAP 项目影响的一个很好的办法，但是，由于咨询师的不期而遇，有可能会引起其他人对咨询对象的猜测，造成流言，故要谨慎使用，以避免不必要的麻烦。⑥在工作时间联系来访者。如果需要告知来访者变更预约时间，基本原则是尽量在下班时间联系来访者，以免给来访者造成不便，若遇紧急联系事项，避免留言：“请某某尽快给 EAP 回电话。”⑦向转介人员透露不必要的信息。根据 EAP 项目规定只能向转介人员提供员工是否接受转介、员工是否接受治疗、员工是否接受推荐的治疗的信息，其他信息必须保密。

5. 完善的教育培训促进计划

（1）普及心理健康知识

一方面教育领导层要掌握、捕捉员工可能出现问题的方法；另一方面教育

成 668 美元的损失；②40％的“跳槽”或转行是心理压力所致；③更换一个员工，需要支付 10 000～30 000 美元；④75％的员工会在工作时间考虑个人问题。

EAP 更多的是侧重工作与生活中的平衡，关注并管理员工的心理问题，已经成为各级管理者必须解决的重要课题。透过 EAP 系统，员工能够改善工作情绪，提高工作积极性，增强自信心，有效处理与同事、客户的关系等。对企业组织来说，能够节省招聘费用，节省培训开支，降低管理人员的负担，提高员工的士气、组织绩效等。

（资料来源：http：//www.doc88.com/p-699300195003.html）

第二节 EAP 的模式

根据组织的特点和环境，EAP 的模式可以有多种选择，一些研究机构和学者提出了自己的观点。

一、EAP 手册中的模式

根据 CONSAD 研究公司出版的 EAP 手册，EAP 的模式可以分为以下几种。

（一）非专业评估和甄别模式

这种模式与最初的员工援助尝试最接近，是一种典型的酗酒康复者对其他遭受过相似困扰的个人进行援助的模式。这种模式通常在内部运作，尽管个人一般有些实际经验，但经常接受很少的培训甚至没有。由于该模式范围受限，用的人已经变得很少了。

（二）集中限定评估和甄别模式

这种模式有时也叫作“票据交换所”，它的特点是包括了一种同时提供给单个或许多不同类型组织的非现场服务。服务可能是面对面的，也可能是通过电话进行的。提供服务的人可能接受过顾问方面的培训，但也可能拥有最少的资质。相对于组织的规模来说，参与 EAP 员工的比例通常比较小。因此，由于不在现场和缺乏对组织的了解，这些 EAP 计划通常只是涉及组织的边缘。

（三）职业评估、甄别和情势咨询模式

这种模式提供了范围更广的选择，通常利用全面的战略视野来解决人性困

难。处理的问题包括但不仅限于个人心理、婚姻、家庭和子女的问题，以及物质滥用、工作压力、财务和法律问题。受过专业训练的顾问和管理人员根据治疗资源来实施评估和在一定程度上监控治疗，通常在情势失控或突发危机的情况下，他们也可能提供某些短期咨询服务。这些模式的EAP也对团体资源进行一定深度的评估。如果福利计划允许的话，这种模式的EAP也可以满足临床需要。但是跟踪和项目评估经常要受到限制，因为从业者通常没有研究和统计技能来完成评估绩效。

（四）全面员工援助服务模式

全面员工援助服务模式代表了最完整的员工援助模式，它提供了一个解决人类行为问题的全新方法。从事全面EAP服务的顾问，通常受过很好的训练，可以在组织内，也可以在组织外实施。事实上，全面EAP服务可以就更大范围的人性问题提供援助，它广泛地涉及组织生活领域，并与其他组织实体密切合作，比如，管理开发、劳动关系、平等雇佣机会、福利、健康和安全领域。

（五）“巨刷”计划

“巨刷”（broad brush）计划组合了全面EAP服务和工作场所福利尝试，支持该计划的人认为这种组合构成了新的服务提供模式。传统的全面EAP服务模式主要解决已经暴露的并且开始影响整体工作绩效的人性问题，而福利项目的目标是在问题变成事实之前，影响可能产生这些问题的因素。福利尝试用于癌症风险、心血管病、意外伤害、AIDS和其他健康问题，但是福利项目本身不能自成体系，也不能替代EAP。福利项目只是关注一般的雇员，而EAP主要是针对有严重的、急需的心理或健康问题的特殊员工，两个计划需要不同的技能。员工援助顾问必须了解酒精和药物使用、成瘾，以及精神和情感问题，而提供福利计划的顾问重点是，在一般意义上了解生理和与健康有关的风险因素。EAP的推进战略关注受损的工作绩效，而福利计划主要是依赖教育和预防。EAP的参与是保密的，而福利计划是公开运作的。正是由于两个计划需要不同的技能和方法，一些专家认为应该将这两种做法分开，由不同人员支持，而且这两种尝试可以也可能组合使用。

二、美国国家精神健康研究院提出的模式

美国国家精神健康研究院（NIMH）物质滥用和精神健康服务部，从7个方面提出了EAP的服务模式：①根据期限，可以分为评估和甄别模式和短期问题解决模式；②根据服务的范围，可以分为基本服务模式和附加服务模式；③根据其与行为健康服务之间的关系，可以分为独立模式和复合模式；④根据服务

的地点，可以分为现场模式、非现场模式、虚拟模式和混合模式；⑤根据服务供应商的不同，可以分为内部模式、外部模式、混合模式、同僚模式和网络会员模式；⑥根据服务的适用对象，可以分为雇员和家庭成员援助计划、会员援助计划和劳工援助计划；⑦根据服务的资助人/付费者不同，可以分为管理模式、同僚模式、协会模式、联合劳工/管理模式、联盟模式。

三、部分国外学者提出的模式

Goldstein 认为，EAP 的模式分为内部模式和外部模式，内部模式更有可能反映出公司的政策，并且能够较好地提供满足公司目标的服务，这种模式也能够增强与其他公司项目的整合，有利于员工及时获取帮助并鼓励对员工进行早期的干预；但大多数员工却选择外部模式，这更有可能保护隐私，而且外部模式会有更多类型的专家来处理不同类型的员工问题。

Steele 也将 EAP 服务分为内部模式和外部模式，他认为内部模式的优点在于可以影响工作场所的政策、提供培训和预防措施、不限于工作地点的雇员、在治疗干预期间和之后对雇员进行工作上的调整，外部模式的优势表现在每个雇员的成本较低等方面。

Roman 等根据 EAP 推荐路径的不同，将 EAP 的模式分为自我推荐模式、非正式模式和正式模式。自我推荐模式有独特的优势，根据一项调查结果，员工在选择自我推荐模式时，要考虑 3 个方面的基本因素：一是可以获得一定范围的专业援助；二是由雇主提供服务；三是员工能在保密的情况下使用服务，并且不会因他们工作状态的任何方面而受到处罚。非正式推荐在推荐过程中所占比例较大，通常涉及员工的上级，这种模式的缺陷是没有任何推荐给 EAP 的员工的正式记录或是任何关于工作绩效问题的记录。正式推荐是当需要外部干预时使用，当管理者发现工作绩效下降而且无法用工作环境来解释时，那么就需要与这些员工进行沟通，指出绩效下降的证据，如果问题不能得到解决，就会采用纪律措施，此时 EAP 的服务就是需要的了。当然，选择咨询或治疗是由员工本人决定的，而不是管理者的命令。

Sullivan 等认为，EAP 的效率与 EAP 的模式有一定的关系。他们指出，工作场所模式的项目在鉴别情绪低落的员工，以及具有药物和酒精问题的员工方面效率很高，网络模式的项目在提供易于获得、无成本和短期的咨询服务方面具有高效率，而完全是非工作场所的 EAP 则只能吸引一小部分由管理层推荐的员工。

Scenic 比较了内部 EAP 模式和外部 EAP 模式的优势和劣势，并指出如果一个组织的劳动力较少，且有多处工作场所或者选择外购特殊服务，那么就应该考虑外部 EAP 模式；如果一个组织希望能够进行更多的控制项目设计，在提供正式咨询项目的同时，使 EAP 客户获得非正式的、前瞻性的咨询服务，那么就应该考虑内部EAP模式。

值得一提的是，由于越来越多的跨国公司在海外投资，在投资国建立什么模式的EAP是一个很重要的问题。Scott等提出了在海外工作场所建立EAP的模式，他们认为，许多国际员工援助服务提供商建立一个以美国本土为中心的海外服务模式，主要依靠美国国内的电话和互联网咨询作为他们临床诊断的媒介，这种模式限制了所在国当地员工援助提供商与雇员的直接接触。因此，他们提出了不同的海外工作场所EAP模式，即“glocal”模式。成功实施这种模式的关键点在于，确保所在国当地的员工援助服务提供商了解员工援助的原理，并且知道如何将这些原理有效地与当地文化相联系和适应；在当地工作场所与当地的员工援助服务提供商结成联盟并进行整合；确保当地的服务提供商有经济利益，以便与当地的雇主建立一个密切的咨询服务关系；用当地的语言提供管理和监督的培训，用来鉴别员工和推荐员工使用EAP；提供与当地员工援助服务直接沟通的渠道。

四、中国的EAP模式

李金平、陈维政认为，EAP的运作模式可以分为4种：公司内部模式、公司外部模式、联合模式和会员制模式，这几种模式因公司的经营状况、规模、目标的不同而不同。

一般而言，中国的EAP模式由如下5个模块组成：①心理状况调查模块：由专业人员采用专业的心理健康调查方法评估员工心理生活质量现状，分析问题产生的原因。②心理健康宣传模块：利用宣传栏、海报、印刷品、网络、健康知识讲座等多种形式，使员工形成对心理健康的正确认识，鼓励员工遇到心理困扰问题时积极寻求帮助。③心理培训模块：通过职业心理健康、压力管理、挫折应对、积极情绪、职业倦怠、工作与生活平衡、咨询式管理者等系列培训，帮助员工掌握提高心理素质、保持心理健康的基本方法和技巧；帮助管理者掌握员工心理管理的技术，通过适当的方式协助员工解决心理困扰问题。④心理咨询模块：对于受心理问题困扰的员工，提供咨询热线、个人面询、电话咨询、电子邮件咨询、团体辅导等形式多样的服务，充分解决困扰员工的心理问题。⑤效果评估模块：在项目进行和结束时，分别提供阶段性评估和总体评估报告，帮助管理者及时了解员工帮助计划的实施效果，也为改善和提高服务质量提供依据。

资料链接9-2

日本产业的心理咨询

第二次世界大战后，在美国企业管理方面的知识及经验传入日本的过程中，日本的产业心理咨询开始萌芽。1954年，日本电气公司（现在的NTT）进行了导入产业心理咨询师制度的尝试。在组织内部建立了咨询室，在为有心理困扰的员工提供具体指导的同时，开展心理问题的预防工作，如精神健康、压力管理的启蒙活动、松弛教育指导等。1956年，国际电信电话股份有限公司（现在的KDD）在公司中设立了产业心理咨询制度。1957年，松下电器、明电舍、神户制钢等公司都建立了产业心理咨询制度。此后十多年的时间，日本的产业心理咨询得到了显著的发展，资料显示："劳动省1966年以日本2742家企业为对象进行了产业心理咨询制度的普及和运营状况的调查，结果当时171家企业已经正式建立起来，没有正式制度而已经决定建立的企业有527家。"20世纪90年代以来，日本产业进行了大规模的产业结构调整，影响面扩大到社会的各个阶层，伴随世道风潮的转换，社会矛盾日益激化，心理疾病人群蔓延，产业心理咨询目标需要新的突破，加快开放模式的创新。

1）产业服务的对象：各企业、组织、公共机构的服务人员及其家属。

2）产业心理咨询机构的设置：日本企业多在内部设立专门的心理咨询机构，配备多名专业人员。各个企业的机构设置不尽相同，有的设在总务部，有的设在人事部，有的设在健康管理部，名称也不尽相同，有的叫职业咨询中心，有的叫职员咨询室。

3）产业咨询的主要服务内容：一是员工的心理健康；二是员工的压力管理和员工职业生涯的规划与发展；三是员工工作场所的人际关系调试。具体来说，就是包括人际关系、工作调动、跳槽、职场适应、人事问题、婚姻问题、家庭问题、子女教育问题、退休问题、健康问题、经济问题等。

4）产业咨询的主要形式：日本的企业都会有咨询室、恳谈室、宣泄室或茶室等，那些高端的企业都引进了心理咨询服务，包括心理咨询、心理测试、心理援助等。例如，松下公司就有著名的"出气室"。在"出气室"里有供人发泄用的设施，比如，橡皮人，这种橡皮人带有播放音乐和诗朗诵的功能，当愤怒的人击打它时，它就播放舒缓的配乐诗朗诵。诗中会说"这不是幻觉，我们心心相通，团结合作，因为我们都生在日本国。我们有一致的目标——让日本繁荣昌盛。我们的做法可能有分歧，但必须记住祖先的忠告：让民族强盛，子孙和睦。从现在起，这一切都不再是幻觉。"松下电器把出气法的心理宣泄与爱国主义教育紧密地结合起来，把员工的沟通、理解凝聚到民族精神上的做法，是值得中国企业认真借鉴和学习的。

5）产业心理咨询的主要从业人员：在日本，从事产业心理咨询的人员是一批经过专业训练的产业咨询师。他们的年龄大概在40～50岁，专、兼职都有。在大中小学里任职的大部分是女性，在其他行业，男、女 比例各占一半。

这些人的背景不一，有学医学的，有学心理学的（包括临床心理学、咨询心理学），有学护理学的，也有专门学产业咨询的。他们都经过了严格的资格认定。初级咨询师必须是心理学或相近专业大学本科毕业，中级咨询师的起点是硕士，高级咨询师是博士。除此之外，每一级的心理咨询师都具备丰富的产业心理咨询经验，初级是5年以上，中级是资格考试合格后5年以上，高级则更为严格，必须是初级考试合格从事心理咨询工作15年以上或者中级考试合格工作10年以上者。

（资料来源：袁宇新．2012．助人自助——认识员工辅导计划．上海：华东师范大学出版社．）

第三节　EAP的发展历程与趋势

一、EAP的发展历程

White等认为，EAP的概念最早可以追溯到19世纪晚期，代表了最早通过管理手段来研究酒精滥用对生产率影响的尝试。

根据CONSAD出版的EAP手册和美国国家精神健康研究院物质滥用和精神健康服务部发表的有关报告，以及美国纽约州政府工作生活服务网站所提供的资料，EAP的产生和发展大致可以分为以下4个阶段。

1．第一阶段为萌芽时期（1917年～20世纪40年代中期）：职业酒精预防计划

职业酒精预防计划（Occupational Alcohol Programs，OAP）代表了员工援助最早的形式，预防酒精是这一阶段的核心内容。事实上，从1917年开始，EAP就已经为有工作绩效问题的雇员提供支持和帮助，而这些工作绩效问题是由于某些个人问题而导致的。Macy（梅西）公司和美国国家北方电力公司是最早认识到这种需求的，并形成了EAP的雏形。但是真正意义上的员工援助的尝试是由于受到1935年“匿名酗酒者”建立的影响而作为草根运动开始的，这些尝试由康复的酗酒者发起，他们在“匿名酗酒者”的帮助下，克服了对他们生活和工作有极大影响的酗酒问题。

大多数的EAP开始于20世纪40年代。在20世纪40年代早期，柯达(E. Kodak)公司和杜邦（du Pont）公司建立了EAP，随后北美航空公司(North American Aviation)、统一爱迪生公司（Consolidated Edison)、新英格兰电力公司（New England Electric）和卡特皮拉公司（Caterpillar）等也建立了EAP，这些EAP都有相似的特征，主要关注酒精中毒和与酒精相关的问题，而

且最初的尝试绝大部分都是非正式的。

2. 第二阶段为初步发展时期（20 世纪 40 年代中期～20 世纪 60 年代）：酗酒预防计划

在 20 世纪 40 年代中期到 20 世纪 50 年代末，美国国会关于预防酗酒的劳动管理委员会和许多公司、联合会，以及政府机构一起建立了酗酒预防计划(Alcoholism Programs)。这是因为重复运用原始的职业酒精预防和管理的方法已经暴露出明显的缺点。更糟糕的是，首先，在雇员当中通常会产生这样一种印象，即认为这种计划是搜寻迫害（witch hunts)，员工中的这种态度让积极和合作的尝试难以获得成功。其次，管理者趋向于根据自己对酒精问题的认识和自己的饮酒习惯来进行甄别，这样一旦管理者自己有饮酒的问题，他们就很可能甄别不出有相似困难的人。再次，对于那些多年编造谎言为失职找借口的酗酒者，基层管理者根本不是他们的对手，因为不了解发病过程，这些管理者往往不自觉地帮助酗酒者掩盖错误。

3. 第三阶段为快速成长时期（20 世纪 60 年代～20 世纪 80 年代）：EAP 的产生及早期发展阶段

这一阶段是真正意义上的 EAP 的产生和早期发展阶段。由于酗酒预防计划也存在着不少缺陷，在 20 世纪 60 年代的时候，在工作场所，组织关注的焦点已经从试图鉴别酗酒的迹象转移到了鉴别那些削弱工作绩效的征兆上来。有 3 个因素让这种转变很轻松：首先，工作绩效问题带来的损害要比酗酒带来的损害小。其次，具体的行为描述，比如，难以与他人相处，过多的缺勤等，让管理者避免了关于是使用酒精还是滥用酒精的争论。再次，大多数管理者在甄别酗酒的训练中，由于认识到了这些训练的根本特征，因此不愿意照此行事，但衡量工作绩效对这些管理者来说却是熟悉而又舒适的。

关注焦点的转变揭示了一直以来进行员工援助尝试的一个最大的局限性，就是员工援助仅限于酗酒问题上。当雇员产生促进工作绩效或削弱工作绩效的问题时，没有什么管理资源可以影响他们。基于这种需要，今天我们所知道的 EAP 产生了。Steele 博士认为，EAP 开始增长的时间为 1970～1974 年。Compton 认为，其从 1970 年开始，EAP 在美国有一个戏剧性的增长。在这个阶段，有 3 个重大事件加速了 EAP 的运用和发展。

第一个是在 1970 年出台了《全面预防酒精滥用以及酗酒预防、治疗和康复法案》，也就是 Hughes 法案。该法案认为酗酒是一种身体和心理疾病，有效地促进了酗酒非刑事化，它为更加系统和深入地整合针对已雇佣的酗酒者的治疗资源提供了平台。1971 年成立了独立的联邦机构：国家预防酒精滥用和酗酒研究院（National Institute on Alcohol Abuse and Alcoholism，NIAAA）。通过它的专业分支机构，NIAAA 开始在私人和公共组织中，在预防与酒精相关的问题的进展方面给予了更多的关注。1972 年，NIAAA 培训了专门的计划咨询顾问，并发表了支持 EAP 综合方案的意见书。

第二个是 1973 年通过的《职业康复法案》，它禁止联邦承包商或转包商对合格的、有资质的和残疾工人采取不平等的待遇，1977 年美国洛杉矶成立了 EAP 专业组织（即现在国际 EAP 的前身）并对该法案又进行了修订，确保有酒精和药物滥用史的雇员与残疾工人享有同等权利。

第三个是 1974 年成立了关于预防酗酒的劳动与管理的管理者和顾问联合会（The Association of Labor/Management Administrators and Consultants on Alcoholism，ALMACA），1989 年更名为员工援助专业人员联合会（Employee Assistance Program Association，EAPA），ALMACA 对 EAP 知识的传播和增进作出了贡献，同时 EAP 专家名录的出版提高了社会和个人对 EAP 概念的意识。

耶鲁大学和拉特加大学的研究对 EAP 的发展产生了积极的推动作用，他们进行了大量的有关酗酒问题的研究，共同成立了美国酗酒协会（National Council on Alcoholism，NCA），并出版发行了大量与戒酒相关的资料。同时，还举办了多场关于 EAP 的研讨会，向参加者发放相关资料，使更多的企业接触和了解 EAP。

4. 第四阶段为趋于成熟时期（20 世纪 80 年代～现在）：EAP 服务内容的整合阶段

EAP 内容的整合（integrations of EAP services）是指 EAP 与企业员工福利内容的整合。随着 EAP 的发展，人们在实践中不断发现，EAP 过于简单的内容难以满足现实的需要。因此，在经济和社会的发展过程中，人们不断地对 EAP 与企业员工福利内容进行整合，从而大大丰富了 EAP 的内容。在 20 世纪 80 年代中期，EAP 的专家们开始讨论 Mega-Brush 计划的优点，该计划就是指 EAP 与工作场所福利之间的整合。同样，这期间有几件重大事件在促进 EAP 的整合中起到了重要作用。

第一个是在 20 世纪 80 年代期间，更多的公共治疗中心和私人从业者加入 EAP 服务。公共的精神健康机构、酒精和药物治疗中心，以及私人咨询公司之所以急切地进入 EAP 领域，是因为他们看到了行业合作的良好经济前景。

第二个是 1988 年《无药物工作场所法》的出台。该法案要求联邦政府及它的承包商和受让人遵守无药物工作场所的政策，所有的执行机构办公室必须发展无药物工作场所计划，这些计划用于管理培训、雇员教育、EAP、药物检测和书面的政策陈述。同时，该法案也鼓励私人部门接受这些与推荐给联邦机构内容相同的计划。

第三个是《美国残疾人法》。该法案签署于 1990 年，1992 年 7 月颁布实施。在这部新的法律下，雇主必须适当地迁就那些以不同的方式履行规定的工作职能的人，除非雇主能够再次证明这样的迁就会引起不适当的困难。此外，该法律还规定：雇员可以被检测是否非法使用药物，在工作场所禁止使用或滥用非法药物，雇主可以要求雇员在工作场所不能受到药物的影响，工作场所必须遵守 1988 年的《无药物工作场所法》。

这几部法律的出台为 EAP 的整合提供了可能。由于相互之间内容的整合，大大丰富了 EAP 的内容，也使得员工的福利内容更加细致和完善。事实上，在 EAP 的整合方面还有很多，比如，许多 EAP 已经开始利用互联网提供基于网络的服务，在遇到重大突发事件时提供 EAP 服务等。

从 EAP 的产生和发展历程来看，EAP 的产生和发展是与当时的社会现状紧密联系的，在每一阶段所表现的形式各异，关注的问题也不尽相同，但不管怎样，都是与工作场所的实际问题密切相关的。EAP 的产生源于解决员工的酗酒问题，但随着时代的发展，EAP 的范围不断扩大，内容日趋丰富，体系更加完善，已经远远超出了最初组织提供的 EAP 的设想，可以说 EAP 从一个侧面反映出现时的经济社会和人文状况。

二、EAP 的发展趋势

可以预见的是，随着经济全球化进程的加快，企业规模不断扩大，越来越多的跨国公司如雨后春笋般地呈现，高层领导的流动性加剧。由于不同的领导者风格在很大程度上影响着员工对工作的满意程度，因此管理人员的不断更替会给员工带来更多的变化和更多的不确定性，最终导致员工工作压力增加。跨国公司还会出现文化多样性的问题，常常带来种族歧视和文化隔阂，管理方式不当就会引发多种问题。因此，EAP 必将会被越来越多的组织和个人接受，并将会在更加广阔的领域得到应用。

Carlson 认为，EAP 在压力和家庭问题方面的应用呈现出增长趋势，已经超出了在物质滥用方面使用的比率，这是经济条件和工作生活的不平衡所致。

Greenwald 认为，越来越多的雇主倾向于整合所选择的工作、生活计划与 EAP，这样做可以减少成本、方便员工使用和提高使用率，这种整合的计划能给员工提供“一站式”的选择，且易于实施。

Deer 预测了到 2015 年 EAP 发展的 7 个前景：①绝大多数 EAP 和行为健康客户在寻求帮助时，并不是因为他们处于临床危机，所以不需要高技能的临床干预；②行为健康/EAP 服务将使用计算机技术来实施，包括处理相关的要求、咨询、培训和持续服务的大部分内容；③行为健康/EAP 服务将至少由一个大的提供商来提供，包括使用位于印度、中国或其他新兴国家的呼叫中心；④药物仍是保持行为健康治疗的一个选择；⑤行业联合将在行为健康/EAP 行业里持续；⑥EAP 职业者将成为有限的一群专家，更多的是为组织发展领域出谋划策，而不仅仅是为了临床和行为科学；⑦社会化的医疗将直接限制面对面的 EAP 的临床角色。

第四节　EAP 的理论基础与应用领域

一、EAP 理论基础

在众多的关于 EAP 研究的文献中，很少有直接探讨 EAP 的理论来源的。也就是说，EAP 之所以能够解决员工的心理问题，最终能够达到提高组织效率的目的，其理论来源是什么？一般认为，EAP 的理论来源是行为科学。具体来说，就是在 EAP 实施的过程中，组织都是在自觉不自觉地运用行为科学的理论知识，遵循着行为科学的理论脉络。比如，Gammier 认为，EAP 是用行为科学的知识和方法来认识和控制与工作和非工作相关的影响工作绩效的问题。Blair 认为，EAP 的本质就是应用行为和行为健康的知识，通过实施正确的评估和适当的行动来提高工作场所的绩效和健康机能。

Merrick 指出，由职业酒精项目而来的 EAP，已经戏剧性地发展成为可广泛获得的更加全面的行为健康资源。

实施 EAP 主要涉及两个对象，一个是个人，一个是组织，当然不可避免地要有专业的 EAP 机构和咨询专家参与。但从 EAP 的实施方和受益方来说，还是个人和组织两个方面，专业的 EAP 机构和咨询专家是中间的参与层面，因此可以从个人和组织两个方面来分析。

（一）形成个人的需要和动机（前 EAP 阶段）

1. 需要

需要是人们对某种目标的渴望，是产生行为的原动力。当个人发生心理问题后，作为理性的人，会产生解决心理问题的需要。这种需要非常复杂，既可能是单一的，也可能是多重的，在某一阶段可能是这种需要，在另一阶段就可能是另外的需要。当然需要并不是突然或是盲目形成的，它来源于刺激。刺激可以分为内部刺激和外部刺激两个方面，内部刺激是通过人体内部的感受器官感受到的，是人的本能和心理活动的反映。外部刺激是通过人体外部感受器官感受到的，是客观环境在人的大脑中的反映。个人心理问题的产生既可能来自内部刺激，比如，情感等，也可能来自外部刺激，比如，工作压力、人际关系等。但不管是内部刺激还是外部刺激，最终都会产生人的心理活动。

2. 动机

动机是个人行为产生的直接动力和原因，是一个引起个人行为，维持此行为，并将该行为导向某一目标的过程。根据行为科学理论，只有当需要转化为动机后才能产生和维持行为。需要转化为动机有两个必要条件：一是产生满足需要的愿望；二是需要对象也就是需要目标的确定。

作为理性的人，当产生了心理困惑甚至心理问题之后，一方面会形成解决心理问题的愿望；另一方面就是要寻找解决心理问题的目标。这时，如果组织为员工提供了 EAP，那么 EAP 就成为需要目标之一，当然这种需要目标会很多，会有很多选择，比如，向亲人或朋友倾诉等。如果员工选择了 EAP 作为需要目标，那么他就会寻求 EAP 的帮助，直至心理问题通过 EAP 得到解决。

（二）解决个人的心理问题（EAP 实施阶段）

管理就是激励，这种观点现在越来越被广泛地接受。员工产生心理问题，在没有得到彻底解决之前，多多少少会将不良的情绪带到工作场所，影响工作效率和人际关系，最终降低组织的整体效率。因此，从组织的角度讲，组织提供 EAP 就是为了能够解决员工的心理问题，改善工作场所的人际关系，以达到提高组织整体效率的目的。

1. 充分了解员工的需要

要使 EAP 发挥最好的效果，前提是组织要充分了解员工的需要。员工的需要是很复杂的，因此，必须要对员工的需求做充分的调研，只有了解了员工真正需要的是什么，实施 EAP 才有针对性，才能有良好的效果。

了解员工的需要可以采用多种方法，比如，谈心、问卷调查等。当然任何一个员工都不会轻易将自己的心理问题告诉自己的雇主，因此，组织必须充分建立起与员工之间的信任，这是了解员工真实需要的前提。

2. 制订符合实际、灵活多样的 EAP 计划

在充分了解员工需要的基础上，根据成本和生产的实际状况，组织应该制订符合员工实际需要的 EAP 计划。在这里，内容型激励和过程型激励应该兼顾。同时，EAP 应该是灵活多样的，要根据员工的需要及时进行调整，而不能一成不变。

（三）后 EAP 阶段

员工寻求 EAP 的帮助后，可能会形成 3 种结果：第一种是员工的心理问题得到了彻底解决；第二种是员工的心理问题得到部分解决；第三种是员工的心理问题没有得到任何解决。

1. 员工的心理问题得到了彻底解决

这种情况是最理想的，实现了双赢的局面，组织实施EAP也达到了预期的目标。对于员工来说，这个时期EAP可能解决了某一个或几个心理问题，其需要得到了满足，紧张得到了消除。但是我们应该看到，只要现实世界是存在的，员工在下一个不可预见的时期仍会发生某种程度的心理问题，又会产生解决这些新的心理问题的需要和动机，因此，EAP仍必须随时应对可能出现各种心理状况的员工。

2. 员工的心理问题得到部分解决

出现这种状况可能有两种原因：一种可能是EAP自身的原因，比如，心理咨询师的素质和水平欠缺、EAP的流程不尽合理等；另一种可能是员工的心理问题确实非常复杂，仅靠EAP难以彻底解决，需要进一步的咨询甚至去门诊治疗。

3. 员工的心理问题没有得到任何解决

这种情况可能是最糟糕的，它不仅意味着组织提供的EAP是无效的，还预示着员工和组织将要付出更大的成本。此时，组织要更加关注这些员工，不能因为EAP的无效而放弃或不管这部分员工。因为如果EAP对这些有心理问题的员工不能产生任何作用的话，那么这些员工就可能会产生挫折心理。

挫折是指个体的目标行为遇到障碍而使需要得不到满足的状态。员工寻求EAP的帮助，是希望能够通过EAP解决自己的心理问题。但如果EAP没有任何效果，导致员工感到受挫的话，那么就可能会使其产生挫折后的行为反应和心理反应，包括攻击、冷漠、幻想、退化、忧虑、固执和妥协等，以及挫折心理产生后所激发的心理防卫机制，包括压抑、反向作用、投射、逃避、替代、认同和抵消等。员工产生挫折心理后，组织应密切关注并尽可能采取EAP以外的措施予以帮助，比如，给员工以合理的宣泄渠道，改变员工的工作环境，帮助员工协调人际关系，或者建议员工加强体育运动，帮助员工转移注意力、改善心理和消除不良情绪等，或者建议员工去看门诊，寻求专业心理机构进行咨询甚至去医院治疗等。

二、EAP的应用领域

EAP经过几十年的发展，其应用的范围由最初的只是帮助解决员工的酗酒和药物滥用的问题，发展到现在帮助员工解决包括家庭、情感、法律、财务、压力、情绪婚姻等在内的诸多方面的问题，可以说无所不包。具体来说，其有以下几个方面的应用领域。

（一）在情感方面的应用

Wok认为，当员工表现出恐惧、焦虑、沮丧、愤怒等情绪时，EAP对管理者或雇主来说，就是一个有价值的工具。一般来说，可以组成一系列的小型会议，6～10 个人，30～60 分钟的时间，让更多的员工积极参与，营造更加亲密的氛围，讨论解决相关的问题。此时，管理者应保持客观，并允许员工表达自己的情感。

（二）在减少身体疾病方面的应用

Brown 等指出，许多组织特别是组织的高级管理者已经意识到了癌症对组织的影响，但雇主可以设计专门的 EAP 来帮助员工，将癌症对组织的影响减到最小，一方面是咨询和预防；另一方面是养成良好的饮食习惯。

Aetna 公司 2005 年就开始关注一些特殊人群，包括当时残疾和刚从残疾恢复的人群。其在 2006 年为会员提供的 EAP 中，就尝试着帮助雇主减少因为疾病而产生的离职和与工作相关的事故，同时帮助员工尽快返回工作岗位。

（三）在危机之后的应用

Prince 指出，美国“9・11”恐怖袭击发生后，精神健康和咨询服务的使用率大幅度上升，EAP 得到了更多的使用，比如，在恐怖袭击发生后，访问 Magellan 健康网站寻求精神健康方面信息的人数增长了 400%。

在卡特里娜飓风期间，EAP 发挥了非常重要的作用。比如，在为员工提供互相联系、尽快回到工作岗位、寻找食物和帐篷，同时提供团体和一对一的咨询，帮助员工恢复由于灾害而受到的心理影响方面发挥了重要作用。

（四）在精神健康方面的应用

Teach 等在研究了 2001 年的一项调查数据后（该调查采用分层随机抽样的方式，调查了至少拥有 10 个雇员以上的雇主，收集了雇主提供的健康福利信息）发现，至少有 2/3 的雇主提供了简单的精神健康问题的治疗（包括物质滥用）。

Singh 指出，工作场所中的成瘾问题对人力资源来说是一个挑战，但是经过设计的 EAP 可以减轻负担。

资料链接 9-3

平衡员工的工作与生活

花旗集团

在平衡员工的工作与生活方面，花旗集团有着众多有效的措施，并以其在员工工作与生活的平衡方面的杰出成就享誉全球，成为 500 强巨头的佼佼者。

1. 工作/生活计划帮助找到平衡

在花旗集团，当员工在个人问题与工作责任上遇到困难时，其有能力采取各种措施来平衡员工工作与生活的关系，让员工在不过度影响生活的前提下正确看待工作中的责任。花旗集团不会采取一种“单一形式适合所有人”的方法，去帮助员工处理工作与生活的平衡问题，而是提供广泛而多种平衡工作与生活的计划来帮助员工。

不同的业务、不同的地区有着不同的需要。花旗集团的目标是设计与提供有针对性的计划，来帮助员工出色地协调他们的职业与个人生活的关系。

2. 花旗“儿童看护计划”

花旗集团有着多种专门（full-time）与备用（back-up）儿童看护计划惠利于美国的花旗员工。事实上，花旗集团实施的“备用儿童看护”计划的利用率比世界上任何一家公司都高。大约 65 000 名员工享受了该计划，以及学校假期计划的服务。在地点上，专门的看护中心分布在马里兰、内华达等。这 5 个看护中心每天为超过 1500 名儿童提供服务，并在定点看护中心专门设置了儿童医疗、智力、社会、情绪康乐等课程。在员工的孩子难以获得正常的看护时，花旗集团还提供“备用儿童看护”计划给予帮助。

3. 花旗“毕生事业计划”

花旗集团的“毕生事业计划”，能帮助每一名花旗员工及其亲人更好地管理每一天生活的要求。该计划在美国、加拿大等国家面向员工、他们的伙伴及他们的亲人开放。该计划通过一个免费的电话号码或连续不断的网络提供服务，它提供了解信息、调查与资源的通路，也有指定的推举人帮助员工在一系列广泛多样的选题，如养育、照顾小孩、收养、教育、管理老人的需要，以及法律顾问中找到实际解决办法。

2002 年，这个计划被员工及他们的亲人使用了 33 000 次。

4. 花旗“员工帮助计划”

在美国、加拿大、澳大利亚、爱尔兰、英国等国家，包括在世界各地居住的花旗员工，花旗集团都为其提供“员工帮助计划”。通过咨询服务来为平衡员工工作与生活提供支持，让员工能更接近他们的家庭成员，关注家庭成员的健康、快乐，让员工与家庭成员的距离变得更近。

“员工帮助计划”通过连续不断的免费电话为员工提供服务。呼叫者会得到短时间的秘密咨询服务，如果有长时间的需求，经过专业训练的顾问与其他有资格的服务提供者，会为员工提供更长时间的咨询。咨询的内容涉及隐私生活、家庭和工作问题等广泛的领域，包括酒精与化学药物的依赖问题、关系问题、与工作相关的问题，等等。在美国、波多黎各与加拿大等国家的花旗公司，员工与他们的家庭成员还可以进入“员工帮助计划”的网站获取相关的服务。

5. 为员工提供医疗设施与服务

花旗集团是关注员工健康的典范，在全球建立了庞大的医疗服务体系，来为员工提供医疗与健康服务，各种各样的医疗计划为全球员工带来了益处。

花旗集团定点的医疗设施位于美国、爱尔兰、伦敦等地。每年，数以万计的花旗员工利用这些服务，并有85%的人能够在当天返回工作岗位，而平均每次的服务时间（体检、看病）都少于30分钟。

医疗计划提供的服务包括评估、治疗等。公司对移居国外的员工与其配偶、伴侣进行定期的医疗测验；安排定期的透视计划，为商务旅行的员工进行免疫；提供流感疫苗注射、接受一名员工医师的指导、实验室血液检测、过敏注射、心电图等众多医疗服务项目。

6. 为工作妈妈提供服务

在有花旗集团业务开展的许多地方，员工总数中的大多数女性年龄在45岁以下。从统计上讲，至少40%的员工有小孩儿。根据这些人口统计数字，满足工作母亲的需要对花旗的人力资源、资本来说是一个考验和挑战。但为了满足工作妈妈的需要，花旗集团毅然在美国、都柏林、伦敦等国家与地区的医疗设施中配备了专门的哺乳设施。

7. 与SOS合作，为员工提供服务

在美国、希腊、爱尔兰、日本、西班牙、英国等国家，花旗集团还提供或安排公司以外的医疗设施，为员工提供服务。花旗集团与国际SOS组织合作并协同管理，为移居国外或做国际商务旅行的员工提供连续不断的全球医疗服务和援助。

SOS服务包括一个全球免疫计划，随时提供建议与资源，确保员工的安全与健康旅行，员工任命之前与年度身体检查时，推荐合适的全球医疗专家，并开设了一个专门的服务电话号码。

SOS服务每年为花旗员工传送了数以万计的电子邮件，为离家出差的员工提供医学报警。

8. 福利中心

适当与锻炼计划是花旗集团健康与福利精神的一个重要元素。根据调查与会员的确切反馈，对于福利中心（Wellness Centers）的健身等各种计划，员工都非常欢迎。定点的福利中心分别设在都柏林、伦敦、悉尼、美国等国家和地区，21个福利中心每个月为花旗3000名员工提供服务，超过31%的合格员工成为福利中心的会员。

花旗银行（中国）有限公司

花旗银行（中国）有限公司同样设有形形色色的员工俱乐部与协会，开展丰富多彩的员工活动，以减轻员工的工作压力，平衡工作与生活。诸如健身、游泳等体育活动，花旗集团会为员工出一半的费用。

1. 关注健康

花旗银行（中国）有限公司将员工看作是最大的财富，时刻关注员工的健康。比如，2003 年一季度“非典”时期，花旗银行（中国）有限公司为员工免费提供口罩、体温计、药皂等防护用品，还配置了中药包等，通过各种方式关心员工的身体健康。

作为职业人士，基于生理原因，很多人在下午容易产生疲劳感，花旗银行（中国）有限公司会在每周一发放高质量的饮料、食品。

2. 集体旅游

花旗银行（中国）有限公司每年组织两次集体旅游，分别在年中和年末，所有费用由花旗集团提供，有随行家属，花旗集团承担一部分费用。

3. 分享快乐

每逢员工生小孩儿、过生日，花旗银行（中国）有限公司都会在网上公布，依据中国传统会给每个人分发鸡蛋，让所有员工分享快乐，有员工结婚时会发喜糖，等等。通过多种方法平衡员工的生活和工作的关系。

（资料来源：张西超 . 2006. 员工帮助计划：中国 EAP 的理论与实践 . 北京：中国社会科学出版社 .）

第五节　EAP 在国内的发展和应用及研究趋势

一、EAP 在中国的发展和应用

（一）EAP 在中国港台地区的发展和应用

中国港台地区 EAP 的发展要领先于内地，在中国香港特别行政区，20 世纪 90 年代初，一些地区非营利机构以“社会工作”（social work）的形式开始了 EAP 服务。而中国台湾企业实行 EAP，始自中国台湾松下电器公司于 1972 年成立的“大姐姐组织”（Big Sister，BS），协助新员工尽快适应工作环境，以及作为一线工人与主管间的沟通桥梁。之后，许多企业陆续在其公司内部提供此项服务，甚至聘请专业人员协助员工。中国台湾地区的“员工援助项目”服务内容主要分为 5 大类：心理咨询辅导类、教育成长训练类、休闲体育类、医疗保健类和福利服务类。比如，台湾集成电路制造股份有限公司在订立 EAP 的目标时，就追求物质和心灵的并重，为员工营造工作和生活相互融合的舒适环境。

（二）EAP 在中国内地的发展和应用

随着中国改革开放的不断深入，经济和社会竞争压力的增大，越来越多的机关、企事业单位已经开始关注员工的心理健康问题。但由于文化、观念等各方面因素与西方存在着差异，EAP 在中国内地的实践较晚，真正意义上的 EAP 在中国内地的发展也是最近几年的事情。2001 年国内第一个完整的 EAP 项目——联想客户服务部的员工援助计划由北京师范大学心理学院的张西超主持完成。2004 年 8 月，上海市徐汇区政府实施 EAP 计划，有 6 个部门的共 200 名公务员免费领取一张心理咨询卡，本人及家属成员半年内均可免费预约 3 次心理专家咨询，此外还可通过网络与心理专家进行视频心理咨询。这是国内首次由政府为针对公务员实施的 EAP 计划埋单。

由于 EAP 在中国具有巨大的潜在市场，一些专门为企业和个人提供 EAP 服务的机构也开始建立并运作，如北京易普斯企业咨询服务中心、中国 EAP 服务中心等。同时，作为定期相互交流、推动 EAP 发展的 EAP 年会制度也初步建立，如首届中国 EAP 年会于 2003 年 10 月在上海举行，2004 年 8 月 12 日，在北京召开了“心的力量，新的成长——建设健康型组织论坛暨第二届中国 EAP 年会”，成立了中国的 EAP 协会。2005 年 10 月 28 日在上海又举行了“营造健康的企业文化，吸引、保留和激励人才——2005 第三届中国 EAP 年会”。这表明 EAP 在中国的发展已经迈向了专业化的道路。

二、中国 EAP 未来的研究趋势

目前，国内的 EAP 研究内容比较集中，实证研究较少，而且相比之下与国外的研究在范围和深度都有不小的差距。这主要是由于 EAP 在我国发展的时间还比较短，国内企业实施 EAP 的实例不多，缺乏实证研究的基础。结合这一实际情况，未来国内 EAP 的研究和发展可以从以下几个方面入手。

（一）创新研究手段

我国今后在 EAP 研究方面，必须摆脱以往文献研究的束缚，在已经实施 EAP 的企业中，通过个案研究的方法，针对不同行业的不同特性，研究 EAP 的实践成果，深入各行业进行实际调研，总结出 EAP 在各个行业的应用模式，以此促进 EAP 的推广和实证研究的发展。

（二）加强国人人格特性研究

近年来，国内研究中国人人格结构的较多，而对于这种特性引起的疾病特点的研究不多，更加缺少实证研究。所谓心理咨询就是要解决来访者的心理障碍，如果不了解来访者所处的家庭、社会环境对他染上此种疾病的影响，又怎能谈及彻底解决心理问题呢？所以，将我国文化的特点与特定的精神疾病之间的关系研究透彻，才能促进 EAP 的本土化进程。

（三）探索适合组织的 EAP 实施模式

未来我国在 EAP 广泛推广的基础上，应该以国内不同类型的企业、组织、员工为样本去展开 EAP 与不同因素的相关性分析研究，找出适合我国企业自身需要的 EAP 实施程序、流程、方式、模式，同时注重对 EAP 的成本、价值、效用、评估等方面的研究，形成适合我国组织的 EAP 实施模式。

（四）EAP 实践与中国传统文化和人力资源管理相结合

EAP 是人力资源管理中进行员工关系管理的重要工具，从事 EAP 的专业人员除了掌握职业心理学知识以外，还应掌握中国传统文化、哲学，以及人力资源管理知识。在 EAP 的实践中将它们融会贯通，一方面可以从企业发展及人力资源战略入手，有针对性地设计 EAP 项目；另一方面也可以为 EAP 的实证研究提供更多的理论支撑和指引。因此，EAP 实践如何与中国文化和人力资源管理相结合，既是一个有理论意义，同时又有实践价值的研究方向。

总的来说，完整意义上的 EAP 在我国的发展还不到 20 年，需要更多的专业人士参与，需要更多的理论研究和相关实践，EAP 在我国的发展道路任重而道远。

本章小结

1. EAP 的英文全称为 Employee Assistance Programs，中文翻译为“员工帮助计划”。它是一项为工作场所中的个人和组织提供咨询服务的福利项目，是组织为帮助员工及其家属解决职业心理健康问题，由组织出资为员工设置的一套系统的服务项目。发达国家多年的实践证明，员工帮助计划是解决职业心理健康问题的最优方案。

2. EAP 最早起源于美国，最初是为了解决生产线工人的酗酒和物质滥用的问题。随着经济社会的发展，EAP 的内容不断丰富，并与其他员工福利内容相整合，在解决影响员工绩效的问题、降低组织相关成本等方面发挥了重要作用，有效地提高了组织的生产效率，因此越来越受到组织的广泛重视。

3. 由于研究者的角度和认识的不同，EAP 的内容也不尽相同。EAP 认为，

EAP的核心内容包括7个方面；EAP手册包括8个方面的内容；我国学者将其划分为咨询类、教育类、申诉类、福利类、休闲类和其他类。

4. 根据组织的特点和环境，EAP的模式可以有多种选择。EAP手册中将EAP的模式可以分为非专业评估和甄别模式，集中限定评估和甄别模式，职业评估、甄别和情势咨询模式，全面员工援助服务模式和“巨刷”计划5种；美国国家精神健康研究院物质滥用和精神健康服务部根据不同分法提出了23种模式；我国学者根据公司的经营状况、规模、目标的不同，将其分为公司内部模式、公司外部模式、联合模式和会员制模式4种。一般而言，中国EAP模式由心理状况调查模块、心理健康宣传模块、心理培训模块、心理咨询模块、效果评估模块5个模块组成。

5. EAP的产生和发展大致可以分为职业酒精预防计划、酗酒预防计划、EAP的产生及早期发展和EAP服务内容的整合4个阶段。

6. EAP的应用领域有：在情感方面的应用，在减少身体疾病方面的应用，在危机之后的应用和在精神健康方面的应用。

7. 中国港台地区EAP的发展要领先于内地，中国台湾地区的“员工援助项目”服务内容主要分为5大类：心理咨询辅导类、教育成长训练类、休闲体育类、医疗保健类和福利服务类。EAP在中国内地的实践较晚，真正意义上的EAP在中国内地发展是最近几年的事情。

思考和练习题

1. 简述EAP的含义和内容。
2. 谈谈你对EAP模式的看法。
3. EAP具体应用在哪些方面？
4. 简述EAP在我国的应用。

拓展阅读

1. 戴晓阳. 2010. 常用心理评估量表手册. 北京：人民军医出版社.

2. 段俊平. 2012. 企业幸福力：EAP中国化与幸福管理. 北京：中国发展出版社.

3. 李鄂，李元坤，宁天放. 2013. 多彩的情绪：员工情绪管理. 北京：北京理工大学出版社.

4. 迈克尔·卡罗. 2012. 职场心理咨询：EAP高级实战详解. 林紫心理机构译. 上海：华东师范大学出版社.

第十章

职业绩效

本章要点

- 职业中的绩效是什么？
- 如何理解职业绩效与工作满意度的关系？
- 怎样理解职业倦怠，以及职业倦怠和职业绩效的关系？
- 如何提高职业绩效？

职业绩效是管理学家和心理学家共同关注的重要话题，拥有高绩效的员工是组织的生命力所在，要提高组织的生产效率，有必要事先了解哪些因素影响职业绩效。事实上，职业绩效是一个十分复杂的概念，甚至关于什么是职业绩效，如何测量都存在争议。

第一节　职业绩效概述

一、什么是职业绩效

绩效（performance）的英文原意为“履行、执行”，“表现、行为、成就”，“性能、工作情况”等，在管理中一般引申为工作的效率、工作产生的效益等，是组织期望的结果，是组织为实现其目标在各个层面上投入产出的情况。在对职业绩效（job performance）进行研究时，各个学者因切入点不同而对职业绩效的定义有所不同。主要分为 3 种观点：①特质论。绩效与员工的工作态度和个性特点有关，是个人特质在工作中的表现。②过程论。Campbell 和 Murphy 倾向于将绩效看成是行为的代表，他们把绩效定义为：“绩效是与一个人在其中工作的组织目标一致的，由组织中的员工带来的，可升级的行动、行为和产出结果。”绩效是员工为实现团队及组织目标而贡献自身技术、能力和知识的行为过程。③结果论。以 Bernardin 为代表的研究者倾向于将绩效等同于结果的代表，他们将绩效定义为：在特定的时间内，由特定的工作职能或活动产生的产出记录。绩效是工作所达到的结果，是一个人工作成绩的记录，是对企业的目标达成具有效益、具有贡献的部分。职业绩效又称工作绩效，我国学者认为，职业绩效是某个员工个体，在一定的时间范围内，所采取的与组织目标相关的可评价的行为及产生的结果，因而职业绩效既是行为也是结果。从管理者的角度看，员工绩效是组织期望的结果，是组织为实现其目标而展现在不同层面上的有效输出，包括个人绩效和组织绩效两个方面，而组织绩效是建立在个人绩效基础上的。简单地说，员工工作绩效是指他们那些经过考评的工作行为、表现及其结果。

二、职业绩效的类别

Bormann 和 Motowidlo 于 1992 年、1993 年分别对 419 名、991 名在职空军技师进行测试时发现，工作绩效可以划分为任务绩效和关系绩效两个维度，并且第一次提出了关系绩效和任务绩效的概念。职业绩效是一个非常复杂的概念，关于其内涵与结构，学术界一直存在争议，有学者提出职业绩效包括 4 个维度，也有学者提出包括 5 个维度，无论是 4 个维度还是 5 个维度，都包含任务绩效（task performance）和关系绩效（contextual performance），西方心理学普遍认为工作绩效由任务绩效、关系绩效和适应绩效（adaptive performance）构成。

（一）任务绩效

任务绩效与所规定的行为或特定的工作熟练度有关，主要包括两类行为：一类与生产或服务直接相关；一类间接地为核心技术提供物质或者服务。

（二）关系绩效

关系绩效与自发的行为或非特定的工作熟练度有关，如帮助同事、自愿做额外的工作、在组织困难时仍留在组织等。这种行为虽然与核心技术无直接的关系，但是它对组织的内部沟通起着润滑的作用，能降低紧张的情绪反应，可促进任务绩效，从而提高组织的效率。van Scotter 和 Motowidle 通过研究，又将关系绩效分为人际促进（interpersonal facilitation）和工作奉献（job dedication）两个维度。其中，人际促进是有助于组织目标实现的人际倾向行为，这些行为对提高员工士气、鼓励协作，以及创造任务绩效发生的情景有重要作用。工作奉献集中表现为自律行为。其认为任务绩效包括对任务的精通和有效完成任务的动机，关系绩效包括人际技能、维持良好的工作关系和帮助他人完成作业的动机。1997 年 Motowidle、Bormann 和 Schmit 提出了任务绩效和关系绩效理论模型。他们将关系绩效分为5个维度，包括主动执行不属于自己的工作任务，工作时表现出超常的工作热情，工作时帮助别人并与别人合作，严格执行组织的规章制度，履行、支持和维护组织目标。模型中的中间变量包括知识、技能和习惯，分别被分为两组，其中，任务知识、任务技能和任务习惯影响任务绩效；关系知识、关系技能和关系习惯影响关系绩效。

（三）适应绩效

由于现代社会的发展、变化和日新月异，现代组织处于快速的发展和变化中，新的知识和技术也在不断出现。因此，员工不得不努力适应新的工作环境、学习新的技术和知识、创造性地解决问题。而这些以适应新的工作环境和要求产生的适应绩效，是用来描述员工适应新情境和工作要求的情况和程度的。

三、影响职业绩效的因素

员工的职业绩效是企业组织绩效形成的基础，是衡量企业微观管理活动成果的一个重要指标。为了寻找到提高员工职业绩效的方法，多年来，职业绩效一直是管理学家、心理学家和人力资源管理研究的重点，探讨影响绩效的因素对于员工招聘、培训，改进管理方式，提高组织效率意义重大。

（一）理论模型

1. Vroom的观点

早在1964年，Vroom就对影响绩效的因素进行过研究，他当时认为绩效是由能力和激励这两个因素决定的，即绩效＝ f（能力，激励）。其中，能力又决定于个人的资质、所接受的培训和所拥有的资源，而激励则决定于个人的期望及组织所给予的承诺。Blumberg和Pringle在Vroom绩效公式的基础上增加了“机会”这个变量。这里的“机会”变量包含的范围很广，主要包括工具和信息等资源的获得、工作条件、领导者行为、工作规范及工作流程，涵盖了个人因素（能力与意愿）和环境因素（机会）。其中，能力因素包括能力、年龄、健康、知识、技能、智力、教育水平等；意愿因素包括动机、工作满意、工作状况、焦虑等；而机会因素则包括材料供应、工作条件、同事行为、领导、辅助、组织程序、信息、时间等。他们认为机会可以促进或抑制个人绩效。

2. Einkorn和Hogarth的绩效公式

Einkorn和Hogarth提出了绩效公式 $P = f$（s、m、o 、e）（performance：绩效，skill：技能，motivation：激励，occasion：机会，environment：环境，f 为上述各因素之间的函数关系）。由此可见，绩效受多种因素影响，是员工个人

素质、能力及工作环境共同作用的结果。

3. Karman 和 Campbell 的观点

Karman 认为，影响一个人职业绩效好坏的因素主要包括以下 3 类：一是个人工作动机。一个人愿意以怎样的态度工作，主要受其工作动机的影响，而受工作动机影响所表现出的行为又会影响职业绩效。二是个人的技巧和能力。个人是否具有完成某一工作的技巧和能力也会对其职业绩效产生影响。三是个人角色知觉。个人能精确感知工作所需要的角色是什么。Campbell 则认为，员工的陈述性知识、程序性知识和动机是影响其职业绩效的 3 个主要决定因素。同时，他还认为个体的特性、以前的学习经历和两者之间的相互作用，可以作为某种预示因素和前提；另外，环境因素对职业绩效也有很大的影响，如设备质量、员工支持程度、工作条件性质的不同，也可能导致员工职业绩效上的差异。

4. Cardy 和 Dobbins 的综合模型

20 世纪 90 年代初，研究者开始注意到职业绩效的影响因素并非相互独立地对职业绩效产生作用，这些影响彼此之间也会产生不同程度的相互影响。比较典型的如 Cardy 和 Dobbins（1994）的理论，他们认为，不只个体因素和与工作相关的行为会对职业绩效产生影响，同样，个体因素和与工作相关的行为也会产生相互作用，并进一步对职业绩效产生影响。这种情况主要是因为员工会将他们的个体因素带到工作中去，从而影响职业绩效，并且影响程度不一。基于此分析，他们提出了包括个体和环境因素的员工绩效模型（图 10-1）。后来，Waldman（1994）进一步认为，系统因素存在于组织的各个层次之中，对绩效可能起促进作用，也可能起抑制作用。

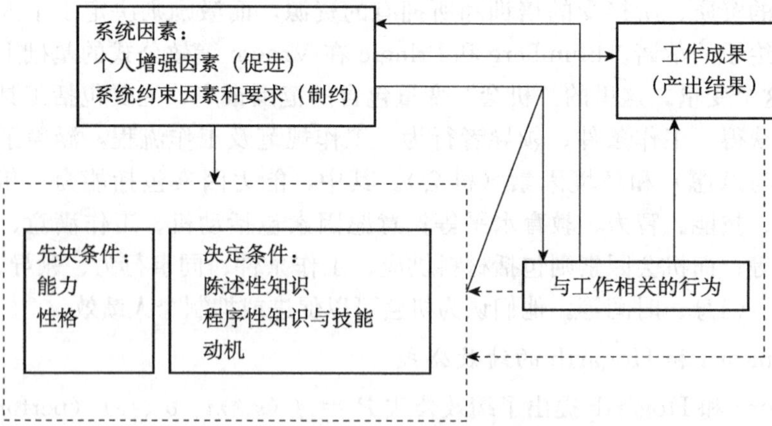

图 10-1　员工职业绩效影响因素模型

（二）影响职业绩效的因素

1. 个人特质因素

（1）人格因素

关系绩效与人格因素密切相关，这在许多研究中得到了证实。1994 年，Motowidlo 和 van Scooter 对 421 名美国空军机械师的研究结果表明，人格对关系绩效的影响更大。Salomon 对 233 名飞行员实施 OPQ（Occupation Personal Questionnaire）测验，发现大五人格的外向和责任感两个维度更多地预测了职务奉献，与关系绩效显著相关。Coleman 对 116 名保险推销员的研究发现，大五人格中除了外向与作业绩效相关外，其余 4 个维度均与关系绩效显著相关。

Mohammed 研究了能力、经验和人格对绩效的影响，结果发现大五人格的宜人性和经验与关系绩效相关。Lepine 通过对 276 名被试的实验研究发现，大五人格的责任感、外向、宜人性 3 个维度均与关系绩效的“合作行为”维度相关，而认知能力与作业绩效相关。van Scooter 用 155 名空军技工为被试，调查工作自主性对作业绩效、人际促进和敬业精神与总绩效、报酬之间关系的影响，结果表明，不论自主性高低，职务奉献都能解释总绩效中很大一部分变异，而作业绩效只有在低自主性工作中，才能有力地解释总绩效中的变异，这说明人格更多是通过关系绩效来影响总绩效的。

（2）工作动机

工作动机是一种心理状态，指的是一系列激发与工作绩效相关的行为，并决定这些行为的形式、方向、强度和持续时间的内部与外部力量。动机是个体动力系统的重要组成部分，是行为的原动力和直接驱动力量。工作动机是最有效能、最为复杂的社会性动机之一，是一种使个体努力工作，高质量地创新并不断完善自己的工作的动机。工作绩效等于“能力×动机”，动机提供行为的能量，且使行为能朝向目标，换言之工作动机会导致努力，并影响其工作绩效（Holland，1989）。对中国企业人员而言，工作动机主要表现为自我决定、追求胜任、关系取向、他人评价、外在报酬与工作愉悦。

（3）知识与技能

能力、技能和知识水平是员工所表现出来的与工作相关的身体和精神上的特征。能力、技能和知识对于员工工作绩效的高低是至关重要的。因此，仅有热情而无能力是无法产生绩效的，其工作的实际绩效取决于其能力的大小、努力程度，以及对所需完成任务理解的深度。员工知识、能力与工作特点的匹配性越高，那么就越容易获得好的绩效。实证研究结果显示，工作知识和任务熟练度直接影响上级的绩效评估，但工作知识的影响更大；一般心理能力对工作绩效没有直接的影响，它仅对工作知识和任务熟练度有直接的影响。

(4) 自我效能感

孟慧等认为，个人的自我效能感会影响目标水平的选择，具有较高自我效能感的个体，其目标水平也更高，从而带来更高的绩效。Phillips 和 Gully 研究发现，自我效能感通过提高个体的目标水平、努力程度、应付能力、持久性，对绩效产生直接的影响。由此可见，自我效能感与工作绩效呈正相关。

2. 与工作特征相关的因素

(1) 工作责任感

Miller 等对工作责任感在组织中所扮演的角色进行了研究，发现工作责任感直接影响着关系绩效，比能力更能提高预测绩效及关系绩效的正确性。Avis 等研究了责任感和认知能力对工作绩效的影响后发现，责任感比认知能力更能提高预测绩效和关系绩效的正确性。

(2) 工作情境

Beaty 通过创造鼓励关系绩效行为的工作情境，发现工作情境直接影响了关系绩效行为。

(3) 工作满意感和组织承诺及绩效评定程序

Goodman 等研究发现，关系绩效与工作满意感和组织承诺有显著的紧密相关性。Findley 等提出，绩效评定程序与关系绩效紧密相关。

(4) 经验

1994 年，Motowidlo 和 van Scooter 对 421 名美国空军机械师的研究结果表明，经验与作业绩效的相关性比与关系绩效的相关性高，这说明经验对作业绩效的影响更大。

第二节　工作满意度和工作绩效

工作满意度（job satisfaction）和工作绩效的关系问题不仅是工业组织心理学关注的问题，也是管理心理学、职业心理学非常重视的研究课题。早在 20 世纪初，著名管理心理学家梅奥（Mayo）就提出了“快乐的员工是生产力高的员工”的观点，实际上可以看成是对工作满意度与工作绩效关系的最初表述，认为为员工提供良好的工作条件，提高员工的满意度，员工的工作绩效也会得到相应的提高。现实生活中似乎也可以看到对工作的满意度高，相应地投入工作的热情也高，其绩效也高的现象；但也有工作绩效较高，员工却缺乏满意度的情形。那么工作满意度和工作绩效之间到底是什么关系？

一、什么是工作满意度

工作满意度的概念可以溯源到梅奥所主持的霍桑实验，这一系列的实验表明：员工的情感会影响其工作行为，员工社会及心理因素才是工作满足与生产力的主要因素。Pock 在其 1935 年出版的《工作满意度》中，首次提出了工作满意度这个概念，他指出工作满意度就是指员工在心理和生理两方面对环境因素的满足感受，也就是员工对工作情境的反应。工作满意度是一个人根据其参考架构对工作特征加以解释后所得到的结果，某一种工作情境是否影响工作满意度涉及许多其他因素，如工作好坏的比较、与其他人的比较、个人的能力，以及过去的经验等。

工作满意度有 3 种定义模式：综合性定义（overall satisfaction）、差距性定义（expectation discrepancy）和参考性构架定义（frame of reference）。

（一）综合性定义

综合性定义对工作满意度只做一般性解释，其特征为工作满意度是一个单一概念，而不涉及工作满意度的层面、形成原因和过程，是员工对于其工作本身及环境持有的一种态度，是员工对其全部工作角色的情感反映。衡量员工的工作满意度最普遍的方式是，直接询问员工的满意程度，而不必将其分割为不同的层面来衡量，如 Robbins、袁凌、李敬和吴文华对工作满意度的解释。

（二）差距性定义

工作满意度是员工在工作环境中，根据自己为组织的付出，期望所得的价值与实际获得的价值二者之间的差距。工作满意度的程度取决于该差距的大小，若差距越大，则满意程度越低，反之，差距越小则满意度越高，如 Smith、Kendall、Hulking、Rice、McFerrin 和 Bennett 等对工作满意度的理解。

（三）参考性构架定义

该定义又称为层面性定义，也就是员工对工作满意度特殊层面的满足，是员工对特殊层面的情感反映。有关工作满意度层面的分类，目前学术界没有统一的定论，如 Deshler 和陈志霞等给出的工作满意度的定义。

二、工作满意度和工作绩效的关系

工作满意度和工作绩效的关系是非常复杂的，不同的研究者得出了不同的结论。二者的关系，主要有以下 5 种。

（一）工作满意度影响工作绩效

工作满意度的高低将直接影响工作绩效的高低，这是关于工作满意度与工作绩效的关系的最早论点。20 世纪 30 年代，以梅奥为代表的人际关系学派主张工作满意度和工作绩效之间呈简单的显著正相关。梅奥在霍桑实验中发现：在决定劳动生产率的诸因素中，居于首位的是工作满意度，员工归属感提高了工作绩效。此后著名的心理学家闵斯特伯格在大量研究的基础上提出激励-保健理论，认为影响工作满意度的因素包括保健因素和激励因素。保健因素与工作环境有关，激励因素存在于工作本身的性质之中。当保健因素恶化到员工可以忍受的水平以下时，就会产生不满，但当员工认为这些因素很好时，他们只是消除了不满意，并不会导致满意。当员工认为激励因素很好时，员工表现出高满意度。激励因素满足得不好，员工不会感到不满意，只会感到没有满意。此外，哈佛大学的一项研究表明，员工满意度每提高 5%，企业盈利随之提高 25%。由此可见，工作满意度直接影响工作绩效。

（二）工作绩效影响工作满意度

20 世纪 60 年代，人们逐渐发现现实中似乎并不总是工作满意度的高低导致工作绩效的高低。相关的实验研究表明，工作满意度与工作绩效的相关只有＋0.17的低相关。因此，人们开始重新看待工作满意度和工作绩效的关系。弗洛姆的期望理论认为，人之所以会努力工作，是因为他觉得工作这种行为可以达到某种结果，这种结果对他有足够的价值，使他的需要能够得到满足。也就是说，工作绩效导致工作满意度，即工作绩效高的员工将得到更多报酬，如果员工觉得报酬是公平的就会满意，反之则会产生不满。工作绩效导致某种有价值的结果，这种有价值的结果反过来会影响工作满意度。在日常工作中也可以获得一些经验性的证明，如一个人的工作干得好，会让自己有成就感，并得到更多的报酬、表扬和提升，因此对工作也会更满意。

（三）工作满意度和工作绩效之间的交互影响

工作满意度和工作绩效之间相互影响，一方面工作满意度将影响工作绩效，另一方面工作绩效又会反过来影响工作满意度。实际上，这一观点是对工作满意度导致工作绩效，以及工作绩效导致工作满意度这两种观点的综合。Sheridan 和 Slocum 的研究，部分支持相互作用理论，但是它的依据是满意的类型，如果是外在的满意，满意将对工作绩效产生影响，如果是内在的满意，工作绩效就会影响满意度。Wantons 对此进行了研究，区分了两种不同的满意度类型，就外部满意度而言，工作满意度影响工作绩效；就内部满意度而言，工作绩效影响工作满意度。

（四）工作满意度和工作绩效之间不确定的联系

现实中可以观察到工作满意度低而员工绩效高的情形，如在中国的珠江三角洲的劳动力密集型企业里，很多农民工的满意度是极低的，如果从产量来衡量他们的绩效的话，他们的绩效是很优秀的。当然也有工作满意度高而绩效低的情形，如 Wantons 发现，提高工作满意度并不一定能提高员工的绩效。企业可以为员工提供舒适的工作环境和丰厚的薪酬福利，让员工在公司感受到家一般的温暖，可这些员工往往悠闲自得，当一天和尚撞一天钟，不能产生高的绩效。这种情形在中国改革开放前的国企中也是十分常见的。一些研究者指出，工作满意度与工作绩效的相关在很多情况下是不确定的，因为态度在预测行为时具有一定的局限性。有些研究者认为，只有用明确的态度，才能预测明确的行为。而一些影响变量干扰了工作满意度与绩效之间的关系，并且满意绩效之间的影响变量也被提出和验证，如归属、认知能力、成就需要、职业发展进程、行为压力、时间压力、工作适应力、职业群体、持久力、问题解决的同一性、任务分配决定的理解、情感的倾向性和环境的压力等，这些影响变量几乎在很多研究中没有得到证实，并且证明它们的有效性也是很困难的。

(五) 工作绩效与工作满意度无关

该观点认为，员工绩效和工作满意度之间没有直接的必然联系，高工作满意度并不一定能够带来高工作绩效，但是会影响员工绩效；高工作绩效也不一定能够带来高工作满意度，同样会影响工作满意度。对工作满意度与工作绩效的关系，始终没有得出被广泛公认的结果。因此，许多研究者对工作满意和工作绩效之间的关系产生了怀疑，部分研究者认为它们是独立的变量，彼此之间没有任何联系。例如，Gumming 和 Dunham 调查研究了工作满意度和工作绩效之间的关系，以及个人控制与工作绩效之间的关系，没有得到任何结果．实际上，很多研究结果显示，工作满意度和工作绩效之间没有任何联系。

第三节 职业倦怠与职业绩效管理

一、职业倦怠的定义和分类

职业倦怠是 20 世纪 70 年代美国临床心理学家 Freudenberg 研究职业压力时提出的一个概念，又称工作倦怠，用以描述个体由于长期的工作压力得不到有效缓解而产生的心理、生理上的疲惫，工作能力的下降，工作热情的丧失，对他人日益冷漠，工作成就感低等一系列负性症状。1980 年第一届国际职业倦怠研讨会召开，职业倦怠即被视为 20 世纪 80 年代的危机和现代生活的疾病。“burn-out”一词一般指失败、耗尽、精疲力竭。自从 Freudenberg 将其作为专业名词提出后，它就被专门用来说明助人职业者的“职业倦怠”现象。

目前，职业倦怠研究把它分为3个成分：情感耗竭（emotional exhaustion）、去个性化（depersonalization）和低成效感（efficacy），得到了大多数研究者的认同。但有关职业倦怠的定义并没有完全统一，引用最为广泛的是Meshach和Jackson的定义，即职业倦怠是指“在以人为服务对象的职业领域中，个体的一种情感耗竭、去个性化和低成效感的症状”。情感耗竭是指个体的情感资源过度消耗，情感处于极度疲劳状态，工作热情完全丧失；去个性化是指个体以一种否定、负性、冷淡、过度疏远的消极态度对待服务对象；低成效感是指个体的胜任感和工作成就感下降，消极评价自己工作的意义与价值的倾向。由于情感耗竭在职业倦怠的3个成分中非常突出，有人提出可以将后两个成分合并成为一个消极因素——消极态度（negative attitudes）；或者直接由情感、躯体和心理的精疲力竭取代职业倦怠。而有关Meta分析（Meta-analysis）、交叉检验（cross validation）和验证性因素分析（confirmatory factor analysis）的研究均表明，职业倦怠的3个成分说（情感耗竭、去个性化和成效感）能最有效地解释大量实证研究的结果，并且成效感可以独立于情感精疲力竭和去个性化而发生。

很多研究者都认为，职业倦怠产生于长期的工作压力，如Dunham认为职业倦怠是工作压力的一种极端形式，是不可调和压力的产物。Meshach也将职业倦怠描述为包含情感衰竭、去个性化和低成效感在内的一种压力反映。但是工作压力本身并不一定导致职业倦怠，只有个体长期处于工作压力之下，无法解脱，期间又没有缓冲资源，得不到支持系统帮助时，那些不可调节的压力才会发展、演变为职业倦怠。因此，职业倦怠不是工作压力的简单代替，两者之间有着质的区别。

二、职业倦怠的形成过程

研究者提出了多种理论，对职业倦怠的发生、发展过程进行探讨，这里介绍几种重要的理论模型。

（一）Chariness的职业倦怠阶段理论

Chariness及其同事在两年内对服务业的28位新从业人员进行了多次面谈，在此基础上，他们认为职业倦怠的形成经历了3个阶段：第一阶段是应激阶段，即工作要求和个人资源之间的不平衡造成压力的产生；第二阶段，当工作压力产生时，会引起即时与短暂的情绪反应，从而出现精神紧张、身心疲惫与情绪枯竭等现象；第三阶段是个体的防御应对，个体会努力采用各种方法来应对压力。有些应对措施可能是有效果的，而有些应对措施则会导致个体的态度朝不良的方向进行转变，这些不良态度的转变就构成了Chariness所说的倦怠现象。

依据 Chariness 的观点，职业倦怠的形成过程，即是对工作压力的处理过程。当工作者遭受工作压力之后，由于不好的感觉持续出现，且在无法调适的状况下，只好采取防卫机制，而与平日接触的人产生了脱离、疏远，或是以机械性的态度对待周遭的人，或退缩而逃避工作。

Chariness 的职业倦怠模型的一个明显特色就在于，他把工作压力和职业倦怠既相互联系又相互区别，认为职业倦怠是个体对于工作压力采取防御性应对措施的结果，这为后来职业倦怠因变量的研究指明了方向。另外，该模型也得到了一些研究（Welkin，1998；Bourke，1987）的支持，但是该模型将职业倦怠等同于“不良态度的转变”，从而使职业倦怠的含义变得过度宽泛，难以与职业疲劳进行区别，从而未能充分体现出职业倦怠现象的独特特征。

（二）Golombiewski 的职业倦怠阶段理论

Golombiewski 等（1983）从职业倦怠的定义出发，将 Maclean 定义的职业倦怠 3 个维度设定了不同的权重，人格解体被认为是对职业倦怠贡献最小的一个维度，而情绪耗竭则是职业倦怠最重要的因素。为了阐述职业倦怠发展过程的各个阶段，Golombiewski 等建立了一个职业倦怠发展模型（表 10-1），共分为 8 个阶段，即 Golombiewski 的八阶段模型。

表 10-1 职业倦怠发展模型

因素＼阶段	1	2	3	4	5	6	7	8
人格解体	低	高	低	高	低	高	低	高
个人成就感	低	低	高	高	低	低	高	高
情绪衰竭	低	低	低	低	高	高	高	高

Golombiewski 认为，人格解体是职业倦怠的第一阶段，人际服务行业要求工作者对服务对象给予帮助，当工作压力过大，服务对象过多，超过了个体所承受的限度时，就会对工作产生负面态度而出现疏远现象，对待服务对象冷漠，即人格解体的出现；人格解体使个体的工作业绩降低，进而使工作中的自我成就感降低，即职业倦怠的第二个阶段；随着人格解体的加重，自我成就感不断降低，若个体没有即时调整，不能有效应对，最终会导致个体情绪耗竭，情绪耗竭在 Golombiewski 的模型中是最为核心的成分，也是该过程的最终阶段。

（三）Leiter 和 Mas1ach 的职业倦怠阶段理论

Leiter 和 Mas1ach 认为，在职业倦怠发展过程中，一个维度会成为另一个维度的预测因素，一个维度的产生会导致另一个维度的出现，3 个因素的发展有先后顺序。Leiter 认为，情绪耗竭是最先发生的，最初，因为工作上长期过度的需求，超出了个人情绪资源所能负担的范围，于是情绪耗竭现象产生；接着，他会作出各种努力来改变这种耗竭状况，当改变外部情景不太可能时，个体趋向于与对他人产生情绪与情感上的距离，以使自己的情绪资源得到恢复，这就导致了人格解体的产生；最后，当个体认识现有的工作态度与原先乐观的期望之间有很大的差距，怀疑自己没有足够的能力执行工作任务时，遂以负面的态度进行自我评价，最终导致个人成就感丧失。

Leister 于 1993 年对该模型作出修订，重新阐述了自我成就感和另外两个因素之间的关系，认为人格解体是情绪耗竭的直接后果，而自我成就感的降低则相对于另两个因素独立发展。

Maslach 和 Leiter 对原有理论框架扩展，将职业倦怠过程中的个人因素和情景因素更加清晰地整合在一起，并以此为基础提出了工作投入的概念。他们认为，已有的概念模型只包括代表负面心理状态的工作倦怠，这对于反映个人与工作情境的匹配是不完全的。其试图用“倦怠与投入”来表示个人与工作情境的匹配，这两种状态都可以从精力、参与和效能感 3 个层面来描述。Meslach 等进一步认为，可以从 6 个方面对个人与工作情境的匹配度进行评定：工作负荷、控制感、报酬、团队、公平和价值观。个体在这 6 个方面越是不匹配，越有可能产生职业倦怠。由此，他们建议组织不能简单地将职业倦怠视为个人问题，可以从以下方面改变职业倦怠状况：建立信息流，为个人提供足够的信息；给予员工足够的参与感；经常沟通；充分利用团队解决问题的能力进行过程追踪。

资料链接 10-1

2004 年中国“职业倦怠指数”调查报告

为了对国内上班一族的心理状况有一个正确的认识，帮助企业从整体上把握员工的工作状况，同时也为了了解上班一族产生“职业倦怠”的深层原因，中国人力资源开发网（www. Chinahrd. net）联合国内众多知名媒体启动了本次中国“职业倦怠指数”调查。以期通过此次调查来真实反映国内上班族职业倦怠的情况，找出“职业倦怠”现象出现的原因，为个体调整自身的工作状态，国家和企业制定相关的解决政策提供依据。

此次调查面向中国所有的在职人士，调查问卷发布在中国人力资源开发网等媒体上，供网友在线填写。总共有近 4000 名在职人士填写了问卷，他们就自身的职业倦怠程度发表了自己的看法。结果显示如下（节选）：

◇12 省（自治区、直辖市）职业倦怠指数调查结果排序数据显示：倦怠程度最高的地区为天津（48.48%），其他依次为：四川（46.15%）、重庆（44.62%）、上海（42.79%）、辽宁（42.75%）、湖北（40.87%）、广东

(39.02%)、福建(38.89%)、江苏(38.81%)、北京(38.76%)、浙江(37.44%),倦怠程度最低的为山东,仅为37.18%。

◇公务员职业倦怠程度最高,人力资源从业者倦怠程度最低。调查结果显示:在所有职业中,公务员中54.88%的被调查者出现了职业倦怠,是职业倦怠比例最高的职业,而人力资源从业者则是倦怠程度最低的人群,仅为30.53%。不同职业职业倦怠程度从高到低排列依次为:公务员(54.88%)、物流/运输(54.00%)、教师(50.34%)、贸易/采购人员(48.19%)、技术(45.09%)、财务人员(44.62%)、咨询顾问(43.40%)、营销人员(40.34%)、房地产从业人员(40.30%)、行政/文秘(39.89%)、编辑/记者(38.30%)、医生(37.21%)、管理人员(34.05%)、人力资源从业者(30.53%)。

◇政府、公共事业为职业倦怠出现比例最高的行业,专业服务、财会、法律为职业倦怠程度出现比例最低的行业。数据显示:政府、公共事业为职业倦怠出现比例最高的行业,职业倦怠比例达到52.00%,专业服务、财会、法律为职业倦怠出现比例最低的行业,仅为27.18%。

各行业职业倦怠程度(从高到低排列):政府、公共事业(52.00%)、通信、电信业(44.90%),教育、培训机构(43.98%),金融业(42.86%),运输、物流(42.16%),快速消费品(41.28%),贸易、进出口(40.00%),IT业(39.43%),媒体、新闻出版(37.84%),医疗、生物工程(37.25%),建筑、房地产(35.59%),石油、化工、能源(35.45%),制造业(33.05%),家电业(30.51%),专业服务、财会、法律(27.18%)。

◇高层管理者出现职业倦怠的比例最低,而普通员工出现职业倦怠的比例最高。普通员工出现职业倦怠的比例最高,达到了48.19%。接下来依次为高级专业人员(39.78%)、中级专业人员(33.12%)、中层管理人员(33.07%),高层管理者出现职业倦怠的比例最低,仅为26.07%。

(资料来源:http://www.people.com.cn/GB/shenghuo/1089/3042998.html.)

三、职业倦怠和职业绩效的关系

Singh(2000)通过实证所提出的职业倦怠前因后果模型发现,职业倦怠对于员工的品质绩效和生产力绩效皆有负面的影响,并对离职意图产生正面的影响。也有学者认为,职业倦怠是发生在个人层面里,并会感染整个组织(Mas 1 ach et al.,2001),甚至会产生负面的溢出效益,影响个人的家庭生活(Burke和Greenglass,2001)。无论是生产力的低落、人际关系的破坏还是离职意图的提升,对组织绩效都有隐性或显性的影响。

职业倦怠和多种工作行为相关联:旷工、离职倾向和实际的离职。即使员工留在工作岗位，职业倦怠也会降低生产力和生产效率，随之带来工作满意感的降低和组织承诺的减少。由于倦怠的个体会产生更多的人际冲突和对工作任务的破坏，他们会对同事产生消极影响；而且，他们还可能通过工作中非正式的交流沟通把这种状态“传染”给其他人（Burke 和 Greenglass，2001）。

王新荣在对图书馆馆员的自我效能感与职业倦怠的研究中发现，自我效能感会直接影响图书馆馆员为自己确立的目标，为达到目标进行的努力，以及面对困难时的坚持性。较低水平的自我效能感将导致较低水平的努力和坚持性，他们在面对挫折时，比较倾向于采取逃避的策略，易将成败归因于外在环境的影响，忽视自己内在能力和努力的因素，会因服务对象的不合理行为等而引起较大的焦虑和恐惧，从而表现出情绪衰竭和人格解体的症状。而较低水平的努力和坚持性，反过来又会导致更低水平的自我效能感，使工作低效化。

第四节　提高职业绩效的措施

研究发现，影响员工职业倦怠的主要因素是工作任务量大、缺乏足够的权利支持、部门间沟通不畅、培训少等；职业绩效的降低对职业倦怠也有很重要的影响；在个体方面，不同的个性特征对职业倦怠带来的差异也各不相同。因此，我们针对员工的职业倦怠状况，提出一些干预措施，以提高企业的职业绩效。

一、个人层面的措施

从个体层面上看，对职业倦怠的干预作用不是很突出，一般只能起到辅助性的功能。因为就个体而言，既往的研究发现，对工作的期望值高而成功的可能性低（工作态度）、个体低努力程度、低自信、外控、使用逃避的应对策略、A 型行为、大五人格中的神经质（个体特质）都将影响职业倦怠的产生和发展。基于此，Pines 和 Aronson 提出，个体干预可以使用放松训练，认知压力管理，时间管理，社交训练，压力管理及态度改变。这些训练的目的是增加个体对工作场所的应对能力，并且一般是采用少于 100 人的小团体进行个人技巧训练。对这些干预训练的有效性检验表明，职业倦怠的核心——情感衰竭可以被证实的确减少了，尤其是通过应对技巧的使用，如放松技巧、认知重建和社交技巧。个体可以根据自身的情况采取一些简单而有一定效果的措施。例如，将所有的工作内容按“重要”、“较重要”、“不重要”来分类，看看哪些工作可以不做，或是授权给更适合的人去做；找一些对自己有挑战性的，而且自己有兴趣承担的工作来做。对此的解释比较有影响力的是：虽然人格特质对职业倦怠有一定的影响，但其影响力远不能和环境因素（工作特征、职业特征、组织特征）相比，这是因为职业倦怠更属于一种社会现象，而非个体现象。

（一）认识自我

要认清自我价值，掌握自己的优势与不足，预测自己倦怠的征兆，了解自己有无做好应激的积极准备。有了积极的自我认识，才能正视应激情境的客观存在，才能勇于面对各种现象，准确地对待周围环境中的一切人和事，有针对性地对自己进行心理控制并尽量与周围环境保持积极的平衡，成为自身行动的主人，从而避免遭受应激给自己带来的生理和心理上的损伤，对可预见的应激，进行自我调整，主动设置缓冲区，提高自己的心理应付水平。因此，只有从自我的阴影中摆脱出来，正确地认识自己及周围环境，才能把变化视为正常的事，不断接受变化的刺激，积极、愉快、主动地迎接生活的挑战，走出倦怠。

（二）寻求应对方式

应对是指成功地对付环境挑战或处理问题的能力。通常，积极的应对方式可以使自己有效地面对心理应激、重新恢复生理与心理的平衡状态；消极的应对则往往会使人继续停留在充满压力的应激状态，继续消耗自身潜在的能量，产生倦怠，甚至导致心理疾病。

（三）运用心理暗示

运用心理暗示，指的是在无对抗态度的条件下，用含蓄、间接的方法对人的心理和行为施加影响，这种心理影响表现为使人按一定的方式行动，或接受一定的意见、信念。暗示对人的心理和行为有着很人的影响。积极的暗示可帮助被暗示者稳定情绪、树立信心及战胜困难和挫折的勇气。每个人都可以把自我暗示作为提高自己应付应激能力的策略。当千头万绪、不知所措时，绝不要抱怨、退缩、自怨自艾，否则就很容易陷入倦怠，不可自拔。当面对孤独、寂寞、缺乏成就感的工作环境时，要学会奖励自己、为自己喝彩，哪怕是自己的一丁点儿的进步，都不要忘记对自己说一声："哦，我做得真不错，明天继续努力哦!"在这样经常性的言语方面的自我暗示下，个体就会由急躁、泄气、灰心变为情绪稳定、有条不紊、信心十足，自信能控制各种应激。他们的心理状态得到调节，心理活动水平得到提高，从而无论在顺境还是在逆境中，都能始终保持乐观向上的心态，不断在苦难中寻找新的乐趣，成为一个热爱生活、善待生命、对生活充满激情的人。

（四）学会适应的策略

因为害怕而拒绝变化，往往会使事情变得更糟。如果当面对生活中的各种变化和挑战带来的应激时，能积极应付，迅捷、灵活地作出反应，必然会在迷宫中找到属于自己的路，也许它会让你付出很多的艰辛和代价，但它会帮助你在变化的时代获得成功。所以，在各种应激事件和压力面前，自己一定不要一味地抱怨，要及时调整心态、学会适应，换一种角度看压力。学会对让我们曾经头疼不已的压力心存感激，因为没有压力，我们的生活也许会是另外一个模样。另外，还要积极地投入到变化之中，这样才不会感觉受到了极大的伤害。应激研究的泰斗塞里曾说："很多人停滞在一个阶段感到失败，很大一个原因就是不愿改变现状。"随着应激而改变，这是适应的最关键的问题，只有自己才能帮助自己。

个体可以学会一些应对策略，但却很难把其运用于工作中，因为工作中的许多因素不是由个体控制的，而这些组织因素才是引起职业倦怠的根本原因。

二、组织层面的措施

个人的努力和调整对解决职业倦怠很重要，企业为了提高自身的工作业绩，更应该采取积极的措施，从组织层面解决这方面的问题，而不能放任职业倦怠现象的发展。

（一）建立和完善企业的培训机制

培训既能够弥补员工某些技能方面的不足，又能够体现组织对员工的关怀和重视，是减轻职业倦怠的很好的选择。提供专业技能的培训，通过对员工进行专业知识、技术、技能的培训，能够提高其对任务的胜任能力，从而减轻员工的压力体会。进行压力控制方面的培训，能够使员工正确认识压力，提高个体对工作应激的应对能力，包括放松训练、理性情绪治疗、人际关系和社会技能培训、时间管理等，从而提高员工对工作压力产生的应激的应对能力。提供人际关系和领导学方面的培训，能够帮助员工从其他人那里获得可利用的支持技能，教育员工学会与人分享解决问题的方法，以及如何在工作团队会议上使用这些方法。

（二）完善工作分析，明确岗位责任

企业应该在工作分析的基础上，明确各个岗位的工作职责和权力大小，对工作流程进行再设计，使企业的信息流运转得更加流畅，合理有效地处理人与岗位的关系，避免工作的重复性和职责模糊带来的不良效应和困惑，使部门间的合作交流更加便捷。例如，最近很多企业正在进行的工作丰富化、工作轮换和弹性工作制等。

（三）建立良好的企业文化，形成融洽的沟通氛围

好的企业文化也能够为企业带来凝聚力、经济效益、社会形象及市场竞争

力，形成良好的企业文化之后，可以统一员工思想，塑造一个开放、自由、平等的沟通氛围，增强员工对企业的组织归属感和组织承诺，提高工作对核心雇员的愉悦程度，进而从组织层面减少职业倦怠发生的可能和影响的大小。当我们的核心员工处于一个被尊重、被认同的工作环境当中，并有一个良好的工作团队和工作环境的时候，其工作满意度也会大大提高。

（四）加强对核心员工长期的激励和考核

从激励方面，可以通过对核心员工的职业生涯管理、职位晋升、员工持股计划、股票期权、事业激励等方面入手。同时，在精神激励层次上，通过与核心员工建立良好的心理契约，在培育、提高核心员工的归属感、主人翁责任感和组织忠诚度、良好的企业文化氛围等方面，提高核心员工的职业绩效和工作满意度，降低其离职倾向。同时，也要在员工评价和考核方面做好文章。首先，对核心员工的绩效考核指标不应过分超出其工作能力要求，对核心员工能力的开发和使用要适度，不能竭泽而渔，否则，过大的工作压力反而不能提高核心员工的职业绩效。其次，职业绩效对职业倦怠有显著的影响，当职业绩效较高时，会提高员工的工作效能感，进而降低其职业倦怠水平。

（五）实施 EAP

当员工出现职业倦怠现象时，企业不应该坐视不理，应该采取积极的措施帮助员工尽快走出倦怠状态，实施 EAP。EAP 在西方已经有几十年的应用历史，它最初用于解决员工酗酒、吸毒和不良药物影响带来的心理障碍。目前，EAP 已经发展为一项综合性的服务，其内容包括压力管理、职业心理健康、裁员心理危机、灾难性事件、职业生涯发展、健康生活方式、法律纠纷、理财问题、饮食习惯等各个方面。全面帮助员工解决个人问题，其目的在于使员工从纷繁复杂的个人问题中解脱出来，减缓和管理员工压力，维护其心理健康。通过专业的人士对出现职业倦怠的核心员工进行诊断，提供建议和专业指导、咨询和培训，可以有效地解决核心员工的职业倦怠问题。

本章小结

1. 职业绩效的定义主要有特质论、过程论和结果论 3 种定义模式。

2. 目前，已经公认的职业绩效结构包括关系绩效、任务绩效和适应绩效等。影响职业绩效的因素有个人特质因素和与工作特征相关的因素。前者包括人格因素、工作动机、知识与技能、自我效能感；后者包括工作责任感、工作情景、工作满意感和组织承诺及绩效评定程序和经验。

3. 职业绩效和工作满意度的关系比较复杂，存在5种可能性。即工作满意度影响工作绩效，工作绩效影响工作满意度，工作满意度和工作绩效之间的交互影响，工作满意度和工作绩效之间不确定的联系，工作绩效与工作满意度无关。

4. 职业倦怠主要包括3个成分：情感耗竭、去个性化和低成效感。

5. 职业倦怠发生、发展过程的理论模型主要包括3种：Chariness 的职业倦怠阶段理论、Golombiewski 的职业倦怠阶段理论、Leister 和 Meshach 的职业倦怠阶段理论。

6. 职业倦怠对组织绩效有着隐性或显性的影响。

7. 针对员工的职业倦怠状况的干预措施主要包括：从个人层面来说，要引导员工认识自我、寻求应对方式、运用心理暗示、学会适应的策略；从组织层面来说，要建立和完善企业的培训机制，完善工作分析和明确岗位责任，建立良好的企业文化、形成融洽的沟通氛围，加强对核心雇员长期的激励和考核、实施 EAP。

思考和练习题

1. 名词解释：工作满意度、职业倦怠。
2. 我国学者是如何看待职业绩效的？
3. 试述影响职业绩效的因素。
4. 试述工作满意度和职业绩效的关系。
5. 简述职业倦怠和职业绩效的关系。
6. 试论述提高职业绩效的措施。

拓展阅读

1. 李永鑫，张阔．2007. 职业倦怠研究的新趋势．心理科学，30 (2)：478～481.

2. 斯蒂芬·P·罗宾斯．2003. 组织行为学．10版．孙建敏等译．北京：中国人民大学出版社．

3. 周三多，陈传明，鲁明泓．2005. 管理学——原理与方法．4版．上海：复旦大学出版社．

第十一章

职业心理健康

本章要点

- 职业心理健康的标准是什么？
- 什么是职业压力？
- 哪些因素会导致人们产生职业压力？
- 职业压力的理论模型有哪些？
- 职业适应性由哪些因子构成？
- 职业适应性不良的后果表现在哪些方面？
- 如何提升员工的职业适应性？

在现代企业中，员工的职业心理问题会严重地影响员工个人的正常生活和组织目标的实现。其对组织运作方面造成的后果往往表现为：缺勤率增加，离职率增加，事故率增加，工作效率降低，工作积极性降低，用于招聘、培训和医疗等费用的开支加大等。在现代人力资源管理中，员工的职业心理健康状况给组织带来的消极影响应受到关注，如何很好地管理他们的职业心理健康是迫切需要解决的问题。

第一节　职业心理健康概述

一、职业心理健康的内涵

一般来说，职业心理健康指的是一种心理状态，即在工作中或者处理与工作相关的事件中所体现出的心理安全感、情绪稳定性，并且能以社会上认可的行为方式适应外部环境，在遇到任何与工作相关的障碍和困难时，能及时调整心理状态，保持心理平衡，勇于克服困难。

与职业心理健康相对的心理状态是职业心理危机。按照心理学的观点，心理危机是指一个人面对困难情景，而且其以前处理问题的方式及惯常的支持系统不足以应对眼前的处境时，所产生的暂时性的心理失衡状态。而心理危机是这样一种失衡的心理状态，即行为主体在面临突发的环境变故时，所表现出的一种心理状态。惯常的支持系统无法改变突发的危机，行为主体无法回避又无力解决，导致思想与精神长期、持续压抑，得不到排解。自然灾害、空难、海难、车祸、失业、财产被盗、被强奸、被绑架、亲人离去、移民、退休、人际关系紧张等都可能引发心理危机。大规模的自然灾害、社会动乱更有可能造成群体性的社会恐慌心理，这也是心理危机的一种。

职业心理危机，是指由工作带来的压力、困境，致使从业者心理失衡的心理状态。例如，警察在工作中时常面临其他职业所不能碰到的血腥场面和精神高度集中的工作要求，如果无法排解，久而久之，就可能引发心理失衡。从心理压力理论的角度解释就是，由于没有恰当、及时地处理职业心理压力，而导致的心理不良反应的逐渐积累，这种恶性结果就是职业心理危机。

二、职业心理健康的标准

关于职业心理健康的标准，见仁见智，不一而足。职业特点千差万别，没有统一性，只有相对性。目前，对职业心理健康的标准比较公认的看法有以下几种。

（一）智力正常

智力正常是人正常生活最基本的心理条件，是心理健康的重要标准。智力是人的观察力、注意力、记忆力、想象力、思维力、创造力及实践能力的综合，包括在经验中学习或理解的能力，获得和保持知识的能力，迅速而成功地对新情境作出反应的能力，运用推理有效地解决问题的能力等，是胜任工作的一般基础。

（二）能协调和控制情绪，心境良好

其标志是在工作中情绪稳定和心情愉快，包括的内容有：愉快情绪多于负面情绪，乐观开朗，富有朝气，对生活充满希望；善于控制与调节自己的情绪，既能克制自己的情绪，必要时又能合理宣泄自己的情绪，情绪的表达既符合社会的要求又符合自身的需要，在不同的时间和场合有恰如其分的情绪表达，情绪反应与环境相适应；反应的强度与这种情境相符合。

（三）意志力坚强

意志是人在完成一种有目的的活动时所进行的选择、决定与执行等心理过

程。意志健全者在职业行为的自觉性、果断性、顽强性和自制力等方面都表现出了较高的水平。

（四）人格完整、和谐

人格是个体比较稳定的心理特征的总和。人格完整就是指有健全统一的人格，个人的所思、所想、所言、所行都是协调一致的。人格完整包括人格作为人的整体精神面貌，在职场能够完整、协调、和谐地表现出来；具有正确的自我意识，不产生自我同一性混乱，以积极进取的人生观作为人格的核心，并以此为中心把自己的需要、目标和行动统一起来；思考问题的方式是适中而合理的，待人接物常常采取恰当、灵活的态度，对外界刺激不会有偏激的情绪和行为反应；能够与社会的步调合拍，也能与群体融为一体。

（五）自我评价恰当

恰当的自我评价是职业心理健康的重要条件。在职场生涯中，自我观察、自我认定、自我判断和自我评价都能恰如其分，客观真实；能摆正自己的位置，既不以自己在某些方面高于别人而自傲，也不以自己在某些方面低于别人而自卑；对自己不会提出苛刻的、非分的期望与要求；对自己的生活目标和理想也能作出切合实际的决定；面对挫折与困境，能够自我悦纳，喜欢自己，接受自己；自尊、自强、自制、自爱的水平适度；正视现实，积极进取。

（六）人际关系和谐

良好而深厚的人际关系，是事业成功与生活幸福的前提。其表现为：乐于与人交往，既有广泛而深厚的人际关系，又有知心朋友；在交往中保持独立而完整的人格，有自知之明，不卑不亢；善于取人之长补己之短，宽以待人，乐于助人，积极的交往态度多于消极态度，交往动机端正。

（七）适应正常

个体与客观的职场环境保持良好的适应和互动，既能进行客观观察以取得正确认识，以有效的办法应付环境中的各种困难，不退缩；又能根据环境的特点和自我的情况努力进行协调，或改变职场环境以适应个体需要，或改造自我以适应职场环境。

三、员工职业心理健康现状分析

根据北京易普斯企业咨询有限公司的一项研究结果显示，在压力、身心幸福感、职业枯竭和抑郁倾向 4 个指标方面，中国员工的心理健康正在逐步恶化。

这一研究数据来自北京易普斯企业咨询有限公司多年积累的 10 多万中国员工的职业心理健康数据库，以及近年来北京易普斯企业咨询有限公司与《财富》（中文版）合作的“中国经理人压力调查”。这 4 个指标的发展趋势，具体表现如下。

第一，就中国员工的压力来看，相关调查数据显示，深感职业压力的员工比例从 2006 年的 56%上升到 2008 年的 60%。更关键的是，这些压力给员工身心带来了极大的负面影响，这方面 2008 年比 2007 年提高了 8 个百分点。而据《财富》（中文版）调查显示，2008 年深感压力的职业经理人的比例直线上升到 76%，增长了 6 个百分点，且重压之下，对身心的影响也由 59%上升到 67%。因为职业压力而导致的与伴侣关系不良，跟朋友关系恶化的问题更是上升了 12%。从性别差异看，女性员工中深感压力的比例从 2006 年的 54%微升到 2008 年的 56%，变化不大。但男性员工中的比例却从 2006 年的 58%上升到 2008 年的 66%，尤其是压力带来的负面影响更是增长了 14%。从年龄差异看，在 2006 年和 2007 年，35～44 岁及 45 岁以上的员工，压力带来的负面影响没有太大变化；但到 2008 年，35 岁以上的员工因压力导致的负面影响明显增加，增幅高达 19%。因此，如何平衡员工的工作和生活，减轻职业压力带来的家庭困扰成了急需解决的问题。

第二，在身心幸福感指数方面，数据表明，中国员工从 2007～2009 年，因心理问题导致的身体问题普遍存在，且逐步上升。对职业人来说，因心理抑郁引发的身体疾病比例更高，这主要是因为自世界金融危机和较长时间的欧债危机以来，企业的市场、业绩、业务等因素都均不理想，差不多有 65%以上的企业都深受影响。从年龄差异看，35～44 岁员工群体的身体幸福感最近几年明显下降。一边是外部降薪、裁员的威胁，另一边是内部中年危机的生理和心理变化，都直接影响着员工的身心幸福感。

第三，在职业枯竭方面，尽管企业天天在喊“要提高效率”，但职业枯竭的人却越来越多。职业枯竭是指因心理问题而导致员工缺乏工作活力、质疑工作价值和怀疑工作能力的现象。通常我们所说的缺乏工作活力、节日综合征等均属于职业枯竭。数据显示，在金融危机和欧债危机的影响之下，中国员工有 23%的人是处在缺乏工作活力的状态下，主要集中在企业高层，以及服务性行业员工等职业人群中，特别是男性员工中因工作而产生情绪耗竭的比例高达 25%，可见受到经济大环境的影响，更多的员工，特别是男性员工对自己的职业发展产生了极大的担忧和怀疑。

所谓质疑工作价值，就是讨厌、责备自己所从事的工作。面对危机，部分员工会明显表现出质疑工作价值的倾向。调查显示，2008 年有 23%的男性员工和 19%的女性员工质疑自己的工作价值。究其原因，一是这些员工本身的工作价值就不是很大；二是由于金融危机和欧债危机的影响，再选择工作的机会越来越渺茫，因此，部分员工在自己的职业发展道路上遇到了巨大的挑战和阻碍。

第四，在抑郁倾向方面，员工的抑郁倾向增幅较大。员工的心理问题走向极端，就会表现为大量抑郁员工的出现。2008 年，有抑郁倾向员工的比例从 2007 年的 2.9％提升到 4.9％，增长了 70％。从性别来看，员工抑郁倾向男女比例相当，但 35～45 岁员工的抑郁倾向最高，达 5.2 ％。需要说明的是，一旦企业中出现有抑郁倾向的员工，企业就必须主动干预，否则容易酿成员工自杀、他杀等恶性事件。

第二节 职业压力

一、职业压力的定义

20 世纪初以来，随着工业化、城市化，以及信息革命的发展，职业压力一直是心理学、生物医学、管理学和社会学等学科的一个重要理论范畴。众多的学者从不同的角度，对职业压力的定义、影响因素、后果及应对策略进行了探讨。

Selye 认为，所有生物有机体都具有先天的驱动力，以保持体内的平衡状态，这一过程就是稳态，一旦有了稳态，维持体内平衡就成为个体毕生的任务。压力源会破坏内部的平衡，无论压力源是愉快的还是不愉快的，人体都会用非特异性生理唤醒来对压力源作出反应，这种反应具有防御性和自我保护性。人体对压力的适应是按阶段进行的，各阶段的时间进程依赖于抵抗的成功程度，而这种成功程度则与压力源的强度和持续时间有关。

Lazarus 等学者认为，“压力是需求以及理性地应对这些需求之间的联系”。一个人能否承受压力与他对待压力的看法是紧密联系的，它是由人的认知系统所反映出来的，而这种反映的结果就是人对职业压力的认知评价。同一个环境事件对某一个人来讲可能具有压力性，而对其他人来说则不具有压力性。职业压力可分为生理的、心理的和社会的 3 种类型。

McGrath 认为，压力是“需求与个人能力之间处于一种失衡的状态下，需求得不到满足引起的后果”。他认为人们对职业压力的应对能力不同，必然导致不同的压力体验，能恰当估计自我应对能力的员工，往往会取得良好的社会适应；而过高或过低估计自我应对能力的员工容易受挫失败。不同的学者对职业压力所作的解释是不一样的，但是，所有这些定义只是细节上有所不同，其总体方向是一致的。

职业压力是指在人体的需求与反应能力之间的一种功能紊乱，即在某种职业条件下，客观需求与主观能力之间的失衡所带来的心理和生理压力。

二、职业压力反应的类型

人们对职业压力的反应是繁杂的，而且通常是多维度的，职业压力也会影响个人在很多方面的反应。通常来说，个人面对压力环境的反应，可以分为情绪反应（emotional responses）和行为反应（behavioral responses）等维度。

（一）压力的情绪反应

压力的情绪反应是指当人们处于压力时，他们的反应通常是比较冲动和情绪化的。很多时候，压力会触动个人不愉快的情绪而不是愉快的部分。一般而言，对于压力的情绪反应包括：①烦恼、生气和愤怒：压力经常会使人产生生气的感觉，其程度一般从中度的烦恼到无法控制的愤怒，而挫折更是特别容易引起生气。②担心、焦虑和害怕：焦虑与害怕比其他的情绪反应更容易在压力中产生，例如，弗洛伊德的理论长久以来即被视为连接着冲突与焦虑。然而，压力、挫折的威胁及不确定性也可能引起焦虑。③颓丧、悲哀、悲痛：压力，特别是挫折有时候会带给人们低落的情绪。当挫败感成为习惯时，时常会产生颓丧的感觉。另外，罪过、羞愧、羡慕、嫉妒与厌恶也是与压力有关的情绪反应。

（二）压力的行为反应

压力的行为反应包括以下几种方式：①攻击：是个人面临压力时常见的一种反应形式，攻击是指以各种行为伤害他人，包括生理上及言语上的。攻击行为通常会导致人际间的冲突，使压力扩大化甚至产生新的压力，而并不能缓解压力。②放弃：这样的行为通常会伴随悲伤和颓废的情绪，当刺激压力超越个人所控制的范围时，容易形成习惯性无助，进而产生放弃的行为反应。③自我放纵：压力情境有时会让个人自我放纵。当压力引起困扰时，很多人会毫无节制地吃东西、抽烟、使用毒品，以及花钱大采购。人们之所以有这些反应，是由于压力的迫近，个体需要寻求替代物来舒缓自身的压力。有关压力后个体无节制的饮食、喝酒、抽烟、吸食毒品，已有不少研究证明二者之间具有较强的正相关。

三、职业压力源的构成

组织中的职业压力有着复杂的系统结构，影响职业压力的因素很多，其渊源也各有不同。各种各样引发职业压力的根源因素大体上可以分成两大类：一类是与工作组织有关的因素；另一类是与工作者个人有关的因素。当然这些因素之间还会相互影响，构成复杂的职业压力系统，对工作者产生不同的影响和作用。

Ivancevich 和 Matteson 等借鉴了以前的研究成果，把职业压力源分为组织内部的压力源和组织外部的压力源，他们还把短期的生理和行为的结果与长期的疾病适应区分开来，还强调了不同个体对压力具有不同的感知水平，把压力源分为 5 个基本类型：生理条件、个人层面、团队层面、组织层面和组织外因素。其中，个人层面涉及角色和职业发展，组织层面包括组织倾向、组织结构、工作设计和任务特征。

Cooper 和 Marshall（1978）对白领工作人员的职业压力研究发现，引起职业压力的压力源主要包括：工作本身的因素（工作负荷、时间压力、缺少自由等），组织中的角色（不同的人之间的冲突、不同角色间的冲突、不同任务间的冲突），工作中的关系（得到上级的支持、与同级之间的关系、组织和社会支持等），职业发展（工作安全、辞职与升迁、自我实现等），组织结构和组织倾向（组织价值观、决策方式、领导风格、解决冲突的方法等）。

Whettent 和 Cameron 把压力源归纳为时间压力、互动压力、情景压力和期望压力 4 个方面。时间压力是一种最普遍的压力源，而互动压力是人际关系互动造成的结果，情景压力是由一个人所处的环境造成的，期望压力则是指还没有发生但有可能发生的不愉快事件，包括恐惧和不愉快的期望。

Weiss 等（1976）认为，工作组织中的压力源主要有：①工作本身因素。工作太多或太少，以及工作太复杂，有时间压力，面临工作任务的最后期限，作出重要的决定，工作变化太多，以及工作失误会造成严重影响等。②组织中的角色。包括角色模糊和角色冲突、对人或对事负有责任等。③职业发展。提升过快、升迁太慢、社会地位低下、缺乏职业保障，以及雄心壮志受阻等。④组织结构与组织风格。在决策中缺乏参与，领导对工作限制得太多等。⑤组织中的人际关系。与上级、同事相处得不够融洽，工作上经常得不到支持等。国内外学者关于压力源的研究，如表 11-1 所示。

表 11-1　国内外学者关于压力源的研究

学者	压力源
Gerard（1970）	工作条件、组织结构、人际关系、职业发展、工作职责的清晰性
Weiss（1976）	工作本身因素、组织中的角色、职业发展、组织结构与组织风格、组织中的人际关系等
Cooper 和 Marshall（1978）	工作本身因素、组织中的角色、工作中的人际关系、职业发展、组织结构和氛围、工作和家庭分界
Cameron（1995）	时间压力、互动压力、情景压力和期望压力
Matteson（1980）	生理条件、个人层面、团队层面、组织层面和组织外因素
刘璞等（2005）	任务要求、工作环境、社会因素和岗位竞争压力
马剑虹和梁颖（1997）	心理、生理和情绪
杨六琴（2004）	职业发展、与上级关系、工作与家庭平衡和工作负荷

续表

学者	压力源
汤毅晖（2004）	人际冲突、角色压力、职业生涯发展、组织程序与结构、工作家庭冲突、工作特征
舒晓兵（2003）	组织的结构与倾向、职业发展、工作条件和要求、组织中的角色

在工作组织中，与职业活动紧密相关的压力源主要有以下几个方面。

（一）工作绩效考评

如果组织中的绩效考评过于频繁、严格和具体化，尤其是和工资、奖金、工作职务升迁机会等密切挂钩，往往会使个体产生较大的压力；如果绩效考评结果对个人的职业生涯有重要影响，也会使个体产生较大的压力。另外，绩效考评过程中的公平性与公正性也非常重要，否则会在组织内部引发情绪不安、引起部分人的心态失衡，也会使个体产生压力。

（二）工作环境条件

工作条件是与工作压力密切相关的一个因素。一般来说，恶劣的、令人不适的、危险的工作环境，比如，气温过高或过低，噪声，拥挤，工作环境污染严重，工作中过多的无关干扰，夜班、野外或高空作业等，都会使个体产生不安全感、焦虑甚至恐惧，导致其产生一定的工作压力，对工作绩效造成消极影响。此外，工作时间过长或者工作时间没有规律，也会导致个体产生压力。

（三）职业生涯发展

与职业生涯相关的主要压力源主要包括：工作的稳定性与安全性，新的职务工作、学习、晋升、调职、发展机会等，就像工作过多或过少一样，如果个体晋升迟缓（未能像预期那样正常晋升），或者过快越级晋升（被提拔到个人能力无法胜任的职位上），都会对个体心理上产生压力。

（四）工作胜任感

工作胜任感一方面与工作难度有关，工作难度太大，个体对所承担的任务不能胜任，会产生责任恐惧，因害怕工作绩效低下或工作失败而产生心理上的压力；另一方面，若个体的期望水准或抱负水准太高，所定的自我要求标准太高，都会导致工作过于紧张，而且，一旦个体发现无法实现高标准要求，则又会增添新的自责压力。

（五）组织中的规章制度

有些人只要在组织环境中就会感到压力，尤其是在行为受到严格约束或个人意见不受到重视的工作环境中，组织本身对其所造成的压力感会更重。对某些人来说，甚至组织中的各项规章制度本身，就是让其感到不适的压力源。

（六）对有关决策的参与

缺乏参与重要决策的机会，是引发个体角色压力的另一种因素。在现代组织中，多数员工一般都有一种只有自己对自己所从事的工作最为了解，最有发言权的心理。因此，如果员工被排除在与他们有关的决策之外，就会产生工作控制力下降，任人摆布的感觉，从而觉得工作压力增加。遗憾的是，在现实中，工作组织中这样的情况普遍存在。许多调查结果表明，有相当多的员工感到自己在那些有关自己工作的决策中，缺乏参与的机会和权力。

（七）工作中的违心举止

每个人都有自己对人对事的态度和原则，但是在工作中，经常会有一些违背个体心愿的要求，并使其不得不作出某种屈服。比如，个人的道德或伦理价值观与其在组织中的角色要求之间存在冲突；约束群体成员行为的群体规范要求与个体自身愿望的冲突等。在组织对个体的期望与个体本身意愿不相一致的情况下，个体不得不作出的违背其意愿的举动，这会给他们内心带来极大的心理压力。

（八）工作-家庭冲突

个体在社会生活中往往承担着多种角色，而工作通常只能实现个体的部分目标与需求，且个体的目标与需求与组织中的工作要求产生冲突，就会形成多角色目标带来的相互冲突压力。这方面表现得最为突出的就是工作-家庭冲突。比如，与家人一起享受业余生活的需求，会与额外加班争取事业发展的需求产生冲突，成为工作中的压力来源。

四、职业压力理论模型

（一）刺激说

刺激说认为，职业压力就是作用于个人的力量或刺激，从而导致人的紧张的反应。它把压力看成是人对外界的刺激所引起的生理的紧张、恐惧等，强调的是人的一种生理反应，这是早期对职业压力分析的观点。这种观点的主要代表有 Weiss 等。Weiss（1967）在他的模型中提出，社会支持、个人性格特征、组织因素是一个人的压力反应的直接经历，以及组织压力源与压力反应关系之元素的缓解器。他把压力区分为短期反应和长期反应，其中短期反应主要表现为紧张，而长期反应则表现为疾病。这一派的观点主要将注意力集中于压力刺激的实质，关心压力的来源是什么。其主要强调了职业压力的外部因素，而没有考虑到个体对压力程度的感知和评价，也没有注意到个体对压力反应的处理策略。

（二）反应说

反应说认为，职业压力是由于环境刺激物的影响，使人们呈现出的一种心理的反应。这一理论把压力看成是人的主观感受，它着眼于人们对待压力的体验和认知；并且认为职业压力是以反应为基础的模式，它强调人的心理和精神方面。在远古时代，我们的祖先受到动物攻击的时候，身体就会本能地处于调动全身能量应付的生理和心理反应状态，或者准备进攻，或者准备逃走，这时心脏跳动加重、加快，呼吸加快、加深，腺体分泌旺盛，同时变得更加警觉。然而，在很少面临动物攻击的今天，这种反应依然存在。我们的文化通常又不允许对他人、物体进行攻击，因此，人们只能以恐惧、焦虑等紧张的方式作出反应。面对压力，每个个体反应的基本模式是相同的，只是表现程度及对个人的影响因人而异，而且差别很大。Quick 从对压力的处理策略方面提出了一个压力的预防管理模型，不仅从个人层面和组织层面，而且还从压力的积极的和消极方面把职业压力源、个人对需求的预警反应、预防管理哲学 3 个方面结合起来，提出了对工作压力进行有效预防和管理的方法和措施。

（三）刺激-反应说

职业压力个人特征和环境刺激物之间相互作用的后果，是形成个体生理心理及行为反应的过程。它不仅包括紧张和反应，而且还包括个体特征及对待压力策略的其他因素，它全方位、多视角地考察了个人特征与外界刺激物之间的相互作用、相互影响的关系。McGrath 提出了过程导向的压力模型，他把压力看作是 4 个阶段的封闭式环形圈状，确定了 4 个过程与 4 个类别联系的一致性。其中 4 个过程主要包括评价过程、决策过程、绩效和结果，而 4 个类别则包括情景、认知情景、选择反应和行为。评价过程是把情景和认知情景联系起来，而决策过程则是把认知情景和选择反应联系在一起，二者都是一种生理反应。这个模型主要反映了处在压力过程中的个人对压力的认知和评价。Cooper 和 Marshall 吸取了心理学、社会学、管理科学等多学科的成果，从管理职业压力的角度提出了个人-环境适应模型。这种模型认为，当个人的主观动机或愿望与客观环境所提供的满足（如工资、待遇、地位等）产生矛盾时，就会产生个人的职业压力。因此，工作与个人特征相适应决定着其对职业压力的反应程度，以及与工作相关的症状，这种不相匹配越大，个人的工作压力也越大。同时，他们指出，引起人们职业压力的因素不仅包括工作本身和组织中的关系，还包括组织外的关系。

第三节　职业适应性

职业适应性的形成与发展是个体社会化的一项基本任务，是每个准备走上工作岗位、进入社会生活领域的职业人必须解决好的一个重要问题。不仅如此，对于每一个试图进入新领域或者新岗位的职业人来说，职业适应水平的高低已经成为他们各项基本素质中的一项核心内容。这在某种程度上不仅决定了他们就业的成功率，而且对其职业生涯发展、劳动力市场的稳定、社会的和谐发展都具有十分深远的影响。一个人从进入职业生涯到完全适应职业生活，要经过对职业实践、职业规范、职业环境、职业文化等的观察、认知、领悟、模仿、认同、内化等一系列的学习和实践过程，才能达到对职业生活的能动适应。

一、职业适应性的内涵及其构成要素

社会转型和体制转轨促使我国社会阶层全面分化，促使社会职业类型不断分化，同时也促使各种职业技术和职业规范变得更加专业化和复杂化。在这种背景下，人们的职业适应性问题日益凸现。职业适应性水平则是个人某一时点上职业适应性的程度。人的社会化理论认为，职业适应性是一种劳动者的社会化，是个人继续社会化过程中很重要的一个环节。其适应水平受到包括劳动者预期社会化等内容的社会化因素的影响。以职业性向理论为基础，有研究者认为，职业的适应性应从人和职业两个方面来看：一方面对人而言，是指人的个性特征对其所从事职业的适宜程度；另一方面对职业活动而言，是指某一类型的职业活动特点对人的个性特征及其发展水平的要求。所谓职业的适应性，就是指两者在经济和社会的活动过程中达到相互协调和有机的统一。从人力资源管理的角度分析，职业适应性是指一个人从事某项工作所必须具备的生理、心理素质特征，它是在先天因素和后天环境相互作用的基础上形成和发展起来的。从心理学的角度分析，职业适应性可以理解为个体的职业素养及其发展水平与所选职业或所任职务对从业者的要求的一致性程度。职业适应性是一个涉及内容较为广泛的概念。职业活动特有的内容可以对从业者提出多方面的要求，因此，可以从多方面，也可以从多维度综合评价个体的职业适应性。

探讨职业适应性的内涵应围绕着适应、适应性的基本定义来展开。职业适应性究其实质来说，是一种职业能力，它是个体与某一特定职业环境交互作用的产物。职业适应性具有层次结构性，它是指个体与某一特定的职业环境进行

互动，对自身的职业角色、能力、态度、价值观及人际关系进行评估，并不断作出调整以达到和谐的过程。因此，职业适应性的构成要素应包括职业环境适应、职业角色适应、职业技能适应、职业人际适应、职业心态适应等。

二、职业适应的不良后果

（一）员工满意度下降

适应性压力导致的一个最直接的后果就是员工工作满意度普遍降低，员工常常感觉工作场所沉闷，工作单调枯燥，周围缺乏催人上进的动力和气氛，士气低落，对企业的认同度下降，忠诚度也大不如前，工作能力得不到提升。这些因素降低了员工的工作效率，进一步影响到企业的绩效，工作中不断出现的问题增加了企业的管理难度。工作压力导致很多员工的工作满意度不断下降，如果组织不采取有效的措施改善这种情况，任其继续恶化，员工的工作期望就会受到打击，其中一些人会选择在家庭生活上倾注更多的精力，调整工作与家庭之间的平衡，以弥补对工作的不满意。

（二）人际关系紧张

人际关系冲突处理不好，会给员工带来一定的心理压力，反过来，员工压力过大时，也会加重人际关系的紧张。由于工作压力过大，员工常常控制不好自己的情绪，无法以一种冷静、理智的心态来协调人际关系，把个人不好的情绪延伸至与同事、上下级，以及客户的关系中，甚至延伸到家庭生活中影响家庭和谐，这样做的后果只会让事情越来越糟，加重压力。有的员工以消极、逃避的方式来处理各种关系，而不是积极面对，妥善处理，致使周围的人误认为他们冷漠、难相处、无法沟通。尤其是在强调团队协作的企业及服务业中，恶化的人际关系将导致团队成员协调困难，合作效率不高，引发客户更多的不满。

（三）工作绩效明显降低

员工无法很好地适应工作，导致人-职不匹配的压力过大时，会对组织绩效产生重大影响。在英国，60％～90％的患者的病症与压力有关。每年由于精神压力方面的疾病要损失8000万个工作日。这给企业造成的损失高达3.7亿英镑。由于酗酒及与酗酒有关的疾病造成800万个工作日的损失，使组织多支出1.3亿英镑。心血管疾病造成另外3500万个工作日的损失，它们使英国的组织不得不额外多支出2500万英镑。英国处理每年由于工作压力引发的示威活动要花费掉超过10％的国民生产总值。在美国，企业因员工缺勤每年要损失5.5亿个工作日，估计这些缺勤中有54％与工作压力存在不同程度的关系。压力引发的健康和生产问题，致使全美企业每年的开销和损失达500亿～1500亿美元。

（四）组织雇主品牌形象降低

雇主品牌是指企业在人力资源市场上的定位，雇主品牌建设包括企业人力资源的外部品牌建设和内部品牌建设两大部分。这种品牌建设有利于引进高能力、高层次的员工，有利于降低员工流失率，提高员工的忠诚度。所以，雇主品牌得到了越来越多的关注，很多组织开始热衷于建设良好的雇主品牌。树立良好的内部品牌形象，最关键的就是能够不断增强员工的归属感与成就感，使员工在轻松向上的环境中快乐工作，过度的工作压力恰恰会极大地降低员工在这几个方面的感受，不利于员工对组织的认可与忠诚，破坏了组织的雇主品牌形象。

第四节　职业心理健康促进措施

一、培养员工职业压力管理的能力

（一）MCT的压力管理模式

MCT管理是一种压力管理模式（MCT是mind，communication，time的简称），是自己的心、沟通和时间三者的结合。其中，心理管理是指重视自己，进一步了解自己的方法，减少不合理性的自我陈述，学习理性及符合逻辑的思考方式，并发挥内在资源的作用。而沟通管理则是指人际关系的好恶与当事人本身的沟通方式、沟通管理有关。因此，应该建立良好的人际沟通模式，建立支持网，沟通管理是消除压力的一种直接方法。时间管理认为时间可以分成自己的时间与他人的时间两种，前者是自己能够自动管理的时间；后者是自己的时间被别人利用，如果能有效管理，就可以拥有更多属于自己的时间。

从MCT的压力管理模式中，可归纳出面对压力时所采取的3种调适方法：①冲淡压力：在面对压力情境时，改变自己对情境的认知和想法；在人际关系上，改变自己的态度及处理方式。②放松情绪：主动与值得信赖的人交谈，将自己的心理垃圾清除；通过身心松弛训练，达到精神和肌肉的放松；充分运动和休息。③自我检验及管理：了解自己及自己存在的问题，设定合理的期望；熟悉、了解自己的专长；认定自我的生命方向；做好计划，专注地投入工作；改善生活方式；结交朋友，建立资源网。

（二）压力管理的行动架构

压力管理的行动架构是由Hargreaves在1991年提出的一种管理压力的四角

进攻方式（图 11-1），其中包括改变压力原因、培养应付技能、大脑运作、平衡的生活形态 4 种行动方式，就其内涵分述如下：①改变压力原因：在大多数情况下，可采取直接行动，例如，去除压力成因、增加资源、规避压力来源及重新调整生活等，去除生活中的压力成因。②培养应付技能：设法培养一些技巧来管理压力，如时间管理、有主见及提升沟通技巧。③大脑运作：认识自己的思维方式来分析负面思考所造成的伤害，减少压力产生。④平衡的生活形态：管理自己居住的环境，均衡地饮食，以及放松自己，拥有强健的身体来承受压力。

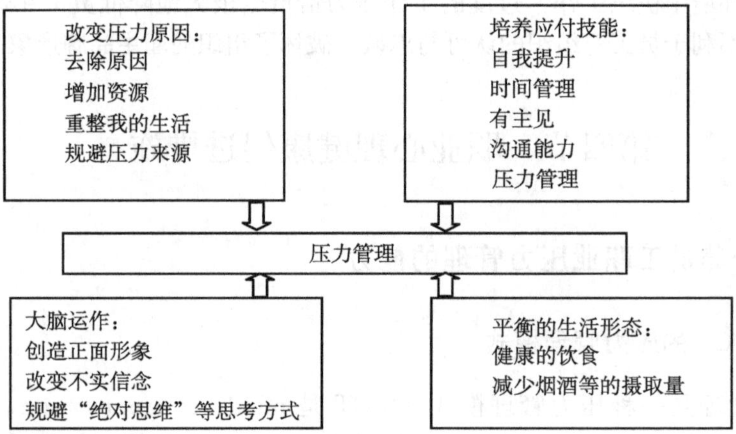

图 11-1　压力管理的行动架构

资料来源：Hargreaves G. 2001. 有效压力管理．江丽美译．哈尔滨：智库文化：52

（三）压力管理的方法

Cranwell-Ward（1990）指出了压力管理的 10 种方法：①释放情绪；②情绪距离；③情感支持；④情绪控制；⑤饮食、休息、运动；⑥平衡的身体；⑦放松；⑧积极的态度；⑨切实的期望；⑩自我管理。

Hindle（1998）提出了缓解工作压力的 7 种方法：①分析个性；②了解自己的工作模式；③有效管理时间；④做好沟通；⑤抽点时间，放松自己；⑥培养平衡的心态；⑦采取积极的行动。

二、提升员工职业适应性的策略

（一）改善组织宏观环境

改善组织宏观环境是降低职业适应性压力的有效措施，其中包括改善工作环境和条件、改善企业文化等。改善组织的工作环境和条件，是指降低工作场所的噪音、提高光线、保持工作区域和设备的舒适、整洁等，通过一系列改善措施创造适合员工的工作的良好环境。这样可以有效地减轻甚至消除由于工作环境和条件的不适所造成的员工的精神压力，同时通过增强员工的安全感和舒适度，提高了员工的工作效率。在改善组织的工作环境时，尤其要关注女性员工的体力劳动工作环境，她们在生理上的承受能力较男性员工弱，只有这样才能真正提高员工的工作安全感。除此以外，组织应对员工工时间歇、餐饮时间等做人性化的细节安排，如为员工设立专门的休息室、咖啡室等，可以缓解员工的压力，增强员工对企业的归属感。企业文化不仅会影响员工的价值观，而且对员工的心理影响极大。在良好的企业文化下，组织内部的沟通环境公平、开放，企业氛围较为轻松，员工之间相互关心、待人真诚。帮助并鼓励员工增强心理保健的能力，有利于减轻员工的心理压力。而在恶劣的企业文化下，员工往往会有消极的心理状态，精神压力较大。企业可以采取诸多有效措施提高员工的心理健康水平，如通过订阅关于心理健康方面的书籍或者通过内部宣传、会议等形式，向员工普及心理健康知识，提高员工应对压力的能力，同时提供解决压力的方式。

目前，许多企业正在通过各种方式和途径，建立减轻员工紧张情绪的和谐企业文化，通过对员工的关注，使员工感受到尊重和关怀，减轻员工的心理压力，使工作氛围更为融洽。

（二）工作再设计

1. 工作丰富化

工作丰富化，是对以员工为中心的工作进行再设计，即对员工原有工作纵向上的深化，垂直地增加工作内容。如果员工长时间重复性地从事单一工作，缺乏变化和挑战，无法激发员工的工作动力和积极性，员工对工作很容易厌倦，并持冷漠的态度，这种消极的态度无疑会使员工产生压力。通过工作丰富化，员工在垂直方向上的工作内容增加，但这些工作内容是以原有工作为基础，所以这样既可以发挥员工的专业技能，同时也可以激发员工工作的积极性。同时，通过工作丰富化，赋予员工更多的责任和权力，员工承担更多的任务、更大的责任和自主权等，例如，员工不仅对其工作进行设计、组织，同时可以对工作中的控制、绩效反馈等环节进行管理。IBM公司最早使用了工作丰富化这种方法，后来随着经济和社会的发展，被越来越多的公司所采用。工作特征丰富化模型是丰富化方法中最为著名的一种，其中包括增加任务的意义性、任务的一致性、工作技能的多样性，以及工作的反馈性。该模型还指出，这些工作特征的水平会影响3种主要的心理状态，包括对工作意义的感受、对工作结果所负责任的感受、对工作实际结果的了解等。这3种心理状态在实行了工作丰富化后都会是积极的，那么显然一方面也会减少员工因单调、厌倦、缺乏刺激而产生的压力；另一方面会对员工起到不错的激励作用。工作丰富化，使员工的工作内容和责任层次发生了改变，由于得到工作本身的激励和成就感，员工会以更加强烈的责任心去工作。

2. 合理安排工作负荷

对组织管理者而言，要提高整个组织的绩效，必须有效地安排工作负荷。如果员工所负责的工作任务过多，即工作负荷过大，超过员工所能承受的工作量，为完成工作任务，员工可能持续性加班，这样会直接导致员工的健康水平下降，同时也会对员工造成极大的心理压力，不利于组织的长远发展，所以组织管理者必须合理安排工作负荷。

首先，应当确定恰当的组织目标，如果制定的目标过高，会给员工造成心理压力，打击员工的积极性。将组织目标分解为员工个人目标时，要确保安排的工作任务与员工的能力相适应，如果任务过量，员工难以完成，即使完成也难以确保工作质量，如果任务过少，可能会导致员工的工作效率下降。

其次，注意提高工作效率。组织引进先进的技术设备，提高生产的机械化、自动化水平，员工之间时常进行技术知识的有效交流等很多方式，都可以有效地提高员工的工作效率。对于员工而言，在其工作任务一定的条件下，当工作效率提高时，也就相应地减少了其工作负荷。

再次，合理安排，科学管理。组织中各种工作的性质存在不同，有的工作重要，有的工作较为次要；员工工作能力的强弱难以明确衡量，会出现能力被高估或低估的现象，因此工作负荷存在一定的不平衡性，组织管理者必须对工作进行合理统筹和安排，尽量使员工个人能力与工作任务量相符合。例如，调动员工的工作积极性，充分发挥每个员工的能力，均衡安排工作量；让员工根据目标制订个人计划，根据计划安排完成任务；安排讲座、技术指导、培训等提高员工的工作能力。

此外，组织还可以对其内部的业务流程进行改造，将企业内部的非核心业务分离和外包，这样企业员工可以集中时间和精力专注于重要的工作任务上，同时也减轻了员工的工作负荷，减轻了工作重任。

3. 明晰角色

角色冲突和角色模糊是组织内部重要的工作压力源，通过角色明晰的方法可以有效地解决这两个问题，进而减少对员工造成的压力。组织管理者必须采取必要的措施使员工角色明晰，如提供准确的工作信息、进行沟通或提供培训，使员工获得自身的工作角色信息。通过角色明晰，员工可以明确自身所扮演的角色，同时明确自身所应该承担的工作任务和责任等。这样员工可以充分了解到管理者对其工作的标准、要求及所扮演角色的范围等。明确了工作的任务和责任，员工就可以有效地减轻角色模糊，进而减少由于角色模糊产生的忧虑感和心理上的压力。角色明晰在某些工作情景中尤为重要，如员工晋升到新的岗位上，其工作环境和条件发生了很大的变化，工作内容及所承担的责任也发生了变化，上级管理者的管理风格也截然不同，这些都给员工带来了困扰。在这种情况下，只有正确地明晰了角色，员工才可以有效地开展工作。德雅（Deja）和托马斯（Tomas）于 1968 年在为一家公司进行压力管理时就采用了角色明晰干预的方法，在对员工进行培训的过程中，通过明晰规则、政策和角色，给予一致的、清楚的和积极的反馈信息，为减少压力作出了贡献，也减轻了员工的倦怠。

（三）培育社会资本

一些学者基于社会网络分析的方法，对社会资本进行了阐释，如法国社会学家 Bourdieu（1980）指出，社会资本是潜在的或者实际资源的集合，这些资源与因相互默认或承认关系所组成的持久网络有关，而这些关系在一定程度上属于制度化的范畴。这个观点把社会关系和关系网络看作个体可以利用的资本，是个体用来实现其目标的资源。缓解工作压力不但需要个体的能力，而且也需要个体的社会网络关系的帮助。有效地利用个人的社会资本，可以帮助员工更快地开展工作、顺利地完成任务。因此，企业员工应通过建立开拓型社会网络关系，努力培育社会资本，有效地促进自身的职业发展。基于此，学者们开始研究如何有效、快速地开拓社会网络的一些方法和策略。例如，美国学者 Burt（2000）经过多年研究，提出了以组织成员的身份开拓社会网络关系的具体策略。他认为，组织员工应明确自己的工作定位，然后根据自身能力拓展角色，积极参加组织内部组织的各项团队工作，如参加特别工作队或工作小组，同时员工应善于利用各种教育和技能培训的机会，使自身的社会资本不仅仅局限于内部关系，还要适当地延伸至外部关系。

（四）工作-家庭平衡计划

基于对以往工作-家庭关系理论的修正，美国学者（Clark，2000）提出了工作-家庭边界理论。该理论认为工作和家庭是两个不同的范围，每个人都在这两个范围内与不同的规则相联系，并在工作和家庭的边界进行徘徊。工作-家庭边界理论为组织和个人提供了更好地维持工作-家庭平衡的工具，可以有效地指导员工制订工作-家庭平衡计划。通过制订工作-家庭平衡计划，有助于员工平衡二者的关系，减少工作与家庭之间的冲突，进而减轻由于员工无法平衡工作与家庭的关系所造成的压力。工作-家庭平衡计划要求组织能够帮助员工找到工作与家庭的平衡点，使二者协调发展。因此，组织必须了解员工的职业生涯规划及其家庭情况，只有深入了解家庭各阶段的需要，以及雇员职业生涯不同阶段的特点、工作情境对家庭生活的影响，组织才能给予员工适当的帮助。

一般而言，在职业生涯的早期，员工需要寻找配偶和建立个人家庭；在中期，员工必须承担家庭中的子女抚养和教育重任；在职业后期，要适应子女成人离家后的空巢生活，还要满足年老父母的物质和精神需要。由于职业生涯各阶段的工作任务，以及家庭责任的不同，组织应根据各个不同的阶段采取具体的措施。例如，向员工提供缓解压力和解决家庭问题的咨询服务，分析原因，提出解决对策，帮助员工缓解乃至消除精神压力；举办员工家庭成员的联谊会等，加深家庭成员与员工之间的相互了解；将员工福利扩展到员工的家庭成员，分担员工的家庭压力；根据每个员工的实际情况制定弹性工作时间制，凸显组织的人性化。

三、维护员工心理健康的具体策略

在组织中，即使对压力源进行了有效控制，员工还是会或多或少地感知到压力，受到压力的影响。这些影响会引起员工心理上的压抑、忧虑甚至是抑郁，严重的还能导致员工生理上的疼痛，引发各种疾病。如果不及时缓解这些症状，减少其对员工的负面影响，反过来会给员工带来更大的工作压力。因此员工和组织都应该采取有效的应对和缓解策略来尽量消除压力的不良后果，尽快走出压力的负面效应。

（一）员工层面维护职业心理健康的策略

1. 心理上的压力应对

（1）认知重构

认知重构是指一个人对一件事或某个对象的认识和看法。压力源本身并不能决定是否产生压力及其程度，压力的产生是以个体对压力源的认知为中介的。有效的压力应对策略应建立在员工对工作压力合理认知的基础之上。如果员工心理健康积极，能够正确地识别问题，一般会采用以问题为导向的应对策略；相反，如果员工的心理健康水平低劣，不能够正视压力，则往往采用逃避性的应对方式。由此可见，重新构建员工的认知，使其达到健康的水平，能够有效地帮助员工缓解压力。

首先，应该认清压力事件的性质，对工作压力进行详细的分析，然后对工作压力作出合理的评估。压力是来自外部还是源于自身？压力程度是合理的还是过度的？是可以解决的还是不可以解决的？作为对压力的认知过程，评估本身就有助于减轻工作压力。

其次，矫正非理性的信念。这种不合理的信念包括 3 种：一是绝对化要求，是指人们以自己的意愿为出发点，对某一事物抱有其必须发生或绝对不能出现等信念；二是过度概括化，即以偏概全、以一带十的不合理思维方式，常导致自责、自卑及焦虑、忧郁等消极情绪；三是灾难性想象，即独自想象某事的发生必定非常可怕，是灾难性的，令人无法忍受的。调整了这些不合理的信念，员工才能积极寻求解决问题的方式，尽可能地利用可得资源，也包括动用家庭及社会环境支持系统。其中，最关键的是建立自信，转变认知角度，善于化压力为动力，这是应对压力的有效法宝。

（2）情绪管理

随着社会对情绪认识的深入，人们开始注重对情绪的研究，提出了情绪智商（emotional quotient，EQ）的概念，情绪管理便应运而生。情绪管理强调对于情绪的管理、控制和调节，并不等同于简单地压抑自己的不满、悲伤等负面情绪，而是提高对情绪的自觉意识，控制低潮情绪，保持乐观心态，不断自我激励和自我完善。情绪的不恰当表现常会干扰压力缓解过程，甚至会强化压力。如果无法有效地处理情绪，要认清或解决压力，则会变得更加困难。如何有效地缓解情绪也成为缓解压力过程中相当重要的环节，否则即使拟订好了处理方法，也可能遇到情绪失控，使成效大打折扣。进行情绪缓解要认清并接受情绪经验的发生，察觉自己的情绪并接受自己情绪的这个过程会使自己正面地看待情绪本身，从而采取较为适当的行动。因此，问题不在于情绪本身，重要的常是当事人对情绪的扭曲与压抑，然后发生种种问题，如果没有正常情绪的存在，反而可能为情绪所奴役。进行适当的情绪宣泄，有助于恢复思绪的平衡，如寻找忠实的聆听者诉苦，对方也可以给予精神上的支持与关怀。另外，也可以在不干扰别人的前提下，痛哭一场或打枕头，把情绪适当地宣泄出来，以避免在解决问题的重要时刻把不适当的情绪表露出来。

2. 生理上的压力应对

生理上的压力应对主要包括培养健康的生活方式、进行体育锻炼；均衡的饮食、充足的睡眠、适度的运动。这些都能使员工保持乐观的心态和充沛的精力，有效缓解工作压力。

首先，制订健康的饮食计划。健康的饮食习惯能够帮助人们摄入全面的营养，让身体保持最佳状态，当面临压力时，人们就会精力充沛，保持良好状态。

其次，保证睡眠质量。人的一生有 1/3 的时间是在睡眠中度过的，好的睡眠质量对恢复体力、保持身体健康、缓解压力十分重要。睡眠是机体自我保护的重要生理功能。睡眠不仅能使身体得到休息，恢复体力，还能让大脑得到休息，恢复脑力。通过睡眠，人们能够获得全身心的放松、调整和恢复。经常失眠的人不仅身体状况不佳，精神上也难以保持充沛。有的员工因为工作压力太大常常无法入睡或睡眠不好，长期这样下去会影响员工的身心健康，进而产生更大的压力，形成恶性循环。因此，员工一定要采取措施缓解失眠，保证睡眠质量。

再次，保持适度的体育锻炼。锻炼有助于减轻压力，它可以提供自然的愉悦和分散注意力。专心运动可以给人一种幸福感，不去想忧虑的事情，减缓精神紧张。员工可以根据自己的喜好和身体状况，制订合适的运动和健身计划，如散步、慢跑、瑜伽及诸多球类运动等。

此外，还可以借助一些实用的放松方法来缓解压力，任何感到身体和精神紧张的时候都可以使用这个方法。常用的放松方法有肌肉松弛法、自我松弛法、深呼吸法和想象法。采取这些方法的时候，人们会产生宁静的气息，心跳、血压及肺部氧气消耗降低，从而使身体得到休息和放松，缓解内心焦虑及身体不适感。同时，心理也能随着身体的放松而得到松弛，紧张感消除，从而缓解压力。

（二）组织层面维护员工职业心理健康的策略

1. 社交支持

社交支持是依靠员工的社会网络，如同事、上下级、朋友、家人，来进行心理治疗的一种压力缓解方式。这种方法不同于专门求助于心理医生的专业治疗，而是通过自身社交网络的支持，达到缓解压力的目的。社交支持的治疗方式简单易行，适用于各种情况，其目的不在于解决员工深层次的心理冲突，而在于帮助员工渡过当前的难关，缓解压力带来的不适。员工遇到问题时切忌不要把自己封闭起来，应该敞开心扉，向周围的朋友或同事诉说自己的情况，寻求他人的指导和支持。同时，倾听者要耐心、认真，给予理解和安慰，积极地帮助员工分析问题的原因，并提出合理的建议，及时鼓励员工保持良好的心态，对自己的未来树立信心。这种方法在现实生活中得到了普遍的应用，能够促使员工改变不合理的认知，进行认知重构，同时对宣泄消极情绪起到了很好的作用，从而减少了压力带来的负面影响。这种治疗方法的效果比较理想，可以完全消除轻度的忧虑和抑郁。在员工的社交网络中，来自同事的支持对缓解员工的压力最为有效，其次才是来自家庭和朋友的。原因是同事与自己处于同一个工作环境中，对员工的情况了解得更多，能够提出更有效的、切实可行的建议，能发挥共情的作用。

组织可以通过以下途径营造支持性的工作氛围。第一，在招聘过程中，强调支持性人际关系和人际网络的重要性，以此来促进建立一个员工渴望的文化和氛围。第二，尽可能多地提供可以增进员工感情的机会，加强彼此之间的沟通和交流，如经常举行各种联欢活动、节假日安排员工旅游等。第三，加强沟通。及时有效的沟通不仅有助于解决问题，还可以预防问题的产生，减少压力出现的可能性。一个开朗大方、善于与人沟通的员工，往往对心理问题有较好的免疫能力。因此，组织应该加强上下级之间的沟通、同事之间的沟通、员工与家庭之间的沟通，营造重视沟通的企业氛围，建立完善的沟通机制。第四，来自上级的社交支持对员工工作满意度和身心健康有很大的影响，对缓释紧张感和压力是非常重要的。因此，管理者也应该培养相关的支持能力，以便当员工向其求助时能够提供有效的帮助。第五，改变员工及其家属的观点，让其意识到社交支持对于缓解工作压力的重要性，以及缺乏社交支持的危害，鼓励员工及其家人在遇到困难时积极寻求社交网络的帮助，尽快渡过难关。如果组织的支持性氛围浓厚，就能够尽早发现员工的压力状态，及时采取措施缓解压力，如果实施得当的话，大多数问题都能在这一层次得到解决。

2. 内部咨询服务

内部咨询服务是指在公司内部为员工提供心理咨询的服务，该服务由公司专门设立的心理咨询师负责，可以更好地为来访员工提供专业意见，帮助其解决问题。这种心理咨询服务可以协助员工处理与工作相关的问题或一些较为复杂的人际关系，对某些患有严重心理障碍的员工也可以采取更合适的方法加以妥善处理。

研究表明，内部咨询服务可以让来访过的员工的自尊心、自信心等精神状态得到较大程度的提高。另外，由于已经非常了解组织的内部情况，内部负责咨询服务的咨询师不但可以轻而易举地解决已产生的压力问题，还能够及时地识别潜在的压力源，预防压力的产生。为了保证内部咨询服务的顺利实施，应该重视以下几个问题：一是加强宣传。有的员工认为内部咨询只是流于形式，对于缓解自身压力并无实质作用，意识不到内部咨询的积极作用。这时组织就要通过个体案例、视频讲座等形式加强员工对内部咨询的了解，明确内部咨询给自身带来的好处，从而促使他们积极主动地寻求咨询服务，以缓解乃至解决心理问题。二是根据个人需要提供个人咨询和团体咨询两种形式。有些员工不愿让过多的人知道自己的状况，只希望跟心理咨询师单独交流，于是可以选择个人咨询形式。有些员工遭遇的情况比较类似，又不介意共同讨论，则团体咨询的效果会更好。因为团体咨询参与的员工比较多，彼此之间可以没有负担地倾诉自己的问题，通过友好沟通，相互学习，可以快速地找到解决问题的方案，同时也提高了自身的压力管理技能。三是做好保密工作。内部咨询需要员工敞开心扉、毫无保留地陈述自己的情况，然后咨询师才能进行问题分析，找出对策。但是如果员工担心谈话内容可能会被泄露，不利于自己的发展，则会对咨询师有所保留，从而选择性地陈述情况，不利于问题的解决，甚至由于顾虑员工不愿前来咨询。所以，为了保证咨询效果，咨询师必须严格保密员工的隐私，消除员工的顾虑。

3. 引进 EAP

EAP 起源于美国，是由组织出资为员工设置的一套系统的服务项目，最初用于帮助组织解决员工及其家属职业心理健康问题，如员工酗酒、吸毒和不良药物带来的心理障碍等；聘请专业人员对组织进行诊断，发现问题，然后提出建议来改善组织氛围和管理。辅导员工及其家属解决各种心理问题和行为问题，提供压力应对技巧培训，缓解和疏导不良情绪和生理症状，以此来提高员工的工作效率。通过提供压力管理、员工职业发展管理、职业心理健康、改善员工不合理的观念、行为和生活方式等方面的帮助，使员工尽快跳出问题的困扰，维护其心理健康。

本章小结

1. 职业心理健康指的是一种心理状态，即在工作中或者处理与工作相关的事件中所体现出的心理安全感、情绪稳定性，并且能以社会上认可的行为方式适应外部环境，在遇到任何与工作相关的障碍和困难时，能及时调整心理状态，保持心理平衡，勇于克服困难。

2. 职业心理健康的标准主要包括：智力正常；能协调和控制情绪，心境良好；意志力坚强；人格完整、和谐；自我评价恰当；人际关系和谐；适应正常等方面。

3. 职业压力指在人体的需求与反应能力之间的一种功能紊乱，即在某种职业条件下，客观需求与主观能力之间的失衡所带来的心理和生理压力。

4. 在工作组织中，与职业活动紧密相关的压力源因素主要包括：工作绩效考评；工作环境条件；职业生涯发展；工作胜任感；组织中的规章制度；对有关决策的参与；工作中的违心举止；工作-家庭冲突等。

5. 职业压力的理论模型主要有：刺激说、反应说、刺激-反应说。

6. 职业适应性究其实质来说，是一种职业能力，它是个体与某一特定职业环境交互作用的产物，职业适应性具有层次结构性。它是指个体与某一特定的职业环境进行互动，对自身的职业角色、能力、态度、价值观及人际关系进行评估并不断作出调整以达到和谐的过程。因此，职业适应性的构成要素应包括职业环境适应、职业角色适应、职业技能适应、职业人际适应、职业心态适应等。

7. 提升员工职业适应性的策略主要包括：改善组织宏观环境；工作再设计；

培育社会资本；工作-家庭平衡计划等。

思考和练习题

1. 试论述职业心理健康的含义及其标准。
2. 你认为职业压力源应包括哪些方面？
3. 试论述缓解职业压力的方法。
4. 你是如何理解职业适应性的？
5. 提升员工职业适应性的策略有哪些？

拓展阅读

1. 胡维芳，左逸清 . 2010. 高三教师工作压力现状的调查研究 . 宁波大学学报（教育科学版），(4)：92～95.

2. 舒晓兵，廖建桥 . 2002. 工作压力研究：一个分析的框架——国外有关工作压力的理论综述 . 华中科技大学学报（人文社会科学版），(5)：121～124.

3. 张慧 . 2011. 职业发展视角下员工压力管理工研究 . 济南：山东经济学院硕士学位论文 .

第十二章 职场中的人际交往

本章要点

- 为什么说人际交往决定职业的成败？
- 为什么人们之间有人缘好、人缘差之分？
- 如何克服人际交往中的自卑、嫉妒等心理障碍？
- 人际交往中的沟通艺术有哪些？如何倾听？

社会职场的人际关系很复杂，这是职场构成人员在地位、追求目标上的多样性和博弈性造成的。人们需要与各种各样、形形色色的人交往。无论个体喜欢与否，都必须面对。如果不能妥善地处理好职场中的人际关系，将会影响到个体工作的开展，对职业发展也会造成不利影响。拥有良好的人际关系，可以大大提高个体的工作成功率和个人幸福感。

第一节　人际交往概述

一位阿拉伯哲人说过："一个没有交际能力的人，犹如陆地上的船，是永远不会漂泊到壮阔的人生大海中去的。"职场中的人际交往是必不可少的，而协调各方面人际关系的能力一直被公认为是个人成功和事业发展的不可缺少的因素。美国著名成功学家戴尔·卡耐基提出，在一个人获得事业成功的因素中，只有15％是决定于他的专业技术，而85％决定于良好的人际交往能力和做人处世能力。美国哈佛大学就业指导小组对2000名被解雇的男性和女性进行的综合调查也显示，人际关系成为职场发展要害，因为人际关系不好而被解雇的人占90％，不称职者仅仅占了10％。由此不难看出，人际交往对个体职业发展的重要性。

人际交往是职业生涯中一个非常重要的课题，特别是对处于较大组织中的职业人来说，良好的人际交往是舒心工作、安心生活的必要条件。人一旦入职，面临的首要课题就是要学会与方方面面的人融洽相处、合作共事，而其中特别需要掌握的是与单位内部同事和睦共处的本领。“世事洞明皆学问，人情练达即文章。”

一、人际交往的内涵

（一）人际交往的定义

人际交往是指两个以上的人，为了交流有关认识性与情绪评价性的信息而相互作用的过程。职场中的人际交往指的是职场员工之间，以及与其他人之间沟通信息、交流思想、表达感情、协调行为的互动过程。

（二）人际交往活动的特点

1. 交往对象的广泛性与多样性

人际交往的具体对象可以是任何事物，只要这些事物含有对方所需要的使用价值。

2. 交往内容的模糊性和多变性

人际交往的内容一般比较模糊而且复杂多变。例如，人与人在生活上的相互关心与体贴，在精神上的相互鼓励与安慰，在工作上的相互支持与帮助等。

3. 交往程序的灵活性和多样性

人际交往活动一般没有严格的规定程序，都是根据双方的具体需要来灵活确定，主要以便利、快捷、高效为原则。军事战争、外交活动、政治渗透、文化交流、思想沟通等都是人际交往的具体形式，有着复杂多样的运行程序。

4. 交往时间的异步性和持久性

人际交往可以跨越较大的时间距离，即一方在“给予”后，往往需要经过相当长的时间才能得到“回报”。

5. 交往约束力的宽泛性

规范人际交往行为的约束力有政治、经济和文化等多方面的力量，既有强度大、启动快、作用时间短的军事暴力，也有强度小、启动慢、作用时间长的文化感染力和道德规范约束力。

6. 交往主体的宽泛性

人际交往可以发生在亲戚、邻居、同事、朋友（或敌人）、家庭成员甚至陌生人之间，其交往规模往往取决于两者关系的亲疏远近、信任程度，以及两者利益互补性的强弱。人类最基本、最显著、最深刻、最广泛、最重要的人际交往是夫妻交往，其次就是父母和子女交往。

（三）人际交往的功能与意义

1. 人际交往的功能

（1）社交与沟通功能

从一定意义上来说，成功者往往也是善于沟通者和成功的沟通者。成功者的背后一定有成功的人际关系作为支撑。

（2）润滑的功能

人与人之间不一定都有关系，人际关系也不都是正态的和积极的；但正态的人际关系毫无疑问能够促进个体身心健康，调解和润滑社会关系。

（3）完善的功能

个体对人生的认识和对自身的完善，很多时候必须依靠人际关系来完成。通过人际关系，人们可以检验出人性的深度、厚度和变异程度，检验出别人的人品和为人，检验出自己所拥有的人际关系的成色究竟如何，总结自己的得失成败，明确今后应该如何去做。

2. 人际交往的意义

（1）有助于自己的工作、事业和生活

良好的人际关系是工作和生活的润滑剂，它能使人保持饱满的工作热情和生活激情，使自己的人生更具有目的性和趣味性。

（2）人际关系是每个人的必修课

建立良好的人际关系，既能够为个人提供一个有助于施展自己才干的舞台，也是修身养性、完善自我的需要。

二、良好人际交往的标准

良好人际交往的标准，从以下 5 方面来判断。

第一，从人们交往的数量和质量来看，既有适量的人际交往面，又有少数深交的朋友。同时，要保持主动交往与被动交往的平衡。

第二，人际交往的目的和动机正确，至少是中性（即人作为一个自私但不损害他人的理性人）。人际交往的动机包括亲和动机、成就动机、赞许动机等，人们在这些动机的驱使下达成人际交往的目标。人际交往不仅有助于自己目标的实现，还有助于他人的健康发展，不损人利己，真正做到“我好，你也好”、“大家好”。

第三，人际交往的内容和方式健康。人际交往的内容和方式符合社会道德规范和法律要求，有助于社会文明和进步。

第四，交往利率高。也就是说，用比较低的交往成本（如时间、精力、金钱）获取较好的交往效果。同时，保持“给予”与“索取”的相对平衡。

第五，交往有助于身心健康。特别是在交往过程中应相互愉悦对方，使大家保持愉快的情绪。

良好的职场人际交往是指能够作为集体的一员参与工作：①能够向别人传授新技术；②能诚心服务；③能坚持以理服人并积极提出建议；④能调整利益以求妥协；⑤能与背景不同的人共事。

资料链接 12-1

人际交往的类型

美国著名心理学家爱利克·伯奈依据对自己和他人所采取的基本生活态度，把人际交往分为 4 种：

第一种，我不好—你好，我不行—你行；

第二种，我好—你不好，我行—你不行；

第三种，我不好—你也不好，我不行—你也不行；

第四种，我好—你也好，我行—你也行。

前 3 种模式在人际交往中是不可取的，因为容易引起心理上的挫折。人们适宜建立起最后一种人际交往模式，以积极向上、乐观健康的态度去处理人际交往中的关系，实现人的全面发展，使交往双方互惠互利。人际交往是一种双向行为，来而不往非礼也，只有单方获得好处的人际交往是不能长久的。所以要双方都受益，不仅考虑物质的，还有更多的是精神的，所以交往双方都要讲付出和奉献。

（资料来源：景汇泉，雷西合 . 2012. 新编大学生心理健康应用教程 . 沈阳：东北大学出版社：154.）

三、人际交往的发展和层次

（一）人际交往的发展过程

人际交往的发展是一个从互不相识，到开始注意，然后到表面上的接触，慢慢发展为朋友也就是建立友谊的过程，最后可能发展成为亲密关系，也就是两个完全陌生的个体开始交往重叠的部分逐渐增多的过程（图 12-1）。

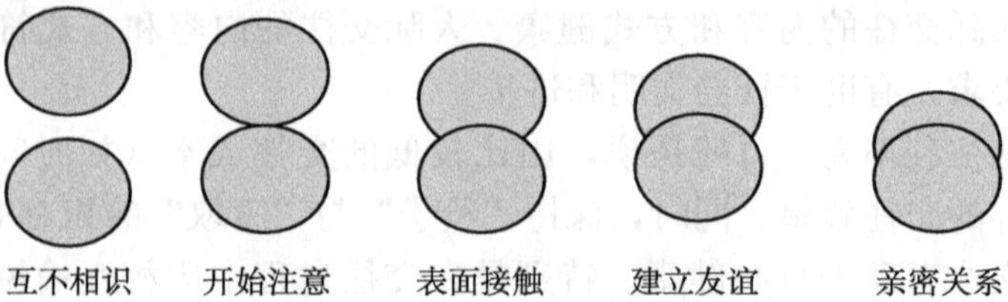

图 12-1　人际交往的发展图

（二）人际交往的层次性

人际交往的层次性与发展阶段是对应的，只不过是从纵横向划分不同。

有很多上班族感慨“单位里没有真正的友谊”、“知音难觅”，为之而大为苦恼、失望。这主要是由于他们没有认识到和接受人际交往具有不同的层次性。人际交往的层次，如图 12-2 所示。

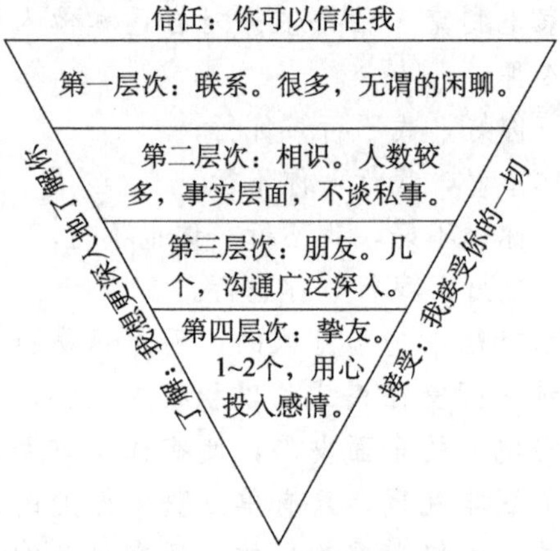

图 12-2　人际交往的层次

如图 12-2 所示，人际交往大致可分为 4 个层次。第一层次的人际交往范围比很广，人数通常很多，不一定认识，也没有深入的了解；第二层次的人际关系范围较宽，人数较多，相互认识的不同部门的员工之间多是这一层面的人际关系；第三层次是朋友，交往范围缩小，人数较少，朋友之间有较为深入的了解和沟通，通常具有相同的兴趣、爱好，在较多问题上能达成共识，能够提供一定的帮助，但也存在一定的差异，不能完全分享彼此内心的想法；第四层次是挚友，人数很少，有 1～2 个，挚友间通常有相同的价值观，能够分享彼此内心的想法，彼此能接受对方的优缺点，可以相互信赖，愿意帮助彼此成长，彼此能够在这种人际关系中找到归属感和安全感。

一般而言，在一个组织里，同事之间的关系大多处在第一层次和第二层次。

人数较多，在事实层面，只谈公事，很少谈及私事。当然，也有可能遇到志同道合的同事，彼此都愿意相互了解、接受和信任，就会发展到第三层次和第四层次。

四、影响人际吸引的因素

人际吸引（interpersonal attraction）是个体与他人之间情感上相互亲密的状态，是人际关系中的一种肯定形式。按吸引的程度，人际吸引可分为亲和、喜欢和爱情（图 12-3）。

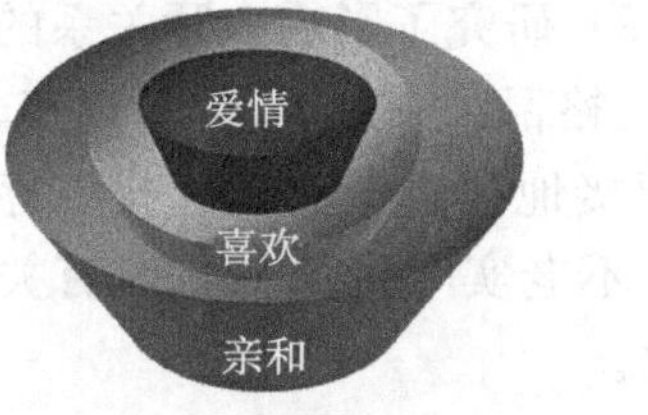

图 12-3 人际吸引的层次

影响人际吸引的因素，主要有以下几个。

1. 熟悉与邻近

熟悉能增加吸引的程度。处于物理空间距离较近的人们，见面机会较多，容易熟悉，产生吸引力，彼此的心理空间就容易接近。常常见面也利于彼此了解，使得相互喜欢。然而交往频率与喜欢程度的关系呈倒“U”形曲线，过低与过高的交往频率都不会使彼此喜欢的程度提高，处于中等交往频率时，彼此喜欢的程度较高。

2. 相似性与互补性

人们往往喜欢那些和自己相似的人。相似性主要包括信念、价值观及人格特征的相似；兴趣、爱好等方面的相似；社会背景、地位的相似；年龄、经验的相似。实际的相似性很重要，但更重要的是双方感知到的相似性。另外，当双方在某些方面看起来互补时，彼此的喜欢也会增加，互补可视为相似性的特殊形式。以下 3 种互补关系会增加吸引和喜欢：需要的互补、社会角色的互补和人格某些特征的互补（如内向与外向）。当双方的需要、角色及人格特征都呈互补关系时，所产生的吸引力是非常强大的。

3. 外貌

容貌、体态、服饰、举止、风度等个人的外在因素，在人际情感中的作用也是很大的。尤其是在交往的初期，好的外貌容易给人一种良好的第一印象，人们往往会以貌取人。外貌美能产生光环效应，即人们倾向于认为外貌美的人也具有其他的优秀品质，虽然实际上未必如此。

4. 才能

才能一般会增加个体的吸引力。但如果这种才能会对别人构成比较的压力，让人感受到自己的无能和失败，那么才能不会对吸引力有帮助。有研究表明，有才能的人如果犯一些“小错误”，不但不会削弱他们的魅力，反而会增加他们的吸引力。

5. 人格品质

人格品质是影响吸引力的最稳定因素，也是个体吸引力最重要的因素之一。美国学者 Anderson（1968）研究了影响人际关系的人格品质。排在序列最前面、受喜爱程度最高的 6 个人格品质是：真诚、诚实、理解、忠诚、真实、可信，它们或多或少、直接或间接地同真诚有关。排在序列最后面受喜爱程度最低的几个品质如说谎、假装、不老实等也都与真诚有关。Anderson 认为，真诚受人欢迎，不真诚则令人厌恶。

五、影响人际交往的心理学效应

心理学研究表明，认知直接影响人际关系的性质和发展趋势。常见的社会认知效应有以下几种。

（一）首因效应

首因效应（图 12-4）是指最初接触到的信息所形成的印象，对我们以后的行为活动和评价的影响，实际上指的就是“第一印象”的影响。第一印象效应是一个众所周知的现象，如为官者总是很注意烧好上任之初的“三把火”，平民百姓也深知“下马威”的妙用，每个人都力图给他人留下良好的“第一印象”。

图 12-4　首因效应

《三国演义》中的凤雏庞统当初准备效力东吴，于是去面见孙权。孙权见到庞统相貌丑陋，心中先有几分不喜，又见他傲慢不羁，更觉不快。最后，这位广招人才的孙仲谋竟把与诸葛亮比肩齐名的奇才庞统拒于门外，尽管鲁肃苦言相劝，也无济于事。众所周知，礼节、相貌与才华决无必然联系，但是礼贤下士的孙权尚不能避免这种偏见，可见第一印象的影响之大。

（二）近因效应

近因效应（图 12-5）与首因效应相反，是指在多种刺激出现的时候，印象的形成主要取决于后来出现的刺激。即交往过程中，我们对他人最近、最新的认识占了主体地位，掩盖了以往形成的对他人的评价，因此，也称为“新颖效应”。多年不见的朋友，在自己的脑海中的印象是最深的，其实就是临别时的情景；一个朋友总是让你生气，可是谈起生气的原因，大概只能说上两三条，这也是一种近因效应的表现。心理学的研究还表明，在人与人的交往中，交往的初期，在延续期即彼此还生疏的阶段，首因效应的影响很重要。而在交往的后期，就是在彼此已经相当熟悉的时期，近因效应的影响也同样重要。

近因效应——这人完全变了

图 12-5　近因效应

（三）晕轮效应

晕轮效应又称光环效应，指人们对他人的认知判断首先主要是根据个人的好恶得出的，然后再从这个判断推论出认知对象的其他品质的现象。如果认知对象被标明是“好”的，他就会被“好”的光圈笼罩着，并被赋予一切好的品质。如果认知对象被标明是“坏”的，他就会被“坏”的光圈笼罩着，他所有的品质都会被认为是坏的。

美国心理学家戴恩等曾用实验证实了晕轮效应的存在。他们给被试看一些人的照片，这些人分别是看上去很有吸引力的人、没有吸引力的人和一般的人。然后要求被试评定这些人的一些特点，而要评定的这些特点与有无吸引力没有丝毫关系，分别是这些人的婚姻状况、结婚幸福程度等。结果发现，有吸引力的人得到的评价最高，而没有吸引力的人得到的评价最低。戴恩等的研究表明，如果一个人有魅力，那么他的其他特点往往也被认为是具有积极意义的。这显然是由晕轮效应引起的认知偏见。

（四）投射效应

投射效应（图 12-6）是指以己度人，认为自己具有某种特性，他人也一定会有与自己相同的特性，把自己的感情、意志、特性投射到他人身上并强加于人的一种认知障碍。“以小人之心度君子之腹”就是一种典型的投射效应。当别人的行为与我们不同时，我们习惯用自己的标准去衡量别人的行为，认为别人的行为违反常规；喜欢嫉妒的人常常将别人行为的动机归纳为嫉妒，如别人对他稍不恭敬，他便觉得别人在嫉妒自己。

图 12-6　投射效应

（五）刻板印象

刻板印象又称定型化效应。它是按照性别、种族、年龄或职业等进行社会分类形成的关于某类人的固定印象，是关于特定群体的特征、属性和行为的一组观念，或者说是对与一个社会群体及其成员相联系的特征或属性的认知表征。

苏联心理学家曾做过这样一个实验，研究者向参加实验的两组大学生出示同一张照片，但在出示照片前，对第一组学生说：这个人是一个十恶不赦的罪犯；对第二组学生却说：这个人是一位知识渊博的科学家。然后他让两组学生用词汇描述所见照片上这个人的相貌。第一组学生描述为：仇恨、绝望……第二组描述为：深邃、坚强……对于同一个人，仅仅因为先前得到的提示不同，就在描述时用了差别如此之大的词汇，可见，定型化效应的力量真的是很巨大。

资料链接 12-2

人际关系反应类型

心理学家卡伦·霍尼依据个体与他人的关系，将人际关系反应类型分为3类。

谦让型。其特征是“朝向他人”。这种类型的人无论在交往中遇到什么样的人，必先考虑“那人喜欢我吗”。他们顺从，讨人喜欢。

进取型。其特征是“对抗他人”。这种类型的人在交往中想知道别人力量的大小，或别人对他有无用处。

分离型。其特征是“疏离他人”。这种类型的人在交往中常想到的是别人是否会干扰自己或影响自己。

（资料来源：景汇泉，雷西合．2012．新编大学生心理健康应用教程．沈阳：东北大学出版社：145.）

六、良好人际关系的原则

良好的人际交往有一些主要原则，即理解原则、尊重原则和宽容原则。

（一）理解原则

理解原则主要是指要体察和了解他人的需要，明了他人言行的动机和意义，并帮助和促成他人合理需要的满足，对他人生活和言行的有价值的部分给予鼓励、支持、认可。

（二）尊重原则

由于个体都有着自己的价值和独特性，都是社会的成员，需要彼此相互尊重各自的选择、行为习惯、生活方式、社会文化价值观念、隐私等，消除不合理的偏见。人与人之间没有权利随便指责、责骂、嘲笑、侮辱他人，应该学会互相尊重，掌握交往的艺术。

（三）宽容原则

个体因出生地、性别、年龄、职业、语言、民族、文化、教育、个性的不同，从而在对人对事的态度、价值观念、行为方式上表现出一定的差异。人与人之间不应因他人的态度、观念和行为方式与自己不同，而鄙视、否定、排挤他人。金无足赤，人无完人，每个人都有自己的缺点，都会犯下某种错误。只要这种缺点和错误不影响大局和原则，彼此之间也不应该因其缺点和错误而嘲笑、鄙视、冷淡、排斥他人。

第二节　职场中的人际交往

一、常见的人际交往问题

影响人际交往的原因有很多方面。第一，文化因素。例如，语言障碍，文字、手势等有意义的符号在交往过程中造成误解、偏见、歧视等，或者来自民族方面的差异等。第二，社会因素。例如，不同的社会地位、社会角色等导致的误解或不理解等。第三，个体差异。这是个性不同、受教育程度不同、家庭教育不同等因素导致。但总体来说，人际交往不顺利，有着一些相似的问题。

（一）人际交往的主要问题

人际交往问题主要包括 7 种：①感觉交往特别困难，没有什么朋友；②缺少知心朋友，无法深交；③与个别人难以相处，甚至发生冲突；④与他人交往平淡；⑤社交恐惧；⑥交往被动，主动交往和接触少；⑦不想交往或不愿交往。

总之，人际交往问题可归结为不想、不敢、不能交往 3 种主要形式。

（二）人际交往的心理障碍

人际交往的心理障碍主要包括孤独感和寂寞感、自卑感和羞涩感、嫉妒心理、猜疑心理、完美愈合苛求心理、过分优越感、自私心、性格内向与孤僻、角色固着、偏见与敌意 10 种。

二、职场人际交往的调适

（一）职场人际交往不良心理的调适

人在职场，就必然要参与社会交往，社交的范围与每个人的职业、爱好、生活方式及地理位置有很大关系。现实生活中，有些人在社交中总交不上朋友，或者是交了朋友没多久，朋友又离他而去，平时和同事的关系也不融洽。究其原因，社交中的不良心理状态阻碍了人际关系的正常发展，较常见的有以下几种，应努力避免。

1. 自卑心理及其调适

有些人容易产生自卑感，自己瞧不起自己，缺乏自信，办事无胆量，畏首畏尾，随声附和，没有自己的主见。这种心理如不克服，会丢掉人的独特个性，也会丧失很多自我表现和发展的机会。

自卑心理的调适方法主要包括以下几个。

（1）找到自己的成才目标，接纳不可改变的缺点

自卑的核心是没认识到自己的优点，对自己没有清晰客观的认识，因此特别害怕别人对自己的看法和评价。因此，最关键的是，要对自己的优缺点进行充分的分析，认识到每个人都有自己的优点和缺点，每个人都可以将自己的优点发挥到最大极限，就可以成为高端人才，所以人人都是人才，这一点毋庸置疑。另外，对自己的缺点部分，要客观分析，对于不可改变或很难改变的缺点要坦然接纳，每个人都有自己不可改变的缺点或不完美的地方，那也不影响一个人的成才和价值实现。对于自己的可以改变的缺点，如懒、阅读量少等，要尽全力去改变。

（2）调整心态，积极与他人交往

交往过程中不要事事以超越他人为目的，而是要向自己成长的目标迈进。

2. 怯懦心理及其调适

怯懦心理主要见于涉世不深、阅历较浅、性格内向、不善言辞的人，由于怯懦，在社交中即使自己认为正确的事，经过深思熟虑之后，却不敢表达出来。这种心理别人也能观察出来，结果对自己产生看法，不愿与自己成为好朋友。

怯懦心理的调适方法主要包括以下几个。

（1）内在角色理论的运用

一种理论认为，人在交往时，内心角色有 3 种：小孩儿、成人、父母。当我们以小孩儿角色自居时，会对年长者或权威人士恐惧、拘束，而如果我们将自己想象成与对方年纪一样的成人，或将自己想象成与对方父母年纪一样的老人，这时我们就不会太怯懦和害怕。

（2）提高自信和自尊水平

找到自己的自信，并且将自尊水平发展到健康水平，即坚信世界上没有任何人比自己有更高或更低的价值和重要性。也就是说，人人具有平等的价值和重要性，人格平等，因此我们跟任何人交往都可以不卑不亢。

3. 猜疑心理及其调适

猜疑心理是指在人际交往中，对别人不信任，猜测、揣度、估摸、疑惑、疑心等。这往往会影响人际关系的健康发展。

猜疑心理的调适方法主要包括以下几个。

（1）培养对自己的信任

对别人不信任，认为别人会伤害自己的前提，大多是因为对自己的不信任，

认为自己是不被喜欢的，不被无条件接纳的，没有价值的，或认为自己是可能受伤害的。而如果能认识到自己的绝对价值，边界清晰，不隐忍别人的恶意伤害，就不会过于猜疑别人。

(2) 认识到交往中矛盾冲突是不可避免的，要做到对事不对人

在发生冲突矛盾时可表达自己的观点和看法，但事情过去之后，要对对方没有成见和偏见，也就没有了猜疑之心。

4. 逆反心理、做戏心理、贪财心理、冷漠心理及其调适

逆反心理的表现：有些人总爱与别人抬杠，以说明自己标新立异，对任何一件事情，不管是非曲直，你说好，我就认为坏；你说对，我就说它错，使别人对自己产生反感。

做戏心理的表现：有的人把交朋友当作逢场作戏，朝秦暮楚，见异思迁，处处应付，爱吹牛，爱说漂亮话，与某人见过一面，就会说与某人交往有多深。这种人与人交往只是做表面文章，因而没有感情深厚的朋友。

贪财心理的表现：有的人认为交朋友的目的就是为了“互相利用”，见到对自己有用、能给自己带来好处的朋友才交往，而且常是“过河拆桥”。这种贪图财利、沾别人光的不良心理，会使自己的人格受到损害。

冷漠心理的表现：有些人对只要与己无关的事情，就冷漠看待，不闻不问，或者错误地认为言语尖刻、态度孤傲，就是“个性”，致使别人不敢接近自己，从而失去一些朋友。

要改变逆反、做戏、贪财和冷漠这些不良的交往心理，其实方法还是比较简单的，关键是要认识到这些交往动机是不健康的，要放弃或尽量减少这些动机和想法。

（二）角色分析法

每个人都在社会和群体中占有适当的位置，扮演着一定的角色，每种角色都有相应的角色规范和行为模式。每个人须了解他人角色的定位、规范、职责、义务和权利，根据各自的角色定位各司其职，只有这样才不至于出现角色冲突。角色冲突主要源自角色不明障碍、角色固执障碍、角色地位障碍和角色预期障碍等。

1. 角色不明障碍

角色不明通常表现为当事者不清楚自己的角色定位，感到无所适从，或者行为表现超出角色定位的范围，出现“喧宾夺主”的现象。正因为当事人角色不明确，他无法按照某种角色规范和行为模式行事，结果自我感到矛盾和困惑，他人不予接纳和认可，影响良好人际关系的形成。咨询者须引导当事

人思考自己的目标，明确自己的角色定位，并根据此角色定位和行为模式做事。

2. 角色固执障碍

在社会生活中，一个人可能同时扮演几个角色，他必须根据所处的环境随时变换自己的角色，如不知变通，固守一种角色，这就是“角色固执”。它会使当事人感到难以适应，或者使他人感到难以接受，结果损害了人际关系。咨询者可讲解角色变化的必要性，在一些场合暗示或提醒当事人的角色意识。

3. 角色地位障碍

由于几千年的封建意识、传统的等级观念、官本位文化遗迹，以及市场经济拜金主义的影响，人们在交往时常会因角色地位的不同而发生障碍。有些人因是领导、富有而居高临下，自认为高明，结果让人敬而远之或产生逆反心理。有些人特别怕见地位高贵或有钱的人，感到他们有威慑力和优越感，自己难免难堪。

针对这种角色地位障碍，关键是让当事人明白：尽管每个人所从事的职业不同，扮演的角色不一，所处的地位不等，但均无贵贱之分，人际关系应是和谐融洽、平等友好的同志式关系，是“我为人人、人人为我”、相互尊重、爱护、关心和帮助的关系。对有自卑心理和对交往有顾虑的当事人，咨询者可通过情景模拟，鼓励当事人积极体验、放松等方法帮助当事人。

4. 角色预期障碍

在交往过程中，每个人对交往对象的行为表现，对其角色的作用都有个预期，有时这种预期超出实际或对方的表现，结果引致人际关系矛盾和冲突。例如，妻子对丈夫的期望，下级对上司的期望，如与实际不符，则会引起妻子对丈夫的不满，下级对上司的牢骚。通过分析和咨询，咨询者可帮助当事人调整人际交往中的期望值，放弃一些不必要或过分的、不切实际的期望。

角色预期障碍还包括对角色的理解出现偏见，并将这种偏见强加于对方，结果引起对方的反感和抵制。

（三）人际行为归因分析法

按人际行为的主体分，人际行为归因可分为当事人交际行为归因和他人交际行为归因两种。按归因的指向划分，人际行为归因可分为人际行为内部归因和人际行为外部归因。

要客观、全面、辩证地对自己和他人交际行为的动机和意图进行归因分析，要结合多种归因方式进行分析，防止归因出现偏差；要既能看到自己的优势，增强社交信心，又能了解自己的不足。

三、职场人际交往的建议

（一）给别人留下良好的第一印象

留下美好的第一印象，能让对方对你有积极的认同。心理学研究发现，与一个人初次会面，45 秒内就能产生第一印象。这一最先的印象会对他人的社会知觉产生较强的影响，并在头脑中形成并占据着主导地位。

首因效应本质上是一种优先效应，当不同的信息结合在一起的时候，人们总是倾向于重视前面的信息，这种先入为主的第一印象是人普遍的主观性倾向，会直接影响到以后的一系列行为。即使人们重视了同样的信息，也会认为后面的信息并非本质的、偶然的，人们习惯于按照前面的信息解释后面的信息，即使后面的信息与前面的信息并不一致，也会屈从于前面的信息，而形成整体一致的印象。另外，在快节奏的现代社会，很少有人会花更多的时间去了解、证实一个留给他第一印象不美好的人。

（二）给别人真诚的赞美

使用赞美要措辞得当，热情具体，频率适当的赞美最为合适。赞美能够鼓励他人前进。美国心理学家马斯洛认为，个体需要得到社会的承认。赞美的作用，就是承认他人的长处和成就的方式。当他的行为受到称赞时，就会受到鼓舞，发挥更大的积极性，继续努力前进。

（三）学会与上司、同事、朋友、对手交往

1. 对上司要先尊重后磨合

具体做法包括：①愉快地接受上司的指示和命令；②积极主动地协助上司的工作；③及时、恰当地汇报工作；④虚心接受上司的指导和提醒；⑤不在背地里说上层、主管的闲话。

在职场兵法中有一条规则就是：永远不要在背后说上司的坏话。你说好话，他不一定听得到，但如果你说坏话，他一定能听到。同样，也不要在背后说你的同事或下属的坏话。

任何一个上司（包括部门主管、项目经理、管理代表），坐到这个职位上，至少有某些过人之处。他们丰富的工作经验和待人处世的方略，都是值得学习和借鉴的，下属应该尊重上级精彩的过去和骄人的业绩。但在工作中，唯命是从也无必要。不过应注意，给上级提意见只是本职工作中的一小部分，尽力完

善、改进、迈向新的台阶才是最终目的。要让上级心悦诚服地接纳你的观点，应在尊重的氛围里，有礼有节、有分寸地磨合。不过，在提出质疑和意见前，一定要拿出详细的足以说服对方的资料和计划。

2. 对同事要多理解和协助

具体做法包括：①真诚合作；②同甘共苦；③公平竞争；④宽容待人；⑤不做给别人带来危害的事情；⑥遵守组织的规则、纪律；⑦作为组织的一员遵守组织的礼节；⑧把不满转换成建设性的意见；⑨不在背后议论他人，说他人坏话；⑩不管他人是否注意，都要专注地工作；⑪保持微笑和快乐的态度；⑫不出风头和显示自我；⑬对周围的人尽可能地进行协作；⑭不论何时、对待何人，都要以礼相待。

在组织中，与同事相处得久了，对彼此之间的兴趣爱好、生活状态，都有了一定的了解。作为同事，在发生误解和争执的时候，一定要换个角度、站在对方的立场上为人家想想，理解同事的处境，切忌情绪化。任何背后议论和指桑骂槐，最终都会在贬低对方的过程中破坏自己的形象，而受到旁人的抵触。同时，对工作应该要拥有挚诚的热情，对同事则必须选择慎重地支持。但一味地支持只能导致盲从，也会滋生拉帮结派的嫌疑，影响组织决策层对自己的信任。

3. 对朋友要善交际、勤联络

俗话说得好：树挪死，人挪活。在现代激烈的竞争社会中，铁饭碗不复存在，一个人可能很少在同一个单位终其一生。所以，多交一些朋友很有必要，所谓朋友多了路好走。因此，空闲的时候给朋友打个电话、写封信、发个电子邮件，哪怕只是片言只语，朋友也会心存感激。

4. 对竞争对手要露齿一笑

在工作和生活中，处处都有竞争对手。许多人对竞争者四处设防，更有甚者，还会在背后冷不防地“插上一刀，踩上一脚”。这种极端，只会拉大彼此间的隔阂，造成紧张气氛，对工作是百害而无一益的。其实，在一个整体里，每个人的工作都很重要，任何人都有可爱的闪光之处。当你超越对手时，没必要蔑视人家，别人也在寻求上进；当人家在你前面时，你也不必存心添乱找茬，因为工作是大家团结一致努力的结果，“一个都不能少”。无论对手如何使你难堪，千万别跟他较劲，轻轻地露齿微笑，先静下心干好手中的工作吧！说不定他仍在原地怨气，你已完成出色的业绩。露齿一笑，既有大度开明的宽容风范，又会使自己有一个豁达的好心情，还担心败北吗？说不定对手早已在心里向你投降了。

第三节　职场中的人际沟通艺术

一、沟通的定义

沟通一般是指人与人之间的信息交流过程，是人与人之间发生相互联系的最主要形式。心理学家 Adler（1983）等认为，人际沟通能力是一种以双方都可接受的、能保持关系的方式从他人那里得到自己所想要得到的东西的能力。沟通能力是情境性的。

二、沟通的意义

沟通是人类组织的基本特征和活动之一。没有沟通，就不可能形成组织和人类社会。家庭、企业、国家都是十分典型的人类组织形态。沟通是维系组织存在，保持和加强人际纽带，创造和维护组织文化，提高组织效率、效益，支持、促进组织不断进步和发展的主要途径。

有效的沟通可以高效率地把一件事情办好，让人享受更美好的生活。善于沟通的个体懂得如何维持和改善相互关系，更好地展示自我需要、发现他人需要，最终赢得更好的人际关系和成功的事业。

有效沟通的意义可以总结为以下几点：①满足人们彼此交流的需要；②使人们达成共识、有更多的合作；③降低工作的代理成本，提高办事效率；④能获得有价值的信息，并使个人办事更加井井有条；⑤使人进行清晰的思考，有效把握所做的事。

三、人际沟通的分类

（一）人际沟通的分类

1. 语言沟通

语言是人类特有的一种非常好的、有效的沟通方式。语言的沟通包括口头语言、书面语言、图片或者图形。

口头语言包括我们面对面的谈话、开会等。书面语言包括我们的信函、广告和传真，甚至现在用得很普遍的 E-mail 等。图片包括一些幻灯片和电影等，这些都统称为语言的沟通。

在沟通过程中，沟通对于信息的传递、思想的传递和情感的传递而言，语言更擅长传递的是信息。

2. 非语言（肢体语言）的沟通

肢体语言包含的内容非常丰富，包括我们的动作、表情、眼神。实际上，在我们的声音里也包含着非常丰富的肢体语言。我们在说每一句话的时候，用什么样的音色去说，用什么样的语调去说等，都是肢体语言的一部分。

沟通的模式有语言和肢体语言两种，语言更擅长沟通的是信息，肢体语言更擅长沟通的是人与人之间的思想和情感。

（二）各种沟通方式的比较

各种沟通方式的比较，如表 12-1 所示。

表 12-1 各种沟通方式的比较

沟通方式	举例	优点	缺点
口头	交谈、讲座、讨论会、电话	快速传递、快速反馈、信息量很大	传递中经过的层次越多，信息失真越严重、核实越困难
书面	报告、备忘录、信件、内部期刊、布告	持久、有形、可以核实	效率低、缺乏反馈
非语言	声、光信号、体态、语调	信息意义十分明确，内涵丰富，含义隐含灵活	传递距离有限，界限模糊，只能意会不能言传
电子媒介	传真、闭路电视、计算机网络、电子邮件（E-mail）	快速传递、信息容量大、一份信息可同时传递给多人、廉价	单向传递，电子邮件可以交流，但看不见表情

四、沟通的技巧

（一）《哈佛人力资源管理》中的沟通技巧

1. 倾听技巧

倾听能鼓励他人倾吐他们的状况与问题，而这种方法能协助他们找出解决问题的方法。倾听技巧是有效影响力的关键，而它需要相当的耐心与全神贯注。

倾听技巧由 4 个个体技巧所组成，分别是鼓励、询问、反应与复述。鼓励就是促进对方表达的意愿；询问就是以探索方式获得更多关于对方的信息资料；反应就是告诉对方你在听，同时确定完全了解对方的意思；复述用于讨论结束时，即确定没有误解对方的意思。

2. 气氛控制技巧

安全而和谐的气氛，能使对方更愿意沟通，如果沟通双方彼此猜忌、批评或恶意中伤，将使气氛紧张、冲突，加速彼此的心里设防，使沟通中断或无效。

气氛控制技巧由 4 个个体技巧所组成，分别是联合、参与、依赖与觉察。联合是指以兴趣、价值、需求和目标等强调双方所共有的事务，创造和谐的气氛而达到沟通的效果；参与是指激发对方的投入态度，创造一种热忱，使目标更快地完成，并为随后进行的推动创造积极的气氛；依赖是指创造安全的情境，提高对方的安全感，而接纳对方的感受、态度与价值等；觉察则是将潜在的“爆炸性”或高度冲突状况予以化解，避免讨论演变为负面或破坏性的事情。

3. 推动技巧

推动技巧是用来影响他人的行为，使其逐渐符合我们的议题。有效运用推动技巧的关键在于，以明白具体的积极态度，让对方在毫无怀疑的情况下接受你的意见，并觉得受到激励，想完成工作。

推动技巧由4个个体技巧所组成，分别是回馈、提议、推论与增强。回馈是让对方了解你对其行为的感受，这些回馈对人们改变行为或维持适当行为是相当重要的，尤其是提供回馈时，要以清晰、具体而非侵犯的态度提出；提议是将自己的意见具体明确地表达出来，让对方了解自己的行动方向与目的；推论是使讨论具有进展性，整理谈话内容，并以此为基础，为讨论目的延伸而锁定目标；增强是利用增强对方出现的正向行为（符合沟通意图的行为）来影响他人，也就是利用增强来激励他人做你想要他们做的事。

（二）人际交往中沟通的技巧

1. 艺术表达

所谓表达就是向你的听众阐述你的思想、主张、要求、建议，意在推销你的观念，发表你的见解，提出你的要求。

沟通的一个主要作用，就是向沟通对象传达自己的想法和情感。这就决定了表达是沟通的最重要环节，因而表达方式的选择就显得极为重要。没有艺术的表达方式，就不能达到良好、有效的沟通结果。

艺术表达的技巧有：①从对方感兴趣的话题入手；②从对方可以认同的话开场；③紧紧围绕对方的利益来展开话题；④多提问，诱出对方的想法和态度；⑤以商讨的口吻向对方传达自己的主张和意见；⑥以求教、征求对方意见的方式来提出自己的建议；⑦注意力高度集中，尽可能多地与对方进行目光对接和交换；⑧运用动作适中的身体语言辅助传达信息；⑨借助有情节的表达，比如，讲故事，来阐述自己的观点；⑩避免过多地使用专业术语；⑪适当地重复以强调沟通要点。说话的态度比技巧重要（图12-7）。

2. 用心倾听

所谓倾听就是要充分给沟通对象以阐述自己的意见和想法的机会，并设身处地地依照沟通对象表达的思路来思考，找出对方说话的合理性，以充分了解沟通对象，收集自己所不知道的信息，并把沟通对象引导到所要沟通、讨论的议题上来，使沟通对象感到自身的价值和所受到的尊重。

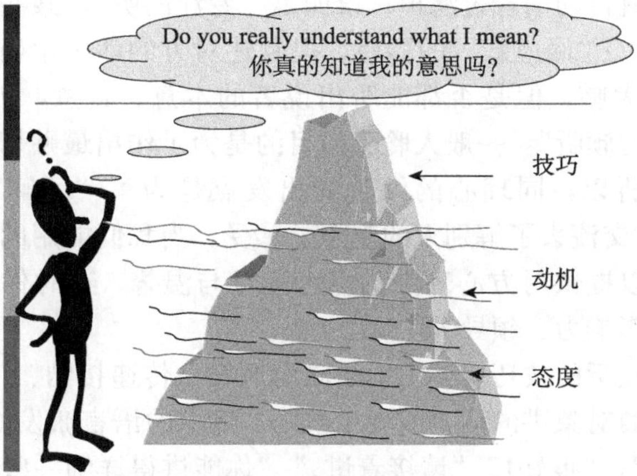

图 12-7　说话的态度比技巧重要

最有价值的人，不一定是最能说的人。每个人有两只耳朵一个嘴巴，就是让我们多听少说的。善于倾听，才是成熟的人最基本的素质。印第安人有句谚语：我们要学会听别人说话，否则人们的耳朵则成了摆设。倾听必须站在对方的立场，仔细地倾听其所说的每一句话，不要用自己的价值观去指责或评断对方的想法，要与对方保持共同理解的态度。当我们用心倾听对方时，自然会给对方提供心理的最大满足和温馨，这时候个体才能集中心力去解决问题。倾听不是机械地点头，需要在倾听中给予信息反馈，如果对方一味高谈阔论那些自己不感兴趣或者反感的话题，对暗示置之不理时，你也可以拒绝倾听。倾听的层次如图 12-8 所示。

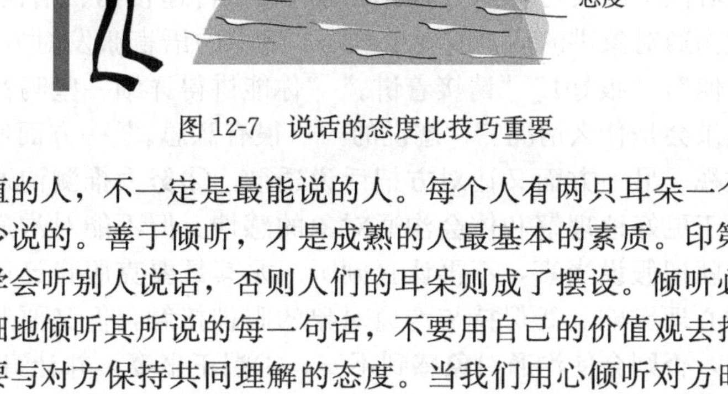

图 12-8　倾听的层次

倾听是沟通的基础。但在现实中很多人并没有真正掌握“听”的艺术。据分析，“倾听”是有层次之分的。第一是“听而不闻”，如同耳边风，有听没有到，完全没听进去；第二是“敷衍了事”，如嗯……喔……好好……哎……略有反应其实是心不在焉；第三是“选择地听”，只听合自己的意思或口味的，与自己意思相左的一概自动消音过滤掉；第四是“专注的听”，某些沟通技巧的训练会强调“主动式”、“回应式”的聆听，以复述对方的话表示确实听到，即使每句话或许都进入大脑，但是否都能听出说者的本意、真意，仍是值得怀疑的；第五是“同理心的倾听”，一般人聆听的目的是为了作出最贴切的反应，根本不是想了解对方。所以，同理心的倾听的出发点是为了“了解”而非为了“反应”，也就是通过交流去了解别人的观念、感受。当我们能用同理心去倾听别人说话时，自然可以提供对方心理上的极大满足与温馨，这时你才能集中心力去解决问题或发挥影响力、领导力。

沟通中用心倾听的技巧有：①不断向沟通对象传递接纳、信任与尊重信号，或者偶尔复述沟通对象讲的话，或者用鼓励、请求的语言激发对方，比如，“您说得非常有价值”，“很好!”“请接着讲。”“你能讲得详细一些吗?”“假如没有这个前提，结果会是什么情况?”“您说的……很有意思。”一方面使沟通对象感觉到受到的重视，另一方面又让对方把话说透彻。②努力推测沟通对象可能想说的话，有助于更好地理解和体会沟通对象的感情。但不能对沟通对象的话进行假设之后，就把假设当真，不再认真倾听。尤其是要克服自己的偏见，不要受先入为主的心理影响。③保持与沟通对象的眼神接触，但又要避免长时间地盯着沟通对象，否则会使沟通对象感到不安。④端正坐姿，并让身体稍稍前倾，面对沟通对象，在对方讲话时，不时地作一些笔记，尤其要注意不要给对方一种无精打采的感觉。⑤即使突然有电话打进来，可明确告诉对方过一会儿再打过来。如果电话内容紧急而重要必须接听，也要向沟通对象说明原因，表示歉意。⑥不要东张西望，若有所思。避免跷着二郎腿、双手抱胸、双目仰视天花板，或者斜目睨视这样一些容易使沟通对象误以为你不耐烦、抗拒或高傲的行为举止。⑦在倾听过程中，如果没有听清楚，没有理解；或是想得到更多的信息，澄清一些问题，希望沟通对象重复；或者希望使用其他的表述方法，以便于理解；或者想告诉沟通对象你已经理解了他所讲的问题，希望他谈一些其他问题，这可在适当的情况下，直接把自己的想法告知沟通对象。⑧以热诚、友善的态度倾听，避免任何冷漠、自我优越感、吹毛求疵的行为。⑨要有心理准备听取不同意见，即使沟通对象所说的话伤害了你，也绝不要马上在脸色上、语调上表现出来，至少要让人把话说完。

3. 积极反馈

所谓反馈就是在沟通过程中，对沟通对象所表述的观念、想法和要求给予态度上的回应，让对方明白自己的态度和想法。这种反馈既可以主动寻求，也可以主动给予。对于一个完整、有效的沟通来说，仅仅有表达和倾听是不够的，还必须有第三个环节——反馈，即信息的接收者在接收信息后，及时地回应沟通对象，向沟通对象告知自己的理解和意见、态度，以便澄清“表达”和“倾听”过程中可能出现的误解和失真。

反馈时应注意：①避免在对方情绪激动时反馈自己的意见，尤其是当要作一个与对方所寻求的意见不相一致的反馈时。②避免全盘否定性的评价，或者向沟通对象泼冷水，即使要批评对方，也必须先赞扬对方积极的一面，再针对需要改进的地方提出建设性的建议，以让对方能心悦诚服地接受。③使用描述性而不是评价性的语言进行反馈，尤其强调要对事不对人，避免把对事的分析处理变成对人的褒贬。既要使沟通对象明白自己的意见和态度，又要有助于对方行为的改变。④向沟通对象明确表示你将考虑如何采取行动，让对方感觉到这种沟通有立竿见影的效果，以增加沟通对象对你的信任。⑤站在沟通对象的立场上，针对沟通对象所需要的信息进行反馈。⑥反馈要表达得明确、具体，若有不同意见，要提供实例说明，避免发生正面冲突。⑦针对沟通对象可以改变的行为进行反馈。⑧要把反馈的重点放在最重要的问题上，以确保沟通对象的接受和理解。

4. 学会换位思考

人际交往中的摩擦和冲突常常使我们耿耿于怀、心情烦躁，换位思考可以给人更宽阔的视野，更宽容的心态，更平和的心境。所谓“换位”就是常说的“将心比心”、“感同身受”，即走出自我，设身处地站在别人的立场上看问题。

5. 学会赞美

人们总是倾向于喜欢给那些在心理上能给自己带来快乐的人。心理学家认为，“人类本质中最殷切的需求是渴望被肯定”。因此，在人际交往中，称赞别人是一种处理人际关系的技巧，但要知道如何赞赏别人，才会更有效。

赞美要注意：①赞美要出于真诚；②赞美时不失良机；③力争第一次发现；④与对方的内心好恶相吻合；⑤寻找对方最希望被赞美的内容；⑥间接恭维；⑦背后赞扬；⑧含蓄性赞美；⑨直观性赞美。

6. 学会说“不”

现实生活中，个体总会遇到要拒绝别人的时候，如果不妥善采取拒绝方式，就会导致人际关系的破裂，甚至会引起更大的纷争，所以如何拒绝他人是一门艺术。①用和蔼可亲的方式拒绝。在拒绝他人的同时，也要给对方留下好的印象，所以采取和蔼可亲的方法，是首要条件。②拒绝他人的时候要先倾听他人。不等听完他人的话，就急忙拒绝他人是不礼貌的行为，应该注意任何时候都要先倾听他人，然后委婉地拒绝。③关注对方的情绪。有时拒绝会让对方很不爽，这时就要客气地向对方表达自己的意思，使对方在遭受拒绝的同时，也缓解了情绪。④关键时候要果断地说“不”！明白地告知对方说不，让对方明白你的意思。⑤条理清晰地向对方说明理由。⑥不要伤害对方的自尊心。⑦给对方一个退路。

7. 善用体势语

沟通包括语言沟通和非语言沟通。调查研究显示，在人的沟通过程中，影响沟通效果的因素依次是身体语言、语音语调、说话的内容。沟通中体势语的重要性，如图 12-9 所示。

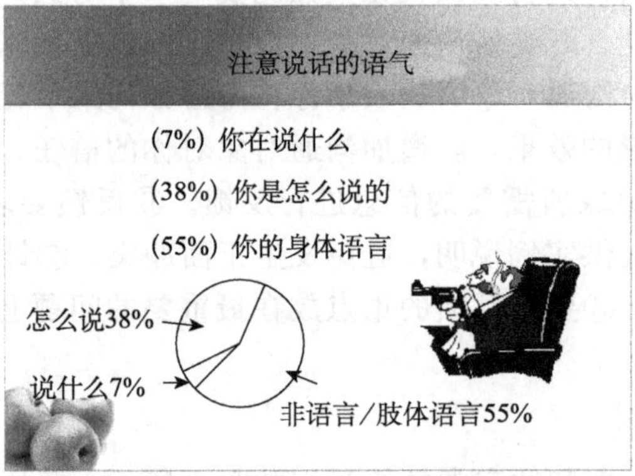

图 12-9　沟通中体势语的重要性

人际沟通仅有一成是经由文字来进行的，三成取决于语调及声音，六成是人类变化丰富的肢体语言，所以同理心的倾听要做到下列“五到”，不仅要“耳到”，更要“口到”（声调）、“手到”（用肢体表达）、“眼到”（观察肢体）、“心到”（用心灵体会）。

本章小结

1. 人际交往是指两个以上的人为了交流有关认识性与情绪评价性的信息而相互作用的过程。职场中的人际交往指的是职场员工之间，以及与其他人之间沟通信息、交流思想、表达感情、协调行为的互动过程。

2. 良好人际交往的标准有 5 个方面：一是既有适量的人际交往面，又有少数深交的朋友。同时，保持主动交往与被动交往的平衡。二是人际交往的目的和动机正确，至少是中性。三是人际交往的内容和方式健康。四是交往利率高。五是交往有助于身心健康。

3. 良好的职场人际交往，是指能够作为集体的一员参与工作，能够向别人传授新技术，能诚心服务，能坚持以理服人并积极提出建议，能调整利益以求妥协，能与背景不同的人共事。

4. 影响人际吸引的因素有：熟悉与邻近、相似性与互补性、外貌、才能、人格品质。

5. 人际交往中的心理学效应主要有：首因效应、近因效应、晕轮效应、投射效应、刻板印象。

6. 人际交往要遵循理解原则、尊重原则和宽容原则。

7. 职场人际交往中常见心理问题的表现有：自卑心理、怯懦心理、猜疑心理、逆反心理、做戏心理、贪财心理、冷漠心理等，但可以通过一定的方法，对它们进行适当的调适。

8. 人际交往中的沟通艺术有：艺术表达、用心倾听、积极反馈、学会换位思考、学会赞美、学会说“不”、善用体势语等。

思考和练习题

1. 名词解释：人际交往、人际交往的层次性、首因效应、近因效应、投射效应、人际交往的原则。

2. 简述影响人际吸引的因素。

3. 阐述如何调适人际交往中的自卑心理。

4. 简述如何与工作中的对手交往。

5. 简述在人际交往中倾听的艺术。

6. 结合实际，谈谈你对改善职场中人际关系的理解。

拓展阅读

1. 苏木禄．2010．小公司学做事，大公司学做人．北京：中国华侨出版社．

2. 宇琦，尹逸如．2010．职场要懂心理学——职场心理博弈密码．北京：中国华侨出版社．

3. 张伟，齐蕊．2012．职场心理调节手册．北京：中国经济出版社．

参考文献

宝小清．2005. 大学生职业指导的方法与内容．深圳大学学报（人文社会科学版），(1)：125～128.

蔡立安，柳夏．2002. 美国的职业咨询服务及启示．铜陵学院学报，(1)：29～32.

车宏生．2004. 心理测量与人才选拔——人才测评技术科学化．海口：南海出版公司．

车文博，张林，黄冬梅等．2003. 大学生心理压力感基本特点的调查研究．应用心理学，9 (3)：3～9.

陈国海，刘勇．2001. 心理倾诉——朋辈心理咨询．广州：暨南大学出版社．

陈卿．2005. 遵循职业教育规律　积极开展订单教育．黄河科技大学学报，7 (1)：76～77.

陈学军，王重鸣．2001. 绩效模型的最新研究进展．心理科学，24 (6)：737～738.

戴海崎，张锋，陈雪枫．2007. 心理与教育测量学．广州：暨南大学出版社．

戴维·迈尔斯．2006. 心理学．黄希庭等译．北京：人民邮电出版社．

邓婷．2009. 从员工职业心理健康到 EAP. HR 经理人，(4)：12～15.

方翰青，谭明．2010a. 高校职业咨询师专业发展策略研究．职业技术教育，(34)：43～47.

方翰青，谭明．2010b. 论高校职业咨询师的工作职责与能力结构．职教论坛，(31)：84～88.

方翰青，谭明．2011. 论高校职业咨询保障体系的构建．教育学术月刊，(2)：83～85.

方雅静．2008. 当前高校职业咨询人员的特定角色．职业与教育，(4)：66～67.

费毓芳，余新丽．2006. 大学生职业价值观调查．中国大学生就业，(6)：52～54.

冯忠良，伍新春，姚梅林等．2000. 教育心理学．北京：人民教育出版社．

高山川，孙时进．2006. 社会认知职业理论：研究进展及应用．心理科学，(5)：1263～1265.

谷向东，郑日昌．2004. 员工援助计划：解决组织中心理健康问题的途径．中国心理卫生杂志，18 (6)：398～399.

郭思，钟建安．2004. 职业倦怠的干预研究评述．心理科学，27 (4)：931～933.

韩翼．2008. 工作绩效与工作满意度、组织承诺和目标定向的关系．心理学报，(1)：84～91.

洪芳，吴谅谅．2007. 大学生职业价值观的比较研究．浙江理工大学学报，24 (6)：719～722.

胡维芳．2013. 当代青年学生职业心理发展研究．北京：光明日报出版社．

黄巧荣．2009. 加拿大注重高校职业咨询师专业发展．上海教育，(9) B：44～45.

金晓明．2003. 西方国家职业指导理论发展趋势及启示．浙江工业大学学报（社会科学版），(2)：229～233.

景汇泉，雷西合．2012. 新编大学生心理健康应用教程．沈阳：东北大学出版社．

凯温·R. 墨菲，查尔斯·O. 大卫夏佛．2006. 心理测验：原理与应用．张娜等译．上海：上海社会科学出版社．

康力．2005. 做好当代大学生自身的职业发展．中国大学生就业，(14)：51～53.

康力.2006. 自我效能感对经管类大学生就业影响的实证研究.中国大学生就业，(15)：23～25.
雷五明.2005. 职业咨询的主要过程与技术.中国大学生就业，(16)：64～66.
雷五明.2006. 论学校心理咨询与职业咨询的异同.湖北教育学院学报，(7)：87～89.
雷五明.2009. 略论高校职业咨询与生涯辅导的异同.北京农业职业技术学院学报，(5)：66～68.
李晶莺.2011. 我国公务员职业心理健康存在的问题及改善对策分析.哈尔滨：黑龙江大学硕士学位论文.
李丽芳.2010. 职业自我概念发展与大学生职业生涯规划——理论及来自高校的实践分析.河北工业大学学报（社科版），2（1)：24～28.
李庆原.2005. 论学校职业咨询对教师的素质要求.职业教育研究，(9)：14～15.
李西营.2006. 大学生职业决策困难的特点及其影响因素研究.重庆：西南大学硕士学位论文.
李颖，刘善仕，翁赛珠.2005. 大学生就业能力对就业质量的影响.高教探索，(2)：91～93.
理查德.2013. 员工帮助计划：促进身心健康的方案.王京生，宋国萍，赵然译.王京生审校.北京：中国轻工业出版社.
梁横江，姚旎.2012. 高等院校职业指导内容研究.继续教育研究，(3)：130～131.
梁丽萍，韩向明.1998. 大学生成就动机与成就行为的测查研究.心理科学，21（4)：377～378.
梁艳.2009. 工作满意度真的影响工作绩效吗.经营管理者，(22)：133～135.
林崇德，申继亮.2005. 大学生心理健康读本.北京：教育科学出版社.
凌文辁，方俐洛.2003. 心理与行为的测量.北京：机械工业出版社.
刘克俭，顾瑜琦.2005. 职业心理学.北京：中国医药科技出版社.
刘璞，谢家琳，井润田.2005. 国有企业员工工作压力与工作满意度关系的实证研究.中国软科学，(12)：121～126.
刘亚林.2009. EAP（员工援助计划）的成本、效用：理论研究与实证分析.北京：首都经济贸易大学硕士学位论文.
柳君芳.1998. “职业指导与咨询”的学习与借鉴.中国职业技术教育，(12)：49～50.
龙立荣.2002. 职业生涯管理的结构及其关系研究.武汉：华中师范大学出版社.
龙立荣，彭平根.2000. 运用职业自我选择测验（SDS）研制大学专业搜寻表的初步研究.心理学报，32（4)：403～457.
龙立荣，方俐洛，李晔.2002. 社会认知职业理论与传统职业理论比较研究.心理科学进展，10（2)：225～231.
卢荣远，李凌，唐宁玉.1998. 职业心理与职业指导.北京：人民教育出版社.
吕建国，孟慧.2000. 职业心理学.大连：东北财经大学出版社.
罗伯特·C. 里尔登，杰尼特·G. 雷兹，詹姆斯·P. 萨泊森.2005. 职业生涯发展与规划.侯志谨等译.北京：高等教育出版社.
马剑虹，梁颖.1997. 管理者工作压力高阶结构分析.应用心理学，(3)：21～26.
马庆发.2000. 瑞士职业咨询理论和实践研究.外国教育资料，(1)：69～74.

孟慧．2009. 职业心理学．北京：中国轻工业出版社．
沈登学，格桑泽仁．2004. 人力资本管理中的心理测评．成都：四川科学技术出版社．
沈雪萍．2005. 大学生职业决策困难的测量及干预研究．南京：南京师范大学硕士学位论文．
沈芝菲．2002. 职业咨询的方法与技术．思想理论教育，(11)：46～48.
时勘．2001. 人力资源开发的心理学研究概况．管理科学学报，4 (3)：30～35.
舒华．1994. 心理与教育研究中的多因素实验设计．北京：北京师范大学出版社．
舒晓兵，廖建桥．2003. 国企管理人员工作压力源与工作满意度实证研究．工业工程与管理，(2)：23～27.
斯科特・普劳斯．2004. 决策与判断．施俊琦等译．北京：人民邮电出版社．
谭明，方翰青．2012. 我国职业适应性研究综述．中国职业技术教育，(18)：34～39.
汤毅晖．管理人员工作压力源、控制感、应对方式与心理健康的关系研究．南昌：江西师范大学硕士论文．
王建初．2001. 90 年代以来欧盟国家的职业指导与咨询．全球教育展望，(10)：66～70.
王鹿．2010. 工作压力与职业倦怠关系研究．天津：天津大学硕士学位论文．
王沛，杨金花．2006. 大学生职业决策和自尊、成就动机的关系．心理发展与教育，(1)：52～57.
王文俊．2010. 员工工作满意度研究综述．现代企业文化，(10)：92.
王秀芝，梁永革．2004. 从美国大学的职业咨询看我国高校的毕业生就业指导．成人教育，(9)：3～4.
王雁飞．2005. 国外员工援助计划相关研究述评．心理科学进展，13 (2)：219～226.
维尔斯曼．1997. 研究方法导论．袁振国译．北京：教育科学出版社．
吴忠周．1999. 加拿大的职业咨询“3E”法．职业技术教育，(3)：36～37.
肖鸣政，Mark Cook. 2003. 人员素质测评．北京：高等教育出版社．
谢员，龙立荣．2008. 组织员工职业发展阶段的实证研究．中国地质大学学报（社会科学版），(3)：86～90.
徐大真．2011. 职业心理学．北京：高等教育出版社．
薛浩，张文海，于建业．2006. 大学生成就动机，成就目标与职业信息及抉择的相关心理分析. 中国临床康复，10 (2)：46～48.
阎观潮，张玉波．2005. 职场起步——职场新人求职就业必备手册．北京：机械工业出版社．
杨六琴．企业员工工作压力与压力应对的作用机制．北京：北京师范大学硕士学位论文．
杨然．2007. 美国大学职业指导理论述评．外国教育研究，(5)：44～47.
姚栋华．2005. 职业咨询师的角色定位及能力培养．教育发展研究，(7)：46～48.
姚裕群．2000. 生涯的演进过程分析——金兹伯格与萨帕的职业发展理论．中国人才，(11)：41～42.
姚裕群．2003. 职业生涯规划与发展．北京：首都经济贸易大学出版社．
余新丽，沈延兵，费毓芳．2004. 高校毕业生就业研究的新视角：待就业率的思考．教育与职业 (12)：84～86.
俞文钊，吕建国，孟慧．2007. 职业心理学．大连：东北财经大学出版社．
俞文钊．1996. 职业心理与职业指导．北京：人民教育出版社．

岳春华．2008. 白领女员工的职业心理健康管理．人才资源开发，(3)：40.
张厚粲，冯伯麟，袁坤．2004. 我国中学生职业兴趣的特点与测验编制．心理学报，(1)：89～95.
张丽华，刘晟楠．2005. 大学生就业能力结构及发展特点的实验研究．航海教育研究，22 (1)：52～55.
张林，张向葵．2003. 中学生学习策略运用、学习效能感、学习坚持性与学业成就关系的研究. 心理科学，26 (4)：603～607.
张梅．2001. 职业咨询在美国．中国大学生就业，(2)：45～47.
张西超．2006. 员工帮助计划：中国EAP的理论与实践．北京：中国社会科学出版社．
张兴红，陈艳．2006. 大学生职业咨询与辅导调查报告．中国大学生就业，(8)：47，57.
赵颂平，赵莉．2004. 论大学生就业能力的发展．教育与职业，(21)：65～66.
郑日昌．1987. 心理测量．长沙：湖南教育出版社．
仲少华，蒋南牧．2012. 新编大学生心理健康教程．上海：上海交通大学出版社．
周敏，王进东，蒋国璋．2007. 用层次分析法评测大学生就业竞争力．长江大学学报（自然科学版)，4 (2)：140～142.
周谦．1994. 心理科学方法学．北京：中国科学技术出版社．
周文霞．2011. 职业生涯管理．上海：复旦大学出版社．
周文霞，齐晶晶，吕翠．2010. 大学生的职业决策困难：人格因素对其有影响吗？重庆理工大学学报（社会科学版)，24 (10)：10～16.
周中江．2010. 工作满意度和员工绩效的关系研究．企业导报，(5)：184～185.
朱爱胜，崔景贵．2008. 大学生心理发展导论．北京：高等教育出版社．
朱若霞．2009. 理性情绪疗法在高校职业咨询中的应用．中国大学生就业，(16)：60～62.
Anderson N H. 1968. Likableness ratings of 555 personality-trait words. Journal of Personality and Social Psychology，9 (3)：272.
Borg V，Kristensen T S，Burr H. 2000. Work environment and changes in self-rated health：a five year follow-upstudy. Stress and Health，16 (1)：37～47.
Bourdieu P. 1980. Le Sens Pratique. Paris：Minuit.
Burke R J，Greenglass E R. 2001. Hospital restructuring，work-family conflict and psychological burnout among nursing staff. Psychology & Health，16 (5)：583～594.
Burke R J. 1987. The present and future status of stress research. Journal of Organizational Behavior Management，8 (2)：249～267.
Burt R S. 2000. The network structure of social capital. *In*：Sutton R，Staw B M. Research in Organizational Behavior. Greenwich，CT：JAI Press：345～423.
Chemiss C. 1993. Role of professional self-efficacy in the etiology and amelioration of burnout. *In*：Schaufeli W B，Maslach C，Ted M. Professional Burnout：Recent Development in Theory and Research. Washington，DC：Taylor and Framis.
Clark S C. 2000. Work/family border theory：a new theory of work/family balance. Human Relations，53 (6)：747～770.
Cooper C L，Marshall J. 1978. Understanding executive stress. London：Macmillan.

Cranwell-Ward J. 1990. Thriving on stress. Self-Development for Managers. London：Routledge.

Fugate，Blake，Ashforth. 2004. Employability：a Psycho-Social Construct，Its Dimensions，and Applications. Academy of Management Best Conference Paper，6：1.

Fugate M，Kinicki A J，Ashforth B E. 2004. Employability：a psycho-social construct，its dimensions，and applications. Journal of Vocational Behavior，65（1）：14～38.

Gati I，Saka N. 2001. Internet-based versus paper-and-pencil assessment：measuring career decision-making difficulties. Journal of Career Assessment，9（4）：397～416.

Hall D T. 1976. Careers in Organizations. Santa Monica：Goodyear Publishing Company.

Hall D T. 1976. Careers in organizations. Santa Monica：Goodyear Publishing Company.

Hindle T. 1998. Reducing Stress（Vol. 3）. New York：Dorling Kindersley Ltd.

Hoffman G W，Blanpied G S，Coker W R et al . 1978. Analyzing Power in Proton-Nucleus Elastic Scattering at 0. 8 GeV. Physical Review Letters，40（19）：1256.

Holyoak K J，Holland J H. 1989. Induction：Processes of Inference，Learning，and Discovery. Boston：MIT Press.

Hood J，Banathy L V. 1972. Career Process. New York：Macmillan.

Maslach C，Leiter M P. 1997. The Truth about Burnout San Francisco. CA：Jossey-Bass Publishers.

Maslach C，Schaufeli W B，Leiter M P. 2001. Job burnout. Annual Review of Psychology，52（1）：397～422.

Matteson. 1980. Stress at Work：a Managerial Perspective. Glenview，IL：Scott，Foresman an Co.

Mauw C J. 2004. Cultural dimensions of career decision-making difficulties. The Career Development Quarterly，53（1）：67～77.

McGrath J E. 1970a. Social and psychological factors in stress：DTIC Document.

McGrath J E. 1970b. A conceptual formulation for research on stress. Social and Psychological Factors in Stress，10：21.

Nevill D D，Super D E. 1988. Career maturity and commitment to work in university student. Journal of Vocational Behavior，32：139～151.

O'Hara R P，Tiedeman D V. 1959. Vocational self concept in adolescence. Journal of Counseling Psychology，6（4）：292.

Robinson J P. 2000. What Are Employability Skills. The Workplace，9：1～3.

Robinson N K，Meyer D，Prince J P et al. 2000. Mining the internet for career information：a model approach for college students. Journal of Career Assessment，8（1）：37～54.

Roe A. 1956. The Psychology of Occupations. New York：John Wiley and Sons.

Ronald，McQuaid，Lindsay C. 2005. The concept of employability. Urban Studies，42（2）：197～219.

Schein E H，Schein E. 1978. Career dynamics：Matching indicidual and organizational needs（Vol. 24）. New Jersey：Addison-Wesley.

Shartle C L. 1952. Occupational Information：Its Development and Application. London：Prentice-Hall.

Sullivan K R, Mahalik J R. 2000. Increasing career self-efficacy for women: evaluating a group intervention. Journal of Counseling & Development, 78 (1): 54～62.

Super D E, Crites J O, Hummel R C et al. 1957. Vocational Development; a Framework for Research. New York: Teachers college.

Super D E. 1956. Vocational development: the process of compromise or synthesis. Journal of Counseling Psychology, 3 (4): 249.

Taylor K M, Betz N E. 1983. Applications of self-efficacy theory to the understanding and treatment of career indecision. Journal of Vocational Behavior, 22 (1): 63～81.

Tracey T J, Rounds J B. 1993. Evaluating Holland's and Gati's vocational-interest models: a structural meta-analysis. Psychological Bulletin, 113 (2): 229.

Walsh W B, Osipow S H. 1983. Handbook of Vocational Psychology: Foundations (Vol. 1). Mahwah: Lawrence Erlbaum Assoc Inc.

Weiss J L, Frederiksen J W, Weisfeldt M L. 1976. Hemodynamic determinants of the time-course of fall in canine left ventricular pressure. Journal of Clinical Investigation, 58 (3): 751.

Weiss R S. 1976. Transition states and other stressful situations: their nature and programs for their management. *In*: Caplan G, Killilea M. Support Systems and Mutual Help: Multidisciplinary Explorations. New York: Grune and Stratton.

Weng Q, McElroy J C. 2010. Vocational self-concept crystallization as a mediator of the relationship between career self-management and job decision effectiveness. Journal of Vocational Behavior, 76 (2): 234～243.

Zaccaria J S. 1970. Theories of Occupational Choice and Vocational Development (Vol. 4). Boston: Houghton Mifflin Boston, Mass.

31. 我希望工作中有很多的机会，可以不断地挑战我解决问题的能力（或竞争力）。
32. 能很好地平衡个人生活与工作，比获得一个高的管理职位更重要。
33. 如果在工作中能经常用到我特别的技巧和才能，我会感到特别满意。
34. 我宁愿离开公司，也不愿意接受让我离开全面管理的工作。
35. 我宁愿离开公司，也不愿意接受约束我自由和自主控制权的工作。
36. 我希望有一份让我有安全感和稳定感的工作。
37. 我梦想着创建属于自己的事业。
38. 如果工作限制了我为他人提供帮助或服务，我宁愿离开公司。
39. 去解决那些几乎无法解决的难题，比获得一个高的管理职位更有意义。
40. 我一直在寻找一份能最小化个人和家庭之间冲突的工作。

测试说明

上面40道题代表了8种职业锚。现在重新看一下你给分较高的描述，从中挑出与你日常想法最为吻合的3个，给这3个题目额外各加4分（例如，原来得分为5，则调整后的得分为9）。然后，计算每一种职业锚对应的题号总分。最高分代表最符合你的职业锚（附表1）。

附表1

职业锚	题号	总分	说明
TF	1，9，17，25，33		技术/职能型职业锚： 这种定位的人会发现自己对某一特定工作很擅长并且很热衷；真让他们感到自豪的是他们所具备的专业才能； 他们倾向于一种“专家式”的生活，一般不喜欢成为全面的管理人员，因为这将意味着他们放弃在技术/职能领域的成就。但他们愿意成为一名职能经理，因为职能经理可以更好地帮助他们在专业领域上发展
GM	2，10，18，26，34		管理型职业锚： 这种定位的人对管理本身具有很大的兴趣，具有成为管理人员的强烈愿望，并将此看成职业进步的标准； 他们有提升到全面管理职位上所需要的相关能力，并希望自己的职位不断得到提升，这样他们可以承担更大的责任，并能够作出影响成功或失败的决策
AU	3，11，19，27，35		自主/独立型职业锚： 这种定位的人追求自主和独立，不愿意接受别人的约束，也不愿受程序、工作时间、着装方式，以及在任何组织中都不可避免的标准规范制约； 无论什么样的工作，他们希望能用自己的方式、工作习惯、时间进度和自己的标准来完成工作
SE	4，12，20，28，36		安全/稳定型职业锚： 安全与稳定是这种类型的人选择职业最基本、最重要的需求；他们需要“把握自己的发展”，只有在职业的发展可以预测、可以达到或实现的时候，他们才会真正感觉放松

续表

职业锚	题号	总分	说明
EC	5，13，21，29，37		创造/创业型职业锚： 这种定位的人，最重要的是建立或设计某种完全属于自己的东西；建立或投资新的公司；收购其他的公司，并按照自己的意愿进行改造；创造并不仅仅是发明家或艺术家所做的事，创业者也需要创造的激情和动力； 他们有强烈的冲动向别人证明：通过自己的努力能够创建新的企业、产品或服务，并使之发展下去；当在经济上获得成功后，赚钱便成为他们衡量成功的标准
SV	6，14，22，30，38		服务/奉献型职业锚： 这种定位的人希望职业能够体现个人价值观，他们关注工作带来的价值，而不在意是否能发挥自己的才能或能力。他们的职业决策通常基于能否让世界变得更加美好
CH	7，15，23，31，39		挑战型职业锚： 这种定位的人认为他们可以征服任何事情或任何人，并将成功定义为"克服不可能的障碍，解决不可能解决的，或战胜非常强硬的对手"；随着自己的进步，他们喜欢寻找越来越强硬的"挑战"，希望在工作中面临越来越艰巨的任务
LS	8，16，24，32，40		生活型职业锚： 这种定位的人是喜欢允许他们平衡并结合个人的需要、家庭的需要和职业的需要的工作环境。他们希望将生活的各个主要方面整合为一个整体。正因为如此，他们需要一个能够提供足够的弹性让他们实现这一目标的职业环境；甚至可以牺牲他们职业的一些方面，如提升带来的职业转换，他们将成功定义得比职业成功更广泛；他们认为自己在如何去生活，在哪里居住，如何处理家庭事务，以及在组织中的发展道路是与众不同的

附录 2　霍兰德职业倾向测验量表

本测验量表将帮助您发现和确定自己的职业兴趣和能力特长，从而更好地作出求职择业的决策。如果您已经考虑好或选择好了自己的职业，本测验将使您的这种考虑或选择具有理论基础，或向您展示其他合适的职业；如果您至今尚未确定职业方向，本测验将帮助您根据自己的情况选择一个恰当的职业目标。本测验共有 7 个部分，每部分测验都没有时间限制但请您尽快按要求完成。

第一部分　您心目中的理想职业（专业）

对于未来的职业（或升学进修的专业），您得早有考虑，它可能很抽象、很朦胧，也可能很具体、很清晰。不论是哪种情况，现在都请您把自己最想干的 3 种工作或最想读的 3 种专业，按顺序写下来。

第二部分　您所感兴趣的活动

下面列举了若干种活动，请就这些活动判断你的好恶。喜欢的，请在“是”栏里打√，在“否”栏里打×。请按顺序回答全部问题。

R：实际型（现实型）活动　　　是□　否□

1. 装配修理电器或玩具________
2. 修理自行车 ________
3. 用木头做东西________
4. 开汽车或摩托车________
5. 用机器做东西________
6. 参加木工技术学习班________
7. 参加制图描图学习班________
8. 驾驶卡车或拖拉机________
9. 参加机械和电气学习班________
10. 装配修理机器________

统计“是”一栏得分计________

A：艺术型活动　　　是□　否□

1. 素描/制图或绘画________
2. 参加话剧/戏剧________
3. 设计家具/布置室内________
4. 练习乐器/参加乐队________
5. 欣赏音乐或戏剧________
6. 看小说/读剧本________
7. 从事摄影创作________
8. 写诗或吟诗________
9. 进艺术（美术/音乐）培训不喜欢的在“否”栏
10. 练习书法________

统计“是”一栏得分计________

I：调查型（研究型）活动　　　是□　否□

1. 读科技图书和杂志________
2. 在实验室工作________
3. 改良水果品种，培育新的水果________
4. 调查了解土和金属等物质的成分________
5. 研究自己选择的特殊问题________
6. 解算术或玩数学游戏________

7. 物理课________
8. 化学课________
9. 几何课________
10. 生物课________
统计“是”一栏得分计________
S：社会型活动　　　　是□　否□
1. 学校或单位组织的正式活动________
2. 参加某个社会团体或俱乐部活动________
3. 帮助别人解决困难________
4. 照顾儿童________
5. 出席晚会、联欢会、茶话会________
6. 和大家一起出去郊游________
7. 想获得关于心理方面的知识________
8. 参加讲座会或辩论会________
9. 观看或参加体育比赛和运动会________
10. 结交新朋友________
统计“是”一栏得分计________
E：事业型（企业型）活动　　　　是□　否□
1. 说服鼓动他人________
2. 卖东西________
3. 谈论政治________
4. 制订计划、参加会议________
5. 以自己的意志影响别人的行为________
6. 在社会团体中担任职务________
7. 检查与评价别人的工作________
8. 结交名流________
9. 指导有某种目标的团体________
10. 参与政治活动________
统计“是”一栏得分计________
C：常规型（传统型）活动　　　　是□　否□
1. 整理好桌面和房间________
2. 抄写文件和信件________
3. 为领导写报告或公务信函________
4. 检查个人收支情况________
5. 打字培训班________

6. 参加算盘、文秘等实务培训________
7. 参加商业会计培训班________
8. 参加情报处理培训班________
9. 整理信件、报告、记录等________
10. 写商业贸易信________
统计“是”一栏得分计________

第三部分 您所擅长获胜的活动

下面列举了若干种活动，其中你能做或大概能做的，请在“是”栏里打√；反之，在“否”栏里打×。请回答全部问题。

R：实际型（现实型）能力 是□ 否□
1. 能使用电锯、电钻和锉刀等木工工具________
2. 知道万用表的使用方法________
3. 能够修理自行车或其他机械________
4. 能够使用电钻床、磨床或缝纫机________
5. 能给家具和木制品刷漆________
6. 能看建筑设计图________
7. 能够修理简单的电气用品________
8. 能修理家具________
9. 能修理收录机________
10. 能简单地修理水管________
统计“是”一栏得分计________

A：艺术型能力 是□ 否□
1. 能演奏乐器________
2. 能参加二部或四部合唱________
3. 独唱或独奏________
4. 扮演剧中角色________
5. 能创作简单的乐曲________
6. 会跳舞________
7. 能绘画、素描或书法________
8. 能雕刻、剪纸或泥塑________
9. 能设计板报、服装或家具________
10. 写得一手好文章________
统计“是”一栏得分计________

I：调研型（研究型）能力 是□ 否□

1. 懂得真空管或晶体管的作用________
2. 能够列举 3 种蛋白质多的食品________
3. 理解铀的裂变________
4. 能用计算尺、计算器、对数表________
5. 会使用显微镜________
6. 能找到 3 个星座________
7. 能独立进行调查研究________
8. 能解释简单的化学________
9. 理解人造卫星为什么不落地________
10. 经常参加学术会议________
统计“是”一栏得分计________
S：社会型能力　　是□　否□
1. 有向各种人说明解释的能力________
2. 常参加社会福利活动________
3. 能和大家一起友好相处地工作________
4. 善于与年长者相处________
5. 会邀请人、招待人________
6. 能简单易懂地教育儿童________
7. 能安排会议等活动顺序________
8. 善于体察人心和帮助他人________
9. 帮助护理病人和伤员________
10. 安排社团组织的各种事务________
统计“是”一栏得分计________
E：事业型（企业型）能力　　是□　否□
1. 担任过学生干部并且干得不错________
2. 工作上能指导和监督他人________
3. 做事充满活力和热情________
4. 有效利用自身的做法调动他人________
5. 销售能力强________
6. 曾作为俱乐部或社团的负责人________
7. 向领导提出建议或反映意见________
8. 有开创事业的能力________
9. 知道怎样做能成为一个优秀的领导者________
10. 健谈善辩________
统计“是”一栏得分计________

C：常规型（传统型）能力　　是□　否□

1. 会熟练的打印中文________
2. 会用外文打字机或复印机________
3. 能快速记笔记和抄写文章________
4. 善于整理保管文件和资料________
5. 善于从事事务性的工作________
6. 会用算盘________
7. 能在短时间内分类和处理大量文件________
8. 能使用计算机________
9. 能搜集数据________
10. 善于为自己或集体做财务预算表________

统计“是”一栏得分计________

第四部分　你所喜欢的职业

下面列举了多种职业，请逐一认真地看，如果是你有兴趣的工作，请在“是”栏里打√；如果是你不太喜欢、不关心的工作，请在“否”栏里打×。请回答全部问题。

R：实际型（现实型）职业　　是□　否□

1. 飞机机械师________
2. 野生动物专家________
3. 汽车维修工________
4. 木匠________
5. 测量工程师________
6. 无线电报务员________
7. 园艺师________
8. 长途公共汽车司机________
9. 火车司机________
10. 电工________

统计“是”一栏得分计________

S：社会型职业　　是□　否□

1. 街道、工会或妇联干部________
2. 小学、中学教师________
3. 精神病医生________
4. 婚姻介绍所工作人员________
5. 体育教练________

6. 福利机构负责人________
7. 心理咨询员________
8. 共青团干部________
9. 导游________
10. 国家机关工作人员________
统计“是”一栏得分计________
I：调研型（研究型）职业　　　是□　否□
1. 气象学或天文学者________
2. 生物学者________
3. 医学实验室的技术人员________
4. 人类学者________
5. 动物学者________
6. 化学者________
7. 数学学者________
8. 科学杂志的编辑或作家________
9. 地质学者________
10. 物理学者________
统计“是”一栏得分计________
E：事业型（企业型）职业　　　是□　否□
1. 厂长________
2. 电视片编制人________
3. 公司经理________
4. 销售员________
5. 不动产推销员________
6. 广告部长________
7. 体育活动主办者________
8. 销售部长________
9. 个体工商业者________
10. 企业管理咨询人员________
统计“是”一栏得分计________
A：艺术型职业　　　是□　否□
1. 乐队指挥________
2. 演奏家________
3. 作家________
4. 摄影家________

5. 记者________
6. 画家、书法家________
7. 歌唱家________
8. 作曲家________
9. 电影电视演员________
10. 电视节目主持人________
统计“是”一栏得分计________
C：常规型（传统型）职业　　　是□　否□
1. 会计师________
2. 银行出纳员________
3. 税收管理员________
4. 计算机操作员________
5. 簿记人员________
6. 成本核算员________
7. 文书档案管理员________
8. 打字员________
9. 法庭书记员________
10. 人口普查登记员________
统计“是”一栏得分计________

第五部分　您的能力类型简评

附表2和附表3是您在6个职业能力方面的自我评定表。您可以先与同龄者比较出自己在每一方面的能力，然后经斟酌后对自己的能力作评估。请在表中适当的数字上画圈。数字越大，表示你的能力越强。注意，请勿全部画同样的数字，因为人的每项能力不可能完全一样。

附表2

R型	I型	A型	S型	E型	C型
机械操作能力	科学研究能力	艺术创作能力	解释表达能力	商业洽谈能力	事务执行能力
7	7	7	7	7	7
6	6	6	6	6	6
5	5	5	5	5	5
4	4	4	4	4	4
3	3	3	3	3	3
2	2	2	2	2	2
1	1	1	1	1	1

附表 3

R型	I型	A型	S型	E型	C型
体育技能	数学技能	音乐技能	交际技能	领导技能	办公技能
7	7	7	7	7	7
6	6	6	6	6	6
5	5	5	5	5	5
4	4	4	4	4	4
3	3	3	3	3	3
2	2	2	2	2	2
1	1	1	1	1	1

第六部分　统计和确定您的职业倾向

请将第二部分至第五部分的全部测验分数按前面已统计好的 6 种职业倾向（R 型、I 型、A 型、S 型、E 型和 C 型）得分填入附表 4，并作纵向累加。

附表 4

测试	R型	I型	A型	S型	E型	C型
第二部分						
第三部分						
第四部分						
第五部分 A						
第五部分 B						
总分						

请将附表 4 中的 6 种职业倾向总分按大小顺序依次从左到右排列：____型、____型、____型、____型、____型、____型

最高分________　您的职业倾向性得分__________　最低分____________

第七部分　您所看重的东西——职业价值观

这一部分测验列出了人们在选择工作时通常会考虑的 9 种因素（见所附工作价值标准）。现在请您在其中选出最重要的两项因素，并将序号填入下边相应空格上。

最重要：____ 次重要：____

最不重要：____ 次不重要：____

附：工作价值标准：

1. 工资高、福利好。
2. 工作环境（物质方面）舒适。
3. 人际关系良好。
4. 工作稳定有保障。

5. 能提供较好的受教育机会。
6. 有较高的社会地位。
7. 工作不太紧张、外部压力少。
8. 能充分发挥自己的能力特长。
9. 社会需要与社会贡献大。

以上全部测验完毕。

霍兰德职业倾向测验量表评价标准

将你测验得分居第一位的职业类型找出来，对照附表 5，判断一下适合自己的职业类型。

附表 5　职业索引——职业兴趣代号与其相应的职业对照表

R（实际型或现实型）：木匠、农民、操作 X 光的技师、工程师、飞机机械师、鱼类和野生动物专家、自动化技师、机械工（车工、钳工等）、电工、无线电报务员、火车司机、长途公共汽车司机、机械制图员、修理机器、电器师

I（调查型或研究型）：气象学者、生物学者、天文学家、药剂师、动物学者、化学家、科学报刊编辑、地质学者、植物学者、物理学者、数学家、实验员、科研人员、科技工作者

A（艺术型）：室内装饰专家、图书管理专家、摄影师、音乐教师、作家、演员、记者、诗人、作曲家、编剧、雕刻家、漫画家

S（社会型）：社会学者、导游、福利机构工作者、咨询人员、社会工作者、社会科学教师、学校领导、精神病工作者、公共保健护士

E（事业型或企业型）：推销员、进货员、商品批发员、旅馆经理、饭店经理、广告宣传员、调度员、律师、政治家、零售商

C（常规型或传统型）：记账员、会计、银行出纳、法庭速记员、成本估算员、税务员、核算员、打字员、办公室职员、统计员、计算机操作员、秘书

下面介绍与你 3 个代号的职业兴趣类型一致的职业表（附表 6），对照的方法如下：首先根据你的职业兴趣代号，在附表 6 中找出相应的职业，例如，你的职业兴趣代号是 RIA，那么牙科技术人员、陶工等是适合你的兴趣的职业。然后寻找与你的职业兴趣代号相近的职业，如你的职业兴趣代号是 RIA，那么，其他由这 3 个字母组合成的编号（如 IRA、IAR、ARI 等）对应的职业，也较适合你的兴趣。

附表 6

RIA：牙科技术员、陶工、建筑设计员、模型工、细木工、制作链条人员

RIS：厨师、林务员、跳水员、潜水员、染色员、电器修理、眼镜制作、电工、纺织机器装配工、服务员、装玻璃工人、发电厂工人、焊接工

RIE：建筑和桥梁工程、环境工程、航空工程、公路工程、电力工程、信号工程、电话工程、一般机械工程、自动工程、矿业工程、海洋工程、交通工程技术人员、制图员、家政经济人员、计量员、农民、农场工人、农业机械操作、清洁工、无线电修理、汽车修理、手表修理、管工、线路装配工、工具仓库管理员

RIC：船上工作人员、接待员、杂志保管员、牙医助手、制帽工、磨坊工、石匠、机器制造、机车（火车头）制造、农业机器装配、汽车装配工、缝纫机装配工、钟表装配和检验、电动器具装配、鞋匠、

续表

锁匠、货物检验员、电梯机修工、托儿所所长、钢琴调音员、装配工、印刷工、建筑钢铁工作、卡车司机 RAI：手工雕刻、玻璃雕刻、制作模型人员、家具木工、制作皮革品、手工绣花、手工钩针纺织、排字工作、印刷工作、图画雕刻、装订工 RSE：消防员、交通巡警、警察、门卫、理发师、房间清洁工、屠夫、锻工、开凿工人、管道安装工、出租汽车驾驶员、货物搬运工、送报员、勘探员、娱乐场所的服务员、起卸机操作工、灭害虫者、电梯操作工、厨房助手 RSI：纺织工、编织工、农业学校教师、某些职业课程教师（诸如艺术、商业、技术、工艺课程）、雨衣上胶工 REC：抄水表员、保姆、实验室动物饲养员、动物管理员 REI：轮船船长、航海领航员、大副、试管实验员 RES：旅馆服务员、家畜饲养员、渔民、渔网修补工、水手长、收割机操作工、搬运行李工人、公园服务员、救生员、登山导游、火车工程技术员、建筑工作、铺轨工人 RCI：测量员、勘测员、仪表操作者、农业工程技术、化学工程技师、民用工程技师、石油工程技师、资料室管理员、探矿工、煅烧工、烧窑工、矿工、保养工、磨床工、取样工、样品检验员、纺纱工、炮手、漂洗工、电焊工、锯木工、刨床工、制帽工、手工缝纫工、油漆工、染色工、按摩工、木匠、农民建筑工作、电影放映员、勘测员助手 RCS：公共汽车驾驶员、一等水手、游泳池服务员、裁缝、建筑工作、石匠、烟囱修建工、混凝土工、电话修理工、爆炸手、邮递员、矿工、裱糊工人、纺纱工 RCE：打井工、吊车驾驶员、农场工人、邮件分类员、铲车司机、拖拉机司机 IAS：普通经济学家、农场经济学家、财政经济学家、国际贸易经济学家、实验心理学家、工程心理学家、心理学家、哲学家、内科医生、数学家 IAR：人类学家、天文学家、化学家、物理学家、医学病理、动物标本剥制者、化石修复者、艺术品管理者 ISE：营养学家、饮食顾问、火灾检查员、邮政服务检查员 ISC：侦察员、电视播音室修理员、电视修理服务员、验尸室人员、编目录者、医学实验定技师、调查研究者 ISR：水生生物学者、昆虫学者、微生物学家、配镜师、矫正视力者、细菌学家、牙科医生、骨科医生 ISA：实验心理学家、普通心理学家、发展心理学家、教育心理学家、社会心理学家、临床心理学家、目标学家、皮肤病学家、精神病学家、妇产科医师、眼科医生、五官科医生、医学实验室技术专家、民航医务人员、护士 IES：细菌学家、生理学家、化学专家、地质专家、地理物理学专家、纺织技术专家、医院药剂师、工业药剂师、药房营业员 IEC：档案保管员、保险统计员 ICR：质量检验技术员、地质学技师、工程师、法官、图书馆技术辅导员、计算机操作员、医院听诊员、家禽检查员 IRA：地理学家、地质学家、声学物理学家、矿物学家、古生物学家、石油学家、地震学家、声学物理学家、原子和分子物理学家、电学和磁学物理学家、气象学家、设计审核员、人口统计学家、数学统计学家、外科医生、城市规划家、气象员 IRS：流体物理学家、物理海洋学家、等离子体物理学家、农业科学家、动物学家、食品科学家、园艺学家、植物学家、细菌学家、解剖学家、动物病理学家、作物病理学家、药物学家、生物化学家、生物物理学家、细胞生物学家、临床化学家、遗传学家、分子生物学家、质量控制工程师、地理学家、兽医、放射性治疗技师 IRE：化验员、化学工程师、纺织工程师、食品技师、渔业技术专家、材料和测试工程师、电气工程师、土木工程师、航空工程师、行政官员、冶金专家、原子核工程师、陶瓷工程师、地质工程师、

续表

电力工程量、口腔科医生、牙科医生

IRC：飞机领航员、飞行员、物理实验室技师、文献检查员、农业技术专家、动植物技术专家、生物技师、油管检查员、工商业规划者、矿藏安全检查员、纺织品检验员、照相机修理者、工程技术员、编计算程序者、工具设计者、仪器维修工

CRI：簿记员、会计、记时员、铸造机操作工、打字员、按键操作工、复印机操作工

CRS：仓库保管员、档案管理员、缝纫工、讲述员、收款人

CRE：标价员、实验室工作者、广告管理员、自动打字机操作员、电动机装配工、缝纫机操作工

CIS：记账员、顾客服务员、报刊发行员、土地测量员、保险公司职员、会计师、估价员、邮政检查员、外贸检查员

CIE：打字员、统计员、支票记录员、订货员、校对员、办公室工作人员

CIR：校对员、工程职员、海底电报员、检修计划员、发报员

CSE：接待员、通讯员、电话接线员、卖票员、旅馆服务员、私人职员、商学教师、旅游办事员

CSR：运货代理商、铁路职员、交通检查员、办公室通信员、簿记员、出纳员、银行财务职员

CSA：秘书、图书管理员、办公室办事员

CER：邮递员、数据处理员、办公室办事员

CEI：推销员、经济分析家

CES：银行会计、记账员、法人秘书、速记员、法院报告人

ECI：银行行长、审计员、信用管理员、地产管理员、商业管理员

ECS：信用办事员、保险人员、各类进货员、海关服务经理、售货员、购买员、会计

ERI：建筑物管理员、工业工程师、农场管理员、护士长、农业经营管理人员

ERS：仓库管理员、房屋管理员、货栈监督管理员

ERC：邮政局长、渔船船长、机械操作领班、木工领班、瓦工领班、驾驶员领班

EIR：科学、技术和有关周期出版物的管理员

EIC：专利代理人、鉴定人、运输服务检查员、安全检查员、废品收购人员

EIS：警官、侦察员、交通检验员、安全咨询员、合同管理者、商人

EAS：法官、律师、公证人

EAR：展览室管理员、舞台管理员、播音员、驯兽员

ESC：理发师、裁判员、政府行政管理员、财政管理员、工程管理员、职业病防治员、售货员、商业经理、办公室主任、人事负责人、调度员

ESR：家具售货员、书店售货员、公共汽车的驾驶员、日用品售货员、护士长、自然科学和工程的行政领导

ESI：博物馆管理员、图书馆管理员、古迹管理员、饮食业经理、地区安全服务管理员、技术服务咨询者、超级市场管理员、零售商品店店员、批发商、出租汽车服务站调度

ESA：博物馆馆长、报刊管理员、音乐器材售货员、广告商售画营业员、导游、（轮船或班机上的）事务长、飞机上的服务员、船员、法官、律师

ASE：戏剧导演、舞蹈教师、广告撰稿人、报刊及专栏作者、记者、演员、英语翻译

ASI：音乐教师、乐器教师、美术教师、管弦乐指挥、合唱队指挥、歌星、演奏家、哲学家、作家、广告经理、时装模特

AER：新闻摄影师、电视摄影师、艺术指导、录音指导、丑角演员、魔术师、木偶戏演员、骑士、跳水员

AEI：音乐指挥、舞台指导、电影导演

AES：流行歌手、舞蹈演员、电影导演、广播节目主持人、舞蹈教师、口技表演者、喜剧演员、模特

AIS：画家、剧作家、编辑、评论家、时装艺术大师、新闻摄影师、男演员、文学作者

AIE：花匠、皮衣设计师、工业产品设计师、剪影艺术家、复制雕刻品大师

AIR：建筑师、画家、摄影师、绘图员、环境美化工、雕刻家、包装设计师、陶器设计师、绣花工、漫画工

续表

SEC：社会活动家、退伍军人服务官员、工商会事务代表、教育咨询者、宿舍管理员、旅馆经理、饮食服务管理员
SER：体育教练、游泳指导
SEI：大学校长、学院院长、医院行政管理员、历史学家、家政经济学家、职业学校教师、资料员
SEA：娱乐活动管理员、国外服务办事员、社会服务助理、一般咨询者、宗教教育工作者
SCE：部长助理、福利机构职员、生产协调人、环境卫生管理人员、戏院经理、餐馆经理、售票员
SRI：外科医师助手、医院服务员
SRE：体育教师、职业病治疗者、体育教练、专业运动员、房管员、儿童家庭教师、警察、引座员、传达员、保姆
SRC：护理员、护理助理、医院勤杂工、理发师、学校儿童服务人员
SIA：社会学家、心理咨询者、学校心理学家、政治科学家、大学或学院的系主任、大学或学院的教育学教师、大学农业教师、大学工程和建筑课程的教师、大学法律教师、大学数学、医学、物理、社会科学和生命科学的教师、研究生助教、成人教育教师
SIE：营养学家、饮食学家、海关检查员、安全检查员、税务稽查员、校长
SIC：描图员、兽医助手、诊所助理、体检检查员、监督缓刑犯的工作者、娱乐指导者、咨询人员、社会科学教师
SIR：理疗员、救护队工作人员、手足病医生、职业病治疗助手

后记

自2006年2月我校教育学院应用心理学专业和职业教育管理方向开设《职业心理学》课程以来，我们课程组一直注重课程的专业化建设与发展，尤其是教学用书。我在讲授该课程时，前后使用了国内两种版本的教材。其一是由华东师范大学俞文钊等学者从“管理与经济心理学”角度编写的丛书中的一本《职业心理学》；其二是由北京大学刘克俭等学者从医学心理学角度编写的《职业心理学》。这两本教学用书，对我们顺利完成《职业心理学》课程的教学发挥了很大的作用。但我感到很有必要编写一本适合高校应用心理学专业或其他专业学生使用的教学用书。2009年4月，我校“职业心理研究所”获批成立，我作为研究所的负责人，以及校重点学科应用心理学学科建设方向之一的“职业心理学”方向的负责人，同时也是校重点课程《职业心理学》的负责人，深感无论从学科建设来说，还是针对课程建设而言，都需要加强《职业心理学》课程的教学用书建设。基于这种思考，我把重新编写一本适合我们应用心理学专业学生使用的教学用书，并将其作为课程建设和研究所发展的一项重要任务的想法提出来之后，立即得到了课程组和团队所有成员的积极响应。于是，我拿出2007年就完成了的写作框架供团队成员讨论。2010年，我在美国高访期间，有意识地收集了国外职业心理研究领域的成果，为本书的撰写提供了最新的信息资讯。在我出国期间，我们团队的骨干成员方翰青副教授担任了《职业心理学》课程的讲授任务，也深感重新编写《职业心理学》教学用书的必要性和重要性。我们团队自己对书稿的写作提纲经过3轮论证，并通过多种方式，广泛征求意见，包括认真倾听了重点学科应用心理学学科带头人、副校长崔景贵教授，以及应用心理学专业负责人蒋波博士的意见和建议后，最后形成了本书的写作提纲及写作体例。

我们团队在承担《职业心理学》、《心理统计学》、《心理测量学》、《职业生涯规划》、《人力资源开发与管理》、《人才测评技术》、《工业心理学》、《社会心理学》等相关课程的同时，积极进行有关职业心理领域的理论与实证研究，并取得了丰硕的成果。我主持并完成了两项江苏省教育科学规划课题：“当代青年学生职业心理的实证研究”和“高职生职业性向测验与职业生涯规划指导研究”；3项常州市社会科学研究课题：“高职生职业性向特点的探索性研究”、“师范性职业认同现状及其影响因素研究”、“职业院校学生职业心理现状及其对策研究”。2013年，我的一本著作《当代青年学生职业心理发展研究》获得教育部“高校社科文库”资助，并由光明日报出版社出版了。与此同时，我还在《教育研究与实验》、《中国职业技术教育》等学术期刊上发表多篇职业心理方面的论文。本书的另一位作者方翰青副教授主持完成的课题有：江苏省教育科学规划课题“高职院校学生职业适应性实证研究”、江苏省高校哲学社会科学研究课题“新生代农民工职业心理实证研究”；两项常州市社会科学研究课题：“基于适应性的高职生就业能力开发与提升策略”、“新生代农民工就业能力现状分析与远程职业教育作为”，并在《教育发展研究》、《现代远距离教育》等学术期刊上发表20余篇职业心理领域的论文，其中，6篇被人大报刊复印资料全文转载。其他成员也承担了多项各级各类相关课题，如赵伟老师主持并完成了江苏省高校哲学社会科学研究课题“大学生职业决策困难及其对策研究”，等等。

这些研究成果为本书的撰写奠定了坚实的基础，我们尽可能地把研究成果体现在《职业心理理论与实践》的书稿中，并于2012年8月成稿后，作为讲义在我校2009级应用心理学专业学生中首次使用。学生反映相较于其他心理学类的教材，本讲义形式多样，风格活泼，典型案例很有时代感，对他们来说有很好的启发意义，适合作教材使用。2013年上半年，我们又根据学生使用后反馈的意见和建议，对讲义进行了再次完善，并在2010级应用心理学专业学生中再次使用。

本书的总体思路是：顺应时代发展要求，本着与时俱进的原则，增加本书的实际操作性和反映职场的现实问题，使本书成为一本真正适合应用心理学专业或其他相关专业学生使用的教学用书，充分体现“从教学中来，到教学中去”的思想。具体来说，有以下几个方面：①遵循职业心理导论篇—职业心理理论篇—职业心理发展篇—职业心理管理篇的逻辑路线；②注重激发学生的学习兴趣；③注重体系的系统性、结构性。在细节上下工夫，增强本书的可读性；④适当更新教学内容，以反映职业心理学的最新研究成果；⑤避免前后内容交叉与重复的问题；⑥处理好继承与创新的问题；⑦把握好经典观点与新近研究的取舍。

全书是由我负责，方翰青、顾卫东协助，赵伟、戴玉英、陈剑梅、段玉青、阿山江·买买提、余新年参与撰写完成的，最后由我统稿。具体撰写情况如下：第一章，胡维芳、顾卫东；第二章，胡维芳；第三章，胡维芳；第四章，赵伟、胡维芳；第五章，戴玉英；第六章，方翰青；第七章，陈剑梅；第八章，方翰青；第九章，顾卫东、段玉青、阿山江·买买提；第十章，赵伟、陈剑梅；第十一章，方翰青；第十二章，余新年、胡维芳。

本书最终得以出版，要感谢的人很多。

感谢常州心理学学会理事长、常州天宁区政协顾卫东主席的鼎力相助，他作为学会的负责人，为了让心理学能够更好地服务于社会、服务于常州的百姓，不遗余力地从各方面给予大力支持，提供方便，不但认真审阅了书稿的提纲，还积极参与编写了第一章、第九章，并审读了全书。

感谢江苏理工学院副校长崔景贵教授的鼎力支持，感谢江苏理工学院教务处副处长蒋波博士的大力帮助！

感谢江苏理工学院教育学院几任领导的大力支持！

感谢团队成员之间的精诚合作！这是我们团队合作的第一部成果，它是我们集体劳动智慧的结晶。

感谢我的研究生蒋超等为本书付出的劳动，他们参与了本书参考文献的整理和校对工作。

感谢科学出版社给了本书的出版机会。感谢科学出版社社会科学分社的朱丽娜和汪旭婷编辑为本书修改提出的专业性和建设性的意见。

在撰写过程中，我们还参考了大量的职业心理研究领域中学者的思想、观点，由于篇幅所限，未能一一列出，在此，一并表示由衷的感谢！

感谢苏州大学博士生导师刘电芝教授欣然为本书作序！

由于我们的学识所限，本书的缺点和不足在所难免，请大方之家批评指正，使之在教学实践中进一步提高和完善。

学无止境，学海无涯。我们将继续前行在通往职业心理学研究神圣殿堂的大道上。

胡维芳

2014年5月16日

于江苏理工学院职业心理研究所